soin/santé

Collection dirigée par Dominique Rosenblatt et Michaël Zicola

La ***Chronique sociale*** est à la fois un organisme de formation et de recherche et une maison d'édition. Fondée à Lyon en 1892, elle s'est préoccupée dès ses origines de sensibiliser aux évolutions de la société et de suggérer une organisation de la vie collective plus solidaire et plus respectueuse des personnes.

Actuellement, les ***Éditions de la Chronique sociale*** publient des ouvrages et des jeux pédagogiques qui contribuent à mettre en œuvre ces orientations. Issus de pratiques professionnelles et sociales, ils sont au service de tous ceux qui s'efforcent de mieux comprendre le monde.

Chacun pourra s'approprier ces outils et les utiliser, tant pour son développement personnel que pour une action collective efficace.

Pour plus d'informations :
www.chroniquesociale.com

Couverture : Guillaume Zicola

Responsable des Éditions : André Soutrenon

Correction : Annie Rigo

Imprimeur : Présence graphique

Chronique Sociale **1, rue Vaubecour - 69002 Lyon**
Tél. : 04 78 37 22 12

www.chroniquesociale.com
Chronique sociale éditions - *@cseditions*

Chronique sociale, Lyon, Dépôt légal : février 2016
Imprimé en France

Soin et relation

Sous la direction de

Dominique Rosenblatt
Michaël Zicola

Soin et relation

Présentation : Soins des limites et limites du soin, de l'institutionnel au relationnel

Benoît Grison, maître de conférences, psychologue et sociologue des sciences, Collegium sciences et techniques, Université d'Orléans,

Dominique Rosenblatt, codirecteur de l'axe « soin santé », professeur agrégé de lettres modernes, ancien chargé de mission handicap, IUT de Colmar, Université de Haute Alsace,

Michaël Zicola, codirecteur de l'axe « soin santé », professeur agrégé, docteur en sociologie, ancien chargé de mission handicap, Collegium sciences et techniques, Université d'Orléans.

« Une absente toujours présente[1] »

Soin et relation : cette tension concerne tout un chacun, agite les médias, inspire les artistes[2], et se résout, devant l'inconnaissable de la mort, dans la recherche d'une posture philosophique acceptable.

---

1. Michel Onfray, vendredi 28 novembre 2014 à la grande librairie LGL sur France 5 de 20 h 50 à 22 h 50.

2. Par exemple, le film *Nos étoiles contraires,* réalisé par Josh Boone, avec Shallene Woodley et Ansel Elgort, d'après le roman américain éponyme de John Green, Nathan 2013, sorti le 20 août 2014.

Les questions de l'approche de la fin de vie imprègnent notre quotidien, à la fois taboues et confinées aux marges du spirituel, dans une société laïque, elles constitueraient une forme de trou noir de la pensée, si le législateur et la sélection médiatique des faits divers ne la ramenaient tendanciellement et tendancieusement sous le feu des projecteurs.

Il en va ainsi de la présente publication, dont les éléments sont rassemblés durant la longue période où la médiatisation d'une bataille juridique relance régulièrement le débat sur la fin de vie[3]. Ce débat, d'ailleurs, ne concerne pas une personne âgée, « en fin de vie », mais une personne en situation de handicap, présentant un comportement « pauci relationnel » dont la fragilité alimente les positions antagonistes, parfois caricaturales.

Le 28 novembre 2014, la grande librairie LGL, diffuse sur France 5 une émission consacrée au livre dédié à sa compagne par Michel Onfray[4]. Cet ouvrage envisage le deuil et la maladie létale. « Il faut rire de la mort », dit le philosophe, en se référant au quatrième impératif fin de Sénèque et de Marc-Aurèle.

3. L'affaire Vincent Lambert : le 24 juin 2014, l'assemblée du contentieux du Conseil d'État considère que *la décision prise le 11 janvier 2014 d'arrêter l'alimentation et l'hydratation artificielles de M. Vincent Lambert n'était pas illégale*. Elle conclut à une « dégradation de l'état de conscience » du patient, « correspondant désormais à un état végétatif, au caractère irréversible des lésions cérébrales et à un mauvais pronostic clinique. » Le Conseil d'État « a également tenu compte de la volonté exprimée par Vincent Lambert avant son accident de ne pas être maintenu artificiellement en vie s'il se trouvait dans un état de grande dépendance ».
Les animateurs d'un site Internet, au titre de l'amitié avec le malade, *wwwjesoutiensvincent. com*_assurent avoir reçu 14000 signatures dès la première semaine. L'ouverture de ce site vient dans le contexte de l'imminence d'une décision de la Cour européenne des droits de l'homme (CEDH), sur l'opportunité du maintien de l'alimentation et de l'hydratation de cette personne. Obstination déraisonnable ou non ? Le chef de service de l'hôpital, Éric Kariger, qui a publié en 2015 chez Bayard, *Ma vérité sur l'affaire Vincent Lambert,* avait, conformément à la loi Leonetti de 2005, décidé de lui retirer sa sonde gastrique, en janvier 2014. Ses parents ont saisi la justice ; sa mère, Viviane Lambert, a publié *Pour la vie de mon fils,* le 7 mai 2015 aux éditions Plon. En juin, le Conseil d'État avait donné raison au médecin ; les parents ont porté l'affaire devant la Cour européenne.
4. Michel Onfray, *Un requiem athée*, Éditions Galilée, 2013.

« On sait la mort, on dit la mort des autres, on lit à son sujet, on en parle, tout change, un jour, un beau jour, lorsqu'elle frappe à la porte ! Les livres de Marc-Aurèle et de Sénèque m'ont accompagné jusque dans les salles de chimiothérapie, avec ma compagne. Ils m'ont aidé. Certes cela marche de lire Sénèque mais ce n'est-ce pas suffisant, car le deuil se construit : on n'arrête ni les pleurs, ni la tristesse, ni la souffrance… La mort c'est une absence constamment présente ! »

L'extraordinaire se déploie souvent à travers les actes quotidiens des personnes. C'est pourquoi la présente livraison de la revue *Transverse* s'intéresse à la synthèse d'une démarche de recueil des gestes de soin, complété par une **réflexion croisée sur le soin,** menée d'une part avec ses sujets, et de l'autre par les acteurs de santé. Attentif à la démarche transdisciplinaire, notre ouvrage rassemble différentes contributions susceptibles d'approcher le *Care,* attitude de sollicitude et de responsabilité, activité orientée vers **les besoins d'autrui au cœur de l'humain**[5]**.**

Chacun porte aux franges de sa conscience l'énigme de la mort, mais il s'agit généralement de la mort des autres, celle qui n'interpelle pas, celle, acceptable, extérieure, qui va de soi. On lit sur elle, on en parle, jusqu'au jour où cette question évacuée revient en force et vous frappe en plein visage. Onfray le reconnaît, comme il le confesse ci-dessus.

Dans ce lieu difficile que constitue la culture palliative, la variété et la complexité des angles de réflexion se combinent et se réinterrogent, au service d'une éthique de la responsabilité comme de l'accompagnement.

« Je ne tue pas, j'aide à mourir ». Au milieu du débat récurrent sur la fin de la vie, des médecins exposent dans les pages d'un grand quotidien comment, en toute discrétion, ils accompagnent

5. S. Laugier, P. Paperman, *Le souci des autres, éthique et politique du Care*, Éditions de l'École des hautes études en sciences sociales, Coll. Raisons Pratiques, 2011.
Une voix différente, un regard prospectif à partir du passé, texte reprenant celui d'une conférence du 13 mai 2009, à l'occasion de la réédition d'*une voix différente,* repris de V. Nurok (éd.), *Carol Gilligan et l'éthique du Care,* PUF, 2010.

leurs patients jusqu'à la mort[6]. 60 % des médecins seraient favorables à l'« euthanasie active », dans un contexte où 60 % des décès se passent à l'hôpital, et que seulement 25,5 % surviennent à domicile, alors que 81 % des Français déclarent préférer mourir chez eux.

Quelles sont les conditions de ces décès ? L'institut national des études démographiques (INED), signale en 2010 que près de la moitié d'entre eux ont été précédés d'une décision médicale ayant pu hâter la mort du patient. Dans 3,1 % des cas, une décision a été prise dans l'intention de la précipiter et, dans 2,5 % des cas, l'acte visant à mettre fin à la vie du patient a été pris sans qu'il l'ait demandé, ces deux procédures étant interdites par la loi.

La loi Leonetti, promulguée en 2005, proscrivait l'acharnement thérapeutique et autorisait l'arrêt des traitements. Elle autorisait le soulagement des souffrances, même si l'effet secondaire de ce soulagement risque de provoquer la mort, sous réserve que le médecin en ait informé le malade et sa famille et que la procédure soit inscrite au dossier médical. Un sondage réalisé en 2013 par l'institut Ipsos, pour l'Ordre des médecins, confirme le chiffre de 60 % favorables à euthanasie dite « active » et ajoute que 37 % se disent prêts à participer à la migration des produits. La médiatisation d'une bataille juridique[7], aura été le contexte intellectuel de la collecte des contributions de cet ouvrage, centrées autour des dimensions relationnelles de la fin de vie.

Il ne suffit donc pas de parler du deuil, en raison de la présence de l'absence, de cette béance insondable et impossible à écarter. Cette prééminence de la présence de l'absence reste de l'ordre de la culture occidentale, loin de ce que pense par exemple François Cheng[8]. Le poète savoure une longue vie, en dépit d'une santé fragile en sa petite enfance, qui lui fait considérer la vitalité des forces de croissance, qui lui fait objectiver la prégnance des forces d'adaptation, de cette urgence à vivre creusant son sillon, faisant de celui qui en

6. Article paru dans *Le Monde,* au sujet des soins palliatifs et des décès, étude IPSOS du 22.03.2014.

7. Journal *Le Monde*, samedi 18 janvier 2014, au sujet de l'« affaire Lambert ».

8. François Cheng, *Cinq méditations sur la mort. Autrement dit sur la vie*, Albin Michel, 2013.

considère la tension, portée en lui à son acmé, un errant toujours en quête, un authentique et phénoménologique chercheur, errant sans fin aux frontières de la misère, écarquillant son champ visuel à de multiples réfractions.

Dans le même mouvement oriental, la lecture taoïste affirme que la vie engendrant la vie, sans fin, propose une perspective ouverte, consolatrice, quoique dépersonnalisée. Davantage attachée à l'individu, la posture occidentale considère que la conscience de la mort est le prix du dépassement de soi, aune exigeante des destins singuliers, à la manière dont le fruit périssable porte son noyau, gage de retour à la vie. Il sera donc vain de détourner le regard de la perspective d'une fin de la vie, la sienne propre, que la disparition des êtres chers ravive, laissant démuni, sans voix ni explication commode.

La présente livraison de *transverse* s'intéresse donc au soin non-thérapeutique, éducationnel, culturel, de l'approche de la mort. Ce soin, de manière particulièrement significative, correspond à l'un de ses axes éditoriaux, et se décline en paroles, en gestes, en actes, et se réfère au jugement singulier du tact. Il renvoie l'écho, d'une urgence conceptuelle, en matière de liminarité, face aux défis sociétaux.

Il s'ouvre dons sur le témoignage douloureux d'un ressenti hospitalier, face à l'irruption soudaine de la mort, et du sentiment d'une prise en charge professionnelle insuffisante. Michaël Zicola interroge des praticiens du Centre hospitalier régional d'Orléans (CHRO), afin de poser le cadre de ces réflexions. Le docteur Pascal Gauthier pose la question de la vérité et du mensonge en contexte d'espoir et de perte d'espoir. Le docteur Guille des Buttes, médecin de l'Équipe mobile de soins palliatifs et d'accompagnement, revient sur son itinéraire de vie professionnelle et sur l'expérience de sa propre vulnérabilité. Il évoque tour à tour l'intérêt du travail en équipe pluriprofessionnelle, la richesse de l'interdisciplinarité, le nécessaire apprentissage de l'accompagnement des patients, des familles et des soignants.

Ce soin, dont l'exigence est ainsi démontrée par l'absurde, se donne d'abord comme une valeur importante à faire fructifier, parmi des regards souriants, dans des gestes discrets d'accompagnement, dans une écoute au visage de l'autre, tels que l'esquissent les témoignages des bénévoles associatifs et des soignants et praticiens en soins palliatifs du Centre hospitalier régional d'Orléans.

Claude Martis expose la place du psychologue clinicien, dont la psychanalyse appliquée à la thérapie se met au service du désir du patient comme des efforts du médecin traitant. Agnès Lebrun, infirmière DE, présente les exigences de son travail de soignante au sein de l'équipe mobile de soins palliatifs et d'accompagnement du Centre hospitalier régional d'Orléans. Le docteur Laurent de Loynes de Fumichon revendique une posture humaniste dans un contexte de réflexion sur l'euthanasie.

Albert Bezançon, cofondateur et président de l'association APLV[9] ainsi qu'une équipe de bénévoles, évoquent le sens de leur engagement, ainsi que de leurs valeurs solidaires, spirituelles et citoyennes, dans le cadre de l'accompagnement de personnes hospitalisées.

Marie-Claude Pommier, écrivant, offre son témoignage sur la traversée d'un deuil. Désireuse de faire le point sur les épreuves qu'elle a rencontrées dans sa vie, elle évoque la maladie, la mort et le deuil, et la manière, qu'elle considère comme incompréhensible et inadmissible dont le monde hospitalier n'a pas su apporter dans ces moments extrêmes la qualité de relation humaine et d'accompagnement qu'elle attendait.

Farah Myriam Matoussi, ancienne étudiante de l'IUT de Colmar, par le biais d'un témoignage implicite sur sa situation personnelle, revient sur l'expérience de l'intégration de la maladie par le patient, et sur le bénéfice du processus d'acception sur son évolution ultérieure.

Ces approches sont portées par la réflexion critique d'un ancien directeur d'hôpital, notamment en établissements gériatriques, qui s'intéresse au développement des soins palliatifs et de l'accompagnement de la fin de vie du point de vue du respect du patient et de

9. Aide pour la vie, Accompagnants bénévoles de malades hospitalisés en fin de vie ou en soins palliatifs, Association Loi 1901, 61 A Rue de Gombault, 41200 Romorantin Lanthenay, *aplvasso@gmail.com*.

ses droits, au-delà des moyens insuffisants et des protocoles. Son analyse critique interroge les modalités de la volonté de mourir, ainsi que les réponses qu'elle reçoit. L'article de Michel Rosenblatt considère la manière paradoxale et contradictoire dont les réponses, médicale, sociale, juridique, se trouvent en tension entre liberté et cadrage, et appellent un solide soubassement éthique face aux risques de dérives.

Un éclairage littéraire met en lumière des aspects du traitement romanesque de la maladie d'*Alzheimer*, des définitions de la maladie, de ses effets pervers. L'article évoque les leçons de quelques romans emblématiques, les croise avec les ressources de la philosophie et d'approches thérapeutiques centrées sur le patient, pour montrer ce que le soin à la personne âgée (ou moins âgée aussi) à la « limite des soins » doit à la communication. Dominique Rosenblatt, professeur agrégé de lettres modernes et enseignant de communication, relie des traitements romanesques du motif littéraire de la question des maladies dégénératives de la vieillesse, et les interroge selon l'angle du naufrage de la communication. Son article propose des approches romanesques de divers pays, et les valide selon des ressources de la philosophie, et du soin centré sur le patient, pour envisager des espoirs de relations autour de la personne en fin de vie.

Rosette Marescotti et Yves Gineste, cofondateurs d'Humanitude®, présentent leur méthodologie de soin, une approche novatrice et professionnelle tendant à une meilleure prise en charge institutionnelle des patients très âgés. Centrées sur le maintien et le renforcement des aptitudes relationnelles, ces procédures visent à permettre à la personne très âgée, même démente, de maintenir une part de sa verticalité et de ses possibilités relationnelles, et de rester jusqu'à la fin intrinsèquement humaine et revêtue de dignité.

Vincent Beltzung, infirmier et formateur en Humanitude®, Sophie Brobecker, infirmière et coordinatrice des soins, ainsi que Véronique Bleny, directrice par intérim de l'EHPAD le Sequoia, proposent avec Dominique Rosenblatt une synthèse de la transition de l'établissement vers la labellisation en Humanitude®, du point de vue des évolutions relationnelles et communicationnelles qu'elle implique.

André Soutrenon, Chronique sociale, récapitule les éléments qui lui semblent essentiels au sein d'une synthèse située en fin d'ouvrage.

Loin de tout spectaculaire, au quotidien invisible des banalités, l'ouvrage offre une sorte d'« inventaire du quotidien » du **geste relationnel en situation de limite des soins.** Savoirs profanes et savoirs savants se rapprochent et donnent la parole à « ceux qui par définition n'ont jamais la parole[10] ». (S. Beaud et F. Weber, 1998) : associatifs, étudiante de premier cycle, bénévoles, personnels.

On constate avec Georg Simmel dans son article, *La transcendance de la vie*, rédigé juste avant sa mort, que « le sujet et l'objet de l'histoire sont identiques dans la mesure où tous deux sont des êtres psychiques ». Face à la maladie dégénérative, à la vieillesse ravageuse, à l'accident destructeur, il y a peu de matériaux et de données sur les humbles « sujets vivants[11] ». Ce n'est que récemment, à travers les autobiographies et les témoignages rapportés par des scientifiques, voire des journalistes, ou par les témoins eux-mêmes quelquefois, que leur voix se fait entendre. Leur audibilité est liée au degré de leur handicap. Souvent les autobiographies sont écrites par des personnes très lourdement atteintes assistées d'une tierce personne, alors leur voix porte et leurs écrits font trace dans la connaissance.

10. « L'ethnographie ne juge pas, ne condamne pas au nom d'un point de vue supérieur. Elle cherche avant tout à comprendre, en rapprochant le lointain, en rendant familier l'étranger. Ce faisant elle rend les choses, les personnes et les événements plus compliqués qu'ils ne paraissent. Parce que l'ethnographe s'astreint à un long travail de description/interprétation les deux vont de pair – il met au jour la complexité des pratiques sociales les plus ordinaires des enquêtés, celles qui vont tellement de soi qu'elles finissent par passer inaperçues, celles qu'on croit naturelles parce qu'elles ont été naturalisées par l'ordre social : pratiques économiques, alimentaires, scolaires, culturelles, religieuses ou politiques, etc. », in S. Beaud, F. Weber, *Guide de l'enquête du terrain, produire et analyser des données ethnologiques*, Editions de la Découverte, 1998, p. 8.

11. G. Simmel, *Lebensanschauung. Vier metaphysische Kapitel*, 1918, traduit de l'allemand par Jean-Marie Brohm, Duncker und Humblot, Berlin, in J.-M. Brohm (dir.), *La transcendance de la vie*, p. 1-12, 1994, « Le vivant », *Revue Prétentaine*, n° 14/15, 2001. « Tout d'abord la distinction universitaire entre les différentes disciplines des sciences humaines n'a qu'un sens très relatif puisqu'elles sont toutes traversées par le grand courant de la vie qui transcende toutes les formes institutionnelles et épistémologiques figées et cloisonnés ». Et plus loin il ajoute : « Le sujet et l'objet de l'histoire sont identiques dans la mesure où tous deux sont des êtres psychiques. », p. 58 et p. 63-70.

Les experts qui interviennent dans cet ouvrage sont soignants, médecins, militants, chercheurs. Leurs réflexions livrent des informations utiles à la compréhension de la limite du soin et de l'importance croissante de la dimension émotionnelle et relationnelle du prendre soin.

« L'éthique du Care réhabilite la place des émotions dans l'attachement. À ce titre, elle est parfois taxée de sentimentalisme. Mais comment dissocier sensibilité et activité, puisque c'est la question décisive qui anime le *Care* pour la revendication de justice ? »[12]

Toutes ces données correspondent au quotidien[13] du handicap qui échappe aux regards de tous et même de celui de la sociologie. C'est l'ordinaire, *versus* l'extra-ordinaire, dimension qu'il faut réhabiliter, particulièrement en sciences humaines : aucun témoin, aucun objet, même le plus banal ne doit être exclu *a priori* des descriptions scientifiques, il faut toujours enquêter. L'ethnographie inscrite dans la microsociologie prend le relais des plus lourdes enquêtes sociologiques sur lesquelles elle s'appuie.

Georges Perec (1989) se demande « comment parler de *ces choses communes*, comment les traquer plutôt, comment les débusquer, les arracher à la gangue dans laquelle elles restent engluées, comment leur donner un sens, une langue ». C'est à l'ethnographie d'aller chercher, au plus près des sociétés actuelles, des réponses qu'elle allait jadis chercher au bout du monde. Le don, l'échange[14] et

12. P. Paperman, *Les gens vulnérables n'ont rien d'exceptionnel, op. cit.*, p. 321 à 337.

13. « Tout d'abord notons quelque chose… L'adjectif, que l'on trouve en composition dans « la vie quotidienne », « la réalité quotidienne », etc., est ancien, on le voit apparaître au XIIe siècle… Par contre le substantif « le quotidien » ne fait sa sortie dans la langue qu'au début de notre siècle… Ce mot vient de deux mots latins *quot,* qui signifie tous les, ou chaque (par exemple, *quot mensibus*, veut dire tous les mois), il a été associé à un second mot latin *dies* le jour… Le quotidien serait donc le lieu d'une dialectique où sont mis en tension ce qu'il y a de plus ordinaire et ce qu'il y a de plus extraordinaire. », in J. Rouzel, *Du travail social à la psychanalyse*, Éditions du champ social, 2001, p. 27-28.

14. Relire à ce sujet les travaux de B. Malinowski, *Les Argonautes du Pacifique occidental*, 1922 pour l'épreuve originale et pour la traduction française, Gallimard, 1963 ainsi que ceux de M. Mauss, *Sociologie et anthropologie*, PUF, 1950.

les soins des uns pour les autres sont à réinterroger. Cela concerne **le champ entier de la vulnérabilité et de l'inclusion.**

Sans prétendre qu'il soit un anthropologue expert, que penser de cette dernière réflexion de l'écrivain : « Qu'elles parlent [les sciences humaines et sociales] enfin de ce qui est, de ce que nous sommes. Peut-être s'agit-il de fonder enfin notre propre anthropologie : celle qui parlera de nous, qui ira chercher en nous ce que nous avons si longtemps pillé chez les autres. Non plus l'exotique, mais l'endotique. » Nous apprécions particulièrement ce terme « d'endotique », il convient bien à cette empathie qui se situe dans le couple paradoxal « proximité-distance », tension caractéristique entre soin et relationnel, « le bruit de fond… »[15], qui seul, peut réveiller notre vigilance et notre capacité *d'indignation*.

15. G. Perec, *L'infra ordinaire*, *op. cit.*, p. 11 : « Interroger l'habituel. Mais justement, nous y sommes habitués. Nous ne l'interrogeons pas, il ne nous interroge pas, il semble ne pas faire problème, nous le vivons sans y penser, comme s'il ne véhiculait ni question ni réponse, comme s'il n'était porteur d'aucune information. Ce n'est même plus du conditionnement, c'est de l'anesthésie. Nous dormons notre vie d'un sommeil sans rêves. Mais où est-elle, notre vie ? Où est notre corps ? Où est notre espace ? ».

Quelques réflexions philosophiques à propos des notions de vérité/mensonge et espoir/désespoir

Docteur Pascal Gauthier

L'auteur, à partir d'un « cas clinique », examine la problématique de l'information des patients concernant le pronostic de leur maladie, sous un angle philosophique, centrée sur l'importance de l'information à donner. Il se détache du contexte déontologique ou juridique, pour poser le périmètre de ce qui lui semble bon à dire, liant ainsi, dans le mouvement d'information interpersonnelle, la question du soin avec celle de la relation.

Les soignants sont régulièrement confrontés à la problématique de l'information des patients concernant le pronostic de leur maladie et surtout celle liée à la survenue de certains événements cliniques potentiels, qui seraient hors ressource thérapeutique, et dont l'issue serait possiblement le décès rapide. Il ne s'agit pas ici d'aborder ces questions de manière exhaustive, mais simplement, à partir d'un « cas clinique », de l'examiner uniquement sous un angle philosophique. Nous verrons qu'à côté de cette information, se trouve souvent mise en avant celle de l'espoir et de sa perte. Par ailleurs, il ne sera pas abordé la « manière » de délivrer l'information, dont on sait l'importance.

Imaginons ainsi un praticien confronté à l'information d'une patiente souffrant d'une néoplasie pulmonaire en phase terminale, incurable, lui occasionnant une dyspnée importante (difficulté pour respirer), même au repos et se majorant progressivement. Notre patiente, parfaitement informée de sa pathologie et de son pronostic (fatal), n'aborde pas la question de la possibilité d'une évolution asphyxiante terminale. Elle paraît même comme « détachée » de cette réalité, souvent souriante et « enjouée ». Le praticien estime préférable d'envisager une sédation[16] en cas d'asphyxie avec une prescription anticipée de ce potentiel événement, mais se demande s'il doit dès lors l'informer d'une part de sa possible survenue et d'autre part de la mise en place le cas échéant de la thérapeutique sédative, alors même que la patiente paraît écarter cette possibilité, malgré les multiples « approches » par les soignants (pour faire court). Pour sa sœur, l'informer de cette possibilité lui enlèverait un certain espoir qui lui permet de « tenir encore un peu de la sorte ».

Nous supposerons dans l'exposé qui suit que le praticien n'est soumis à aucune loi (déontologique, juridique…) autre celle de sa propre raison et de l'usage public qu'il en fait[17]. Il se pose alors diverses questions : dois-je l'informer et lui dire la « vérité » ? Si elle « espère », dois-je l'amener à la réalité (de la possibilité de l'asphyxie) au risque de la « désespérer » comme nous l'indique sa sœur ?

À propos de la vérité et du mensonge

Pour Kant, la vérité est un devoir absolu et inconditionné. Mentir ne peut pas être une action moralement acceptable si cette action ne peut être érigée en loi universelle : « Je puis bien vouloir le mensonge, mais je ne puis vouloir en faire une loi universelle. […] Car à quoi me servirait-il d'annoncer mes intentions *(une fausse pro-*

16. Thérapeutique (palliative dans ce cas, en l'absence d'autre possibilité n'altérant pas la vigilance) visant à diminuer le niveau de vigilance d'un patient avec l'objectif de diminuer ou de faire disparaître la perception d'une situation ou d'un symptôme vécu comme une souffrance insupportable par le patient.

17. E. Kant, *Qu'est-ce que les Lumières ?*, Mille et Une nuits, 2006, p. 16-17. Kant appelle usage *privé* de la raison « ce qu'on a droit de faire dans un poste civil ou une fonction déterminée qui (nous sont) confiés » (où il s'agit d'obéir) et usage *public* celle « que l'on en fait comme *savant* devant l'ensemble du public *qui lit* » (où il s'agit de raisonner).

messe en l'occurrence) pour l'avenir à des hommes qui ne croiraient plus à ma parole, ou qui, s'ils y ajoutaient foi légèrement, pourraient bien, revenus de leur erreur, me payer en retour de la même monnaie. Ainsi, ma maxime ne peut devenir loi générale sans se détruire elle-même »[18]. Aucune inclination, aucune contrainte extérieure ne peut être alléguée pour justifier le mensonge : pour Kant, il s'agit d'un impératif catégorique.

De fait, comment un patient pourrait-il faire confiance à son médecin s'il apprenait que ce dernier lui a déjà menti auparavant ? Ce dernier peut-il se justifier par un motif plus louable (par exemple pour protéger son patient de la révélation d'un élément si traumatisant qu'il lui a semblé préférable de mentir) ?

C'était déjà la question posée par Saint-Augustin[19] : « Si un malade vous demande sur son état un renseignement qu'il lui serait pernicieux de savoir et que même votre silence doive l'affecter [...], oserez-vous lui dire la vérité, au risque de le faire mourir [...] ? »[20], ajoutant : « tout de même n'est-il pas permis de mentir pour éviter un plus grand mal ? »[21]. Pour répondre à ces questions, Saint-Augustin propose une classification des mensonges. Parmi eux, il distingue ainsi le mensonge commis pour rendre service à quelqu'un sans nuire à personne. Encore faudrait-il envisager qu'il n'y ait réellement pas nuisance, même si ce n'était pas l'intention. Et même dans ce cas, l'auteur considère le motif non recevable : « le mensonge est odieux [...] et il faut l'éviter » car « une concession faite entraîne nécessairement des conséquences fort troublantes »[22]. Il propose également une classification des mensonges par degrés *de gravité décroissante*. Il en compte huit[23]. Le septième mensonge est énoncé comme suit : « celui qui ne fait aucun tort et est utile à

18. E. Kant, « Fondements de la métaphysique des mœurs », extrait de C. Morana (annotateur), *Le droit de mentir*, Les Mille et Une Nuits, 2003, p. 12-13.

19. Rappelons que Saint-Augustin était prêtre, ce qui n'est pas sans conséquence sur son argumentation.

20. Saint-Augustin, *Le mensonge*, L'Herne, 2010.

21. *Ibid.*, p. 43.

22. *Ibid.*, p. 43.

23. Pour Saint-Augustin, le premier mensonge, le « mensonge capital », est celui commis dans l'enseignement de la religion.

quelqu'un […] »[24] ; mais dans ce cas également, il suggère de l'« éviter en supportant avec honneur et courage les inconvénients qui en résultent » ; nous n'envisagerons pas dans le cas qui nous intéresse les inconvénients potentiels[25]. Il s'agit aussi de la question du *courage* à dire la vérité, courage dont le manquement est parfois mis en avant lorsqu'un médecin l'a cachée (notamment en cas d'erreur).

Benjamin Constant aborde la même thématique : « Le principe moral […] que dire la vérité est un devoir, s'il était pris d'une manière absolue et isolée, rendrait toute société impossible »[26]. Il serait inapplicable. Il envisage ainsi des situations particulières[27] et propose ce qu'il appelle des « principes intermédiaires » qui se rajoutent aux principes généraux, visant en l'occurrence l'impératif catégorique kantien : « Lorsqu'on dit que les principes généraux sont inapplicables aux circonstances, l'on dit simplement que l'on n'a pas découvert le principe intermédiaire qu'exige la combinaison particulière dont on s'occupe »[28]. Il chercherait ainsi un « juste milieu ». Bien qu'il admette qu'en rejetant certains principes, « toutes les bases de la morale (seraient) renversées »[29], son argumentation repose sur la notion de *devoir* envers l'autre. S'il conçoit que dire la vérité est bien un devoir, il n'y aurait devoir uniquement lorsqu'il y a droit, en précisant qu'« un devoir est ce qui, dans un être, correspond aux droits d'un autre »[30].

On pourrait avancer, en ce qui nous concerne, que le devoir d'un autre pourrait être celui de protéger un proche, qui en a bien le droit. Mais pour Constant, « dire la vérité n'est […] un devoir qu'envers ceux qui ont droit à la vérité. Or, nul homme n'a droit à la vérité qui nuit à autrui »[31]. Un devoir de vérité certes, mais sous

24. Il exclut le cas particulier d'une enquête judiciaire.

25. Encore faudrait-il savoir s'il n'y a réellement aucun tort et discuter de l'utilité.

26. B. Constant, « Des réactions politiques, chapitre VIII, des principes », extrait de C. Morana (annotateur), *Le droit de mentir, op. cit.*, p. 31.

27. C'est bien le cas en médecine, notamment dans les « situations complexes », comme le note le CCNE dans son rapport n° 58.

28. *Ibid.*, p. 21.

29. *Ibid.*, p. 35.

30. *Ibid.*, p. 35.

31. *Ibid.*, p. 35.

conditions. Le devoir de protection serait-il alors préférable au devoir de vérité ? Mais sur quel critère ou principe affirmer qu'un individu n'aurait pas *droit* à la vérité ? Kant réfute l'argumentation de Constant : dire la vérité reste un *devoir absolu*, « un commandement sacré de la raison »[32] et ceci « quelle que soit la gravité du préjudice qui peut en résulter pour soi-même ou pour autrui »[33]. Il s'agit là pour lui d'une question de respect de la dignité humaine[34] et même de l'humanité en général[35].

Mais de quelle vérité parle-t-on ? Est-ce que dire la vérité signifie *de facto* dire « toute » la vérité ? Entre parenthèses, même lorsqu'un patient semble vouloir *toute* la connaître et que le médecin semble disposer à le faire, n'opère-t-il pas souvent encore un certain tri (qualitatif ou quantitatif, de prudence), notamment lorsqu'il s'agit d'aborder la question du pronostic[36] ? Citons Lacan : « Je dis toujours la vérité : pas toute, parce que toute la dire, on n'y arrive pas… les mots y manquent… c'est même par cet impossible que la vérité tient au réel »[37]. Il s'agit aussi de savoir *quelle* vérité souhaite entendre le patient, au moins à un moment donné. Lorsqu'un médecin « informe ou enseigne le diagnostic […] et le traitement […] sans savoir qui est ce patient, alors ce médecin porte atteinte à l'intégrité personnelle du malade », peut-on lire au sujet du *principe d'intégrité* selon Peter Kemp[38].

32. E. Kant, *D'un prétendu droit de mentir par humanité*, GF-Flammarion, 1994, p. 100.

33. *Ibid*, p. 98.

34. E. Kant, « Fondements de la métaphysique des mœurs », extrait de C. Morana (annotateur), *Le droit de mentir*, *op. cit.*, p. 59.

35. E. Kant, *D'un prétendu droit de mentir par humanité*, *op. cit.*, p. 99.

36. Nous pensons aux données statistiques : on entend souvent « ce sont des données non applicables au plan individuel, inutile de préciser » ; certes, l'incertitude au plan individuel est réelle. Mais comme nous le dit Humes : « Cent cas ou expériences d'un côté et cinquante de l'autre apportent une attente hésitante d'un événement ; mais cent expériences semblables engendrent raisonnablement un assez fort degré d'assurance »

37. J. Lacan, *Le séminaire*, 1973.

38. P. Kemp, *Le discours bioéthique*, Cerf, 2004, p. 110.

Dans un avis récent rendu par le CCNE[39], on peut lire que « le devoir de prudence impose parfois de ne pas tout dire ». Il s'agit ici de ne pas informer les patients d'une menace incertaine (potentiel développement de la maladie de Kreutzfeldt-Jacob après possible contamination transfusionnelle), information qui pourrait « être plus agressive que de la délivrer du fait même de l'incertitude de la menace ». Ne pourrait-on pas informer aussi de l'incertitude de la menace plutôt que de ne rien dire du tout ? Il s'agit de déterminer *a priori* que les personnes ne sont pas dans la capacité de faire face à l'incertitude, à la probabilité. Voire même qu'elles *n'ont pas* à l'être ?

À propos de l'espoir et du désespoir

Nous l'avons vu : le motif avancé par le tiers dans notre exemple était celui de la « préservation » de l'autre d'une annonce qui serait trop difficile à entendre. En quelque sorte, il s'agit de préserver notre patiente d'un certain désespoir ou du moins, de lui faire garder un certain temps au moins encore un peu d'espoir. La motivation semble de prime abord louable. Qu'en est-il ?

L'espérance est ce qui semble pousser l'homme à son action. On entend ainsi souvent les familles souhaiter à propos de leur proche « qu'il garde espoir pour avoir la force de se battre contre la maladie ».

Ainsi, Descartes soulignait qu'« il est besoin néanmoins qu'on espère, ou même qu'on soit assuré, que la fin qu'on se propose réussira pour s'opposer avec vigueur aux difficultés qu'on rencontre »[40]. Dans un *article* précédent, il constate que « lorsque la crainte est si extrême qu'elle ôte tout lieu à l'espérance, elle se convertit en désespoir : et ce désespoir [...] éteint entièrement le désir, lequel ne se porte qu'aux choses possibles »[41]. C'est l'excès de

39. Comité consultatif national d'éthique, avis n° 85, « L'information à propos du risque de transmission sanguine de la maladie de Creutzfeld-Jakob ».

40. R. Descartes, *Les passions de l'âme*, Gallimard, 1988, p. 258 (article 173).

41. *Ibid.*, p. 254 (article 166).

crainte qui fait naître le désespoir. Ainsi, dans notre exemple, nous supposons que le fait d'évoquer à la patiente la possibilité de survenue d'une asphyxie lui fasse perdre cet espoir qu'elle paraît encore avoir (que cela ne survienne pas).

Mais nous constatons que bien souvent, tout n'est pas si tranché. Le désespoir n'apparaît pas et ne perdure pas forcément à partir d'une unique information, fût-elle grave. Il y a gradation et mouvance. Nous constatons aussi que la perte d'un espoir (sa survie même) n'empêche pas les patients de se porter sur d'autres espoirs, d'autres désirs, plus réalisables *a priori*. Voire même espérer changer ce qu'ils savent sans espoir, comme une lueur *désespérée* d'espoir, *un miracle*… C'est aussi la constatation de Descartes : « Le désir se porte alors aux choses possibles »[42] ou encore Cioran : « le pessimiste doit s'inventer chaque jour d'autres raisons d'exister […] »[43]. Aussi, ne serions-nous donc jamais désespérés, dès l'instant où il existe encore d'autres possibilités ? Au moins ne pas souffrir alors qu'il n'y a plus d'autre espoir. Ou encore à un autre niveau, pour citer Kierkegaard[44] : « Croire à sa perte est impossible. Comprendre qu'humainement, c'est sa perte et en même temps croire au possible, c'est croire »[45].

Pour Kant, l'espérance relève de la faculté de la raison humaine et le désespoir d'un affect (une *passion* chez Descartes) : elle est une manifestation de la nature raisonnable de l'homme[46]. Le désespoir ne survient que par la cause d'un événement extérieur : elle affecte l'homme en temps qu'être phénoménal, être sensible. Si l'homme peut être désespéré, il gardera espoir par sa nature raisonnable, dès l'instant où elle est recherchée au-delà du désespoir (comme pour la liberté) : l'espérance concerne l'homme en temps qu'être nouménal[47]. Il s'agit d'une espérance « fondamentale ». Il

42. *Ibid.*, p. 255 (article 166).

43. E.-M. Cioran, *Syllogismes de l'amertume*, Folio, 1952, p. 20.

44. S. Kierkegaard, *Traité du désespoir*, Gallimard, 1949, p. 104.

45. Saint-Augustin évoque bien sûr Dieu ; il ajoute : « C'est alors que Dieu vient au secours du croyant, peut-être en le laissant échapper à l'horreur, peut-être par l'horreur même […] ».

46. E. Mailliet, *Kant entre désespoir et espérance*, L'Harmattan, 2001, p. 29.

47. *Ibid.*, p. 35.

peut y avoir coexistence de l'espoir et du désespoir, du moins sur un plan temporel et non sur un même plan passionnel. « Pour Kant, l'espérance semble donc se trouver à la fois à l'horizon du désespoir, comme sa fin, mais aussi toujours comme son contemporain. »[48]

Pour Kierkegaard, l'espoir est une nécessité de la vie : « un possible : et notre désespéré reprend son souffle, il revit, car sans possible, pour ainsi dire, on ne respire pas »[49]. Qu'on vienne à en manquer, cela « signifie que tout est devenu nécessité ou banalité »[50]. Rappelons que Kierkegaard a une vision particulière, théologique, du désespoir ; pour lui, c'est en désespérant « qu'on se choisit soi-même dans sa valeur éternelle »[51]…

Peut-on alors envisager que moins nous saurions de vérité et plus nous aurions d'espoir (ou de raison de ne pas désespérer) ? C'est ce que semble nous dire Cioran[52] : « Ce qui irrite dans le désespoir, c'est son bien-fondé, son évidence, sa « documentation » : c'est du reportage. Examinez, au contraire, l'espoir, sa générosité *dans le faux*[53], sa manie d'affabuler, son refus de l'événement : une aberration, une fiction. Et c'est *dans cette aberration que réside la vie, et de cette fiction qu'elle s'alimente* ». Au prix de ne pas croire à ce que l'avenir sera réellement : « Espérer, c'est démentir l'avenir »[54]. Notre patiente se présentait comme apparemment détachée de son état (concernant du moins la dyspnée) ; fallait-il, par une annonce anticipée de la possibilité de survenue d'une asphyxie (dans le but de l'informer) la ramener à cette réalité ? Fallait-il même s'y risquer ? On pourrait écouter encore Kierkegaard : « Presque toujours, quand quelqu'un semble heureux […], tandis qu'à la clarté du vrai c'est un malheureux, il est à cent lieues de désirer qu'on le tire de son erreur. […] Il tient pour son pire ennemi celui qui s'y efforce »[55]. Mais ne pas informer est-il de nature à attenter à la dignité humaine ?

48. *Ibid.*, p. 82.
49. S. Kierkegaard, *Traité du désespoir*, *op. cit.*, p. 103.
50. *Ibid.*, p. 105.
51. S. Kierkegaard, *L'Alternative*, Orante, 1970, p. 190.
52. E.-M. Cioran, *Syllogismes de l'amertume*, *op. cit.*, p. 75.
53. Apparaît bien en italique dans le texte.
54. *Ibid.*, p. 89.
55. S. Kierkegaard, *Traité du désespoir*, *op. cit.*, p. 110.

Ressources bibliographiques

Cioran E.-M., *Syllogismes de l'amertume*, Folio, 1952, p. 20 et p. 75, rééd., 1987.

Constant Benjamin, « Des réactions politiques, chapitre VIII, des principes », extrait de C. Morana (annotateur), *Le droit de mentir,* Mille et une nuits, 2003.

Kant Emmanuel, *D'un prétendu droit de mentir par humanité*, GF-Flammarion, 1994, rééd., 2001.

Kant Emmanuel, *Qu'est-ce que les Lumières ?*, Mille et Une nuits, 2006, Larousse, 2013.

Kant Emmanuel, « Fondements de la métaphysique des mœurs », extrait de C. Morana (annotateur), *Le droit de mentir*, Les Mille et Une Nuits, 2003.

Kierkegaard Soeren, *Traité du désespoir*, Gallimard, 1949, rééd., 2006.

Kierkegaard Soeren, *L'Alternative*, Orante, 1970.

Maillet E., *Kant entre désespoir et espérance*, L'Harmattan, 2001.

Saint-Augustin, *Le mensonge*, L'Herne, 2010.

Compagnonnage en médecine de terrain

Docteur Philippe Guille des Buttes

À travers l'itinéraire de vie professionnelle d'un médecin hospitalier et de l'expérience de sa propre vulnérabilité, sont abordés les thèmes de l'intérêt du travail en équipe pluriprofessionnelle, de la richesse de l'interdisciplinarité, du nécessaire apprentissage de l'accompagnement des patients, des familles et des soignants (compagnonnage et proxémie, observation et communication).

Avec le recul, je me rends compte que mes expériences de vie, les exemples familiaux qui m'ont été donnés à voir, ont forgé ma volonté de m'occuper des autres et de leur consacrer du temps… jusqu'au dévouement parfois ! Dès mon adolescence, j'ai eu l'idée de devenir médecin, pour *ne pas faire la guerre mais faire la paix*, pour aller à la rencontre des autres, les soigner, en prendre soin. Comme j'avais de la curiosité pour l'ensemble des spécialités médicales, assez logiquement, c'est la médecine générale qui m'a intéressé, parce qu'elle implique une prise en charge globale des patients en souffrance, aussi bien des enfants que des personnes âgées. Je ressentais la nécessité de me familiariser à la pratique des gestes d'urgence, j'ai donc choisi le SAMU (Service d'aide médicale d'urgence) de l'Essonne (91) dans le cadre de mon Service militaire.

Travailler au SAMU, c'est être à la fois un médecin de terrain, opérant sur la voie publique et au domicile des patients et, en même temps, c'est travailler en régulation médicale. Le médecin régulateur reçoit les appels téléphoniques du Centre 15, émanant de personnes en détresse ou gérant des détresses, vitales ou ressenties comme telles.

Dans un tel cadre, le « savoir être » est essentiel : il faut pouvoir parler avec une voix calme et contenante, reconnaître les émotions de l'appelant et donner les premières consignes tout en envoyant rapidement les premiers secours : il s'agit d'un véritable « accompagnement téléphonique ». Lui seul permet de bien identifier les problématiques, de poser un diagnostic et d'organiser les secours en instaurant un climat de confiance avec l'appelant, lequel devient parfois acteur, si cela est nécessaire.

J'ai travaillé dans ce domaine et dans celui des urgences pendant 22 ans : c'est un travail en équipe, très pluridisciplinaire. Une équipe de SAMU est composée habituellement d'un conducteur ambulancier, d'un infirmier et d'un médecin. Chacun tient un rôle important dans la prise en charge des patients. Ce travail en équipe permet de se centrer sur le patient, afin qu'il puisse exprimer ses besoins, par la parole ou le regard, et soit ainsi partie prenante (autant que son état le permet) de ses propres soins. Le médecin se met à la tête du patient et le questionne, en prenant soin de ne pas sortir trop rapidement ses « armes de guerre », tout l'attirail technique, nécessaire, mais parfois très traumatisant s'il est installé sans explication préalable chez un patient conscient. Une prise en compte rapide de sa douleur et de sa souffrance, cela fait partie de la prise en charge en urgence d'un patient.

L'équipe fonctionne en s'appuyant sur chacun de ses membres : trois paires d'yeux et d'oreilles, trois cerveaux travaillant de concert, qui évaluent et réévaluent ce qui peut être bénéfique pour le patient ; toutes les idées sont les bienvenues dans ces « gestions de crise ». Si le médecin qui est à la tête du patient est hiérarchiquement décideur, sa décision sera plus efficace si elle prend en compte les informations collectées par tous. Après une dizaine d'années de pratique, j'ai eu envie de partager cette expérience, de transmettre du « savoir », du « savoir-faire » mais surtout du « savoir-être ». Je suis devenu formateur en régulation médicale.

Là aussi, encore et toujours, il est important de trouver le ton juste, d'utiliser des phrases de réassurance, de surfer à la fois sur ses atouts et ses faiblesses : très prosaïquement, penser à se rapprocher du téléphone si on a une voix fluette ou au contraire, s'en éloigner et prendre du recul par rapport à son plan de travail si la voix est forte ; prendre des temps de respiration calme entre deux appels ; sur le terrain, cultiver l'écoute du patient et de sa famille, s'appuyer sur son équipe et savoir déléguer.

Si le travail sur mannequin et les formations théoriques permettent assez facilement de travailler le « savoir » et le « savoir-faire », le « savoir être » reste ce qui me paraît le plus difficile à acquérir. Pour cela, l'exemple donné par les anciens – le rôle du modèle – est important. Au-delà des gestes techniques, il faut trouver le positionnement approprié : savoir gérer son équipe en intervention, toujours travailler en interdisciplinarité.

Un tournant dans ma carrière a été celui de la découverte de ma propre vulnérabilité de soignant. De fait, le travail en SAMU est pénible parce qu'on cumule les gardes et le travail de nuit. Les premières années, j'ai été amené à assurer des gardes de 72 heures cumulées, avec seulement 24 heures de récupération ensuite. Il fallait toujours être « sur la brèche », en bonne condition physique pour travailler dans des conditions un peu extrêmes, sur la route parfois, dans le froid souvent.

Le propre du travail des SAMU, c'est de pratiquer les gestes de secours et d'anesthésie, non pas dans le calme et la sécurité du bloc opératoire, mais dans une ambulance de pompier ou près du rail de sécurité d'une autoroute. Une fois l'intervention terminée, de retour à l'hôpital, l'équipe redevient disponible pour une nouvelle sortie. Mais l'intervention suivante n'est, par essence, jamais programmée et l'utilisation du temps d'attente rarement optimisée.

J'étais de plus en plus attentif à organiser mon planning et en retirais peu de bénéfices parce que l'intensité du travail devenait toujours plus importante : le Centre 15 a connu – entre autres – un triplement du nombre des appels en dix ans. Sans m'en rendre compte, je m'épuisais. J'allais prendre mes gardes à reculons, sachant que j'allais y passer au moins 24 heures de suite. Le travail en journée me passionnait toujours autant… je n'ai pas repéré les signes d'alerte traduisant ma perte d'énergie : irritabilité en salle de régulation et avec ma famille, petits bobos et rhumes à répétition, difficulté à me réveiller et à partir pour les interventions nocturnes, à répondre au téléphone. En fait, avec le recul, je me rends compte que je ressentais le besoin d'être toujours plus parfait et d'en faire toujours plus. Je culpabilisais à la seule idée « d'abandonner » patients et collègues, de « quitter le navire ». Tout cela m'a conduit à une sorte de fuite en avant et à l'épuisement.

Des soucis de santé importants m'ont incité à réfléchir à la façon dont je pouvais, toujours comme médecin, continuer à prendre soin d'autrui, en équipe, et dans quel nouveau domaine je pouvais m'impliquer.

Durant toutes ces années de SAMU, l'évaluation globale de la douleur physique et morale des patients, à travers des échelles d'auto-évaluation, était courante dans ma pratique. J'avais remarqué qu'elles étaient efficaces dans leur prise en charge, qu'elles les rendaient plus participatifs. La prise en compte de la douleur dans le service des urgences était au centre de toutes les conférences de consensus et des congrès de l'époque. Les premiers « plans douleur » étaient sur les rails, permettant d'ouvrir des Consultations d'évaluation et de traitement de la douleur (CETD). Cela a donné un cadre à ma motivation : j'ai opéré ma reconversion en trois ans, en préparant une capacité sur la douleur et un diplôme universitaire de prise en charge de la douleur en oncologie.

J'ai pu trouver un poste au CETD d'Orléans dans le domaine de la prise en charge de la douleur chronique, qui se caractérise par une prise en charge globale du patient, bio-psycho-sociale, et qui implique en particulier de pouvoir prendre en charge la souffrance des patients.

La souffrance est un concept global, prenant en compte d'autres dimensions que la dimension physique, c'est-à-dire psychologique, sociale voire spirituelle. Mon activité a été et reste encore en partie, deux jours par semaine, une activité de « consultation douleur chronique », partagée avec des collègues infirmières cliniciennes, psychiatre, assistante sociale et psychologue relaxologue.

Travailler avec des patients douloureux chroniques est difficile. Nous sommes là pour écouter leurs plaintes et reconnaître leur douleur, avec bienveillance et sans jugement, telle qu'ils nous la décrivent. La stricte évaluation des caractéristiques de la douleur et de son retentissement sur la qualité de vie des patients est fondamentale. Les moyens pour y faire face sont à développer en collaboration avec eux. Les objectifs d'amélioration sont toujours minimes – pour être atteignables – et progressifs. Ils doivent apporter une amélioration ressentie comme « acceptable » pour la qualité de vie – qui inclut les capacités physiques, l'état psychologique et le rôle social - avant même le soulagement de la douleur physique.

Pour le praticien qui les prend en charge, ce peut-être une activité épuisante : il doit adhérer aux objectifs du patient, aller à son rythme, tenir compte de ses croyances, considérer ses « petites victoires » sur la souffrance qui seront soulignées comme de « grands changements positifs » – afin de mettre en place un renforcement positif.

La répétition des plaintes, le « triste spectacle » du comportement douloureux, l'impuissance ressentie par le praticien, sont des facteurs de risques de perte d'énergie. De ce fait, j'ai craint d'avoir quitté une activité qui me passionnait tout autant qu'elle m'épuisait (le SAMU) pour retrouver un autre type d'épuisement, certes moins physique mais plutôt psychologique, à cause de la complexité des prises en charges globales.

J'avais rencontré au cours de ma formation des collègues algologues (spécialistes de la douleur) travaillant dans d'autres hôpitaux en « consultation de douleur chronique » et qui avaient connu un *burn out*. Pour faire face, *a priori*, à un épuisement possible, j'ai décidé de m'initier aux Thérapies cognitives et comportementales (TCC), sorte de « boîte à outils » permettant de mieux travailler en collaboration et en accompagnement du patient.

Avec l'aide et le soutien du thérapeute, celui-ci apprend à faire le lien entre ses émotions et ses pensées négatives, à remettre en cause certaines croyances rigides sur lui-même, sur les autres et sur le monde en général, qui peuvent être autant d'obstacles aux changements. Il apprend également à se fixer des objectifs atteignables, à savoir reconnaître et se féliciter de ses progrès.

Une bonne alliance thérapeutique est la règle : elle implique l'authenticité, la chaleur et l'empathie. J'ai suivi une formation qui a duré trois années à l'Association française des Thérapies cognitives et comportementales, à Paris, et je suis devenu psychothérapeute TCC. Le « réentraînement progressif à l'effort » est un exemple révélateur du travail proposé par ces thérapies. Certains patients présentent des douleurs constantes, d'intensité élevée, entraînant des raideurs musculaires et des troubles du sommeil, une fatigue extrême. Ils craignent de bouger, de continuer ou de reprendre leurs anciennes activités. Mais ils se culpabilisent aussi de ne plus être *comme avant sur la brèche, 24 heures sur 24*. Ces patients, hyperactifs pendant la première partie de leur vie, se sont épuisés physiquement et moralement.

Après avoir repéré avec eux ces troubles du comportement et les obstacles au changement (émotions de culpabilité, honte, impuissance), nous leur proposons un programme de reconditionnement à l'effort, autour de la marche, de la piscine et du vélo. Les premiers objectifs sont, par exemple, de cinq minutes de marche et/ou cinq minutes de vélo d'appartement et/ou cinq minutes de gymnastique douce tous les jours, pendant une semaine. Puis ils augmentent la durée d'une à deux minutes par semaine, etc. Au bout de quelques semaines, ils sont capables à nouveau de se déplacer en ville, de faire des courses et reprennent ainsi confiance dans leurs capacités à se mobiliser. Les douleurs n'ont pas forcément diminué mais leur qualité de vie est meilleure.

Travaillant dans un Centre d'activité douleur soins palliatifs, une autre piste pour éviter l'épuisement d'une activité centrée sur les consultations a été d'intégrer l'Équipe mobile de soins palliatifs et d'accompagnement (EMSPA) de mon hôpital. J'ai retrouvé, trois jours de la semaine, le plaisir d'une activité moins sédentaire, transversale grâce au contact avec les soignants des autres services. Cette activité m'a permis de rencontrer tous les jours mes collègues sur le terrain.

L'équipe est composée de plusieurs médecins, infirmiers cliniciens, d'un psychologue et d'une secrétaire à temps partiel. Sur fiche d'appel, nous partons dans les services, en binôme ou trinôme, au contact des patients et de leur famille, en collaboration et en soutien des équipes soignantes. Notre rôle est d'accompagner des patients atteints de maladies graves, évolutives et qu'on ne peut guérir. Le positionnement du médecin de l'EMSPA est celui d'un animateur d'équipe, accompagnant, ambassadeur de la « culture palliative » auprès des soignants et des familles.

La fonction d'animateur d'équipe se fait autour des *staffs* du matin où nous discutons des dossiers des patients. Toutes les suggestions sont les bienvenues quand on travaille en pluridisciplinarité : accompagnement du patient à son rythme, gestion des symptômes pénibles, réflexions sur son devenir, ses lieux de vie ou de fin de vie. Une décision commune est prise pour l'accompagnement du patient, des soignants et des familles.

L'EMSPA n'est pas là pour se substituer aux soignants. Il s'agit de donner des conseils, qui seront suivis ou non ; le travail technique, s'il est complexe, se fait en collaboration, autour d'une toilette délicate par exemple.

Dans le même ordre d'idées, les décisions de limitation ou d'arrêt de soins actifs seront prises par les soignants du service, idéalement après la mise en place d'un *staff* pluridisciplinaire, auquel est en général conviée l'EMSPA.

Avoir une « culture palliative » implique pour moi une connaissance solide de l'accompagnement des mourants au cours des siècles passés, des rites anciens et actuels, tenant compte également des croyances de notre temps. Il est également nécessaire d'avoir une certaine connaissance des religions. Il faut savoir que la vulnérabilité humaine est présente tout au long de notre existence. La reconnaître, loin d'être un poids pour nous tous, peut être une force de vie meilleure.

C'est pour moi également la culture de l'accompagnement solidaire : le patient en France n'est pas seul en fin de vie, qu'il meure à l'hôpital (le cas le plus courant) ou à la maison. D'une certaine façon, le médecin responsable est le metteur en scène d'une pièce de théâtre dans laquelle chacun a son rôle. Le rôle principal est tenu par le patient s'il est conscient, ou par ce qu'on sait des désirs qu'il a pu exprimer ou confier à ses proches. Les soignants paramédicaux, aides-soignants et infirmiers, plus proches du patient au cours de la journée et de la nuit, ont un rôle capital pour l'évaluation des symptômes pénibles et pour le recueil des informations données par le patient.

Pour que la « pièce » se déroule bien et que les meilleures décisions soient prises, les acteurs doivent connaître leur rôle. C'est ainsi que l'**accompagnement** (et les décisions qui en découlent) sera **collégial.**

C'est le metteur en scène, le médecin référent, qui mettra un point final à l'écriture du scénario : la loi Leonetti du 22 avril 2005 décrit parfaitement, me semble-t-il, l'accompagnement de fin de vie des patients en France, dans la dignité et le respect de cette collégialité. Elle est encore trop peu connue.

Mais la partie la plus difficile de mon activité, en réalité, c'est de me positionner vis-à-vis de mes collègues médecins et soignants. Là encore, la notion d'accompagnement est primordiale : ni trop en avant, ni trop à la traîne. Je ne peux et ne dois pas faire à leur place, mais avec eux. Mes conseils de prescription restent des indications et ne sont pas toujours adoptés. Une prise en charge, adaptée à l'état du patient un jour, ne l'est plus le lendemain Ce qui a été discuté et décidé en collaboration avec les collègues peut se voir en grande partie remis en question si le patient devient inconscient, agité ou confus. Accompagner, c'est **s'adapter à une situation qui évolue sans cesse** en phase palliative avancée. Un patient agité et confus, par exemple, met les soignants en grande difficulté parce qu'il peut difficilement s'autoévaluer et collaborer à ses soins. L'attacher n'est pas une solution à envisager, c'est bien souvent une maltraitance réelle et ressentie comme telle.

Il faut innover sans cesse : les traitements sont donnés sous forme de *patch* collés sur la peau et non avec des perfusions, parce qu'elles risquent d'être arrachées par le patient ; le lit peut être rapproché d'un des murs de la chambre et un matelas est disposé à côté du lit : le patient peut ainsi s'agiter sans se blesser.

Mon rôle et celui de mes collègues est d'expliquer cette prise en charge au patient et aux soignants. Accompagner, c'est **s'adapter et apprendre à gérer des situations complexes.** Les *staffs* pluridisciplinaires de service, autour du cas d'un patient, permettent aux soignants de pouvoir s'exprimer sur leurs difficultés techniques de prise en charge, sur leurs émotions. Ils peuvent « libérer leur parole » en notre présence, écoutant et tout simplement témoins.

Je me souviens d'avoir assisté à un *staff* pluridisciplinaire en gériatrie, autour du cas compliqué d'un patient. Certains membres de l'équipe, plutôt opposés à ma venue, m'ont fait remarquer qu'ils *ne m'avaient pas attendu pour mettre en place des soins palliatifs en gériatrie.* J'ai été très silencieux au cours de ce *staff*. Les mêmes soignants sont revenus vers moi une heure après pour me dire : « *Ta présence nous a été très utile. Ce deuxième regard, silencieux et ressenti d'abord comme inconfortable s'est progressivement révélé bienveillant et nous a permis de nous exprimer plus calmement et avec plus de respect que d'habitude, de nous écouter chacun dans nos difficultés et nos propositions, et d'élaborer une décision commune.* »

Il est également compliqué d'aider une équipe, un médecin responsable, à prendre certaines décisions en matière de limitation ou d'arrêt de traitements actifs : il faut pouvoir proposer d'abandonner la technique pure, les perfusions, certains médicaments devenus inutiles, les chimiothérapies… tout en continuant des soins actifs prenant en compte la qualité de fin de vie du patient, ses souffrances psychologiques, voire spirituelles… savoir l'accompagner dans ses « projets de vie » de fin de vie.

C'est une grande difficulté pour nos collègues : quand doit-on considérer qu'il s'agit d'une prise en charge palliative ? Et qu'est-ce que cela veut dire ? Pour un certain nombre d'entre eux, la prise en charge palliative commence en phase terminale, préagonique. Et il y a souvent une grande culpabilité chez un soignant à admettre qu'il ne peut pas guérir le patient.

L'« obstination déraisonnable de soins » prend sa source dans cette impossibilité à lâcher prise, à se projeter dans cette autre dimension du « prendre soin ». *Lâcher prise*, c'est ne plus rien faire, pour et avec le patient. Une logique du tout ou rien qui fait du patient en toute fin de vie un « déjà mort », justification éventuelle de l'euthanasie qui est interdite en France. Et c'est là notre travail : dire qu'il y a « une continuité des soins, une qualité de vie de fin de vie ».

Il correspond à l'accompagnement solidaire tel qu'il est décrit dans la loi Leonetti, une réflexion sur la qualité de ce qui reste à vivre au patient, de ce qu'il nous reste à vivre et à partager avec lui et souvent avec sa famille.

Le patient qui n'arrive plus à communiquer continue à souffrir et renvoie cette souffrance aux soignants, parce qu'ils ne savent pas facilement évaluer l'intensité de sa douleur, qu'ils n'ont n'a pas accès à sa perception de ses symptômes pénibles. Cela crée un **sentiment d'impuissance majeur.** Cette impuissance est pour moi l'émotion-nœud au cœur des difficultés rencontrées par le soignant. C'est une émotion insoutenable, l'équivalent de la « castration » décrite par Freud. Elle est souvent suivie de la culpabilité, de la colère et des comportements qui en découlent comme le rejet, l'abandon voire parfois une forme de maltraitance du patient.

Notre écoute bienveillante des soignants leur permet souvent d'identifier ces émotions et de faire coller leurs objectifs d'accompagnement du patient à ses propres demandes et besoins du moment, de se fixer avec le patient de petits objectifs, utiliser les « petits moyens » qui sont pour le patient autant de plaisirs dans l'instant. Ce sont les petites attentions et les soins plaisirs qui vont permettre d'accompagner le patient pour une qualité de fin de vie : des petits objectifs, des petits plaisirs dans le temps présent, dans des instants qui sont comptés, qui comptent.

Dans ma propre expérience, j'ai vécu un alitement prolongé à la suite d'une intervention chirurgicale. J'ai connu la douleur liée aux soins, et l'omniprésence des appareillages techniques (perfusions, sondes urinaires, etc.), l'impuissance ressentie lorsqu'on est langé en abduction *comme un bébé*, l'impossibilité de se lever, l'allongement permanent qui génère des douleurs…

Me retrouver en position de soigné, de l'autre côté de la barrière, m'a fait reconnaître davantage l'importance et la qualité de l'accompagnement pratiqué par des soignants qui m'ont suivi. Il se traduisait entre autres par des sourires, des mots gentils. Les moments de toilette, compliqués parce qu'ils touchent à l'intime, laissaient la place au réconfort d'un massage délassant des mains ou des pieds.

Accompagner un patient non communiquant ou confus, c'est oser lui prendre la main et être face à lui, le regarder dans les yeux, parler avec une voix douce ; pas trop de lumière ni trop d'obscurité. Une seule personne à la fois s'adresse à lui.

L'hétéro-évaluation de la douleur et des symptômes pénibles prend ici toute sa valeur : un patient non communiquant aura les mêmes douleurs qu'un patient capable de communiquer : une douleur de décubitus provoquée par une position allongée prolongée, des douleurs induites par les soins. Il doit de ce fait recevoir les mêmes traitements de la douleur et de l'anxiété si nécessaire.

Ce qui est compliqué dans le cas de ces patients, par exemple, c'est qu'on ne sait pas ce qu'ils entendent réellement, ce qu'ils reçoivent de notre parole notamment. C'est compliqué pour nous, soignants, mais aussi pour les familles qui n'osent plus leur parler, les toucher.

Je raconte souvent une anecdote personnelle aux soignants et aux familles. J'ai été amené à prendre en charge au début de ma formation une patiente démente, ayant fait une infection urinaire très sévère. L'ensemble des soignants avait décidé qu'il s'agissait d'une prise en charge palliative et le responsable de service m'a dit : « *Vas-y, occupe t'en. Fais ce que tu peux. Pour moi, il n'y plus grand-chose à faire pour cette patiente.* » J'ai donc prescrit des antibiotiques de confort, une hydratation et des soins de *nursing* adaptés. La porte de sa chambre était laissée ouverte pour qu'elle reste en contact avec le service. Chaque matin, je lui parlais pendant 5 minutes, lui expliquant ce que l'on avait mis en place pour elle, le temps qu'il faisait… Elle ne me regardait pas, ne me répondait pas et je me sentais un peu transparent ! Son état s'est amélioré et petit à petit, elle s'est remise à manger avec aide, au fauteuil. Elle a fini par quitter le service en fauteuil roulant. Au moment de son départ, je me suis approché d'elle pour lui dire « Au revoir ». Elle m'a souri, a pris ma main et l'a gardé pendant plusieurs minutes entre les siennes, me regardant droit dans les yeux. Elle n'avait jamais manifesté d'émotions, jamais parlé, jamais esquissé un geste jusque-là.

Depuis ce moment, je sais qu'**il faut communiquer,** sous toutes les formes qui nous viennent à l'esprit, par la parole, le toucher… avec ces « communicants silencieux ». Il y a du temps à vivre avec eux. Des termes comme celui de « dément » ne devraient pas être utilisés parce qu'ils sont inadaptés. Ils évoquent des maladies mentales et ces patients n'en sont pas atteints. Je pense qu'on devrait parler de « troubles cognitifs », de patient « non communiquant » ou « pauci communiquant ». Il est certain que ces patients nécessitent plus d'attention et de concentration que d'autres. Cela entraîne un épuisement plus important des soignants.

Comment faire pour éviter que cet épuisement ne vienne parasiter la relation d'accompagnement ? Une solution est de mettre en place des équipes de bénévoles, réunies au sein d'associations spécialisées dans l'accompagnement des personnes en fin de vie. Ces aidants sont formés par ces associations. La difficulté est de les intégrer au *staff* pluridisciplinaire des services hospitaliers et de leur accorder une plus grande liberté de circulation dans l'hôpital, ce qui n'est pas encore entré dans les mentalités des personnels administratifs et médicaux. Le rapport au temps de ces bénévoles, qui n'est pas celui des soignants souvent *surbookés*, se révèle plus proche du rythme du patient.

Je voudrais insister sur l'importante nécessité que je ressens de pouvoir réfléchir *a priori* aux moyens d'éviter l'épuisement et de gérer ma vulnérabilité, à l'aide de techniques personnalisées, qui permettent de récupérer l'énergie dépensée : on reçoit beaucoup du patient, mais on donne beaucoup aussi.

Utiliser l'outil des Thérapies cognitives et comportementales me permet de travailler sur les objectifs du patient, en collaboration avec lui, en le rendant acteur de ses soins (autoévaluation, prises médicamenteuses adaptées, technique de respiration profonde, etc.). Pour retrouver toute l'énergie dont j'ai besoin, je pratique tous les jours la méditation de pleine conscience. Je prends 30 minutes de temps pour moi, en respiration calme, qui me permettent de vivre dans l'instant, avec bienveillance et sans jugement. Il m'est également indispensable d'avoir une activité sportive qui me permet à la fois de conserver une bonne forme physique et d'évacuer toutes les tensions accumulées. Recevoir des massages se révèle également très efficace.

Je ne voudrais pas finir sans évoquer la supervision. Il est indispensable que les équipes hospitalières puissent bénéficier d'un temps d'écoute en groupe, supervisé par un psychologue. Ce moment permet de **faire circuler la parole,** de **libérer les émotions** et d'**évoquer les difficultés** que nous rencontrons tous, nous les soignants, pour faire coexister technicité et sincérité, les deux pendants indispensables à un « bon » accompagnement des patients.

Ressources bibliographiques

André C., « La méditation de pleine conscience », Revue *Cerveau et psychologie,* n° 41, septembre – octobre 2010. *http://christopheandre.com/meditation_CerveauPsycho_2010.pdf*

Anzieu D., *Le moi-peau,* Dunod, 1995, rééd., 2000.

Canoui P., « Le syndrome d'épuisement professionnel des soignants (SEPS) ou burn-out syndrome », *Le carnet Psy,* n° 37, 1998.

Cedraschi C., Favre C., « La psychothérapie cognitive dans le traitement de la douleur chronique », *Médecine et hygiène,* n° 2443, 2003, p. 1358, p. 1363.

Chrétien J., Thomas F., « Réalité et évolution du bénévolat d'accompagnement en France entre 2000 et 2010 par la cellule CNAMTS-SFAP », *Médecine palliative-Soins de support-Accompagnement-Ethique,* n° 12, 2013, p. 2-11.

Flor H., Fydrich T., Turk D.-C., « Efficacity of multidisciplinary pain treatment centers : a meta-analytic review », *Pain,* n° 49, 1992, p. 221-230.

Guex P., Stiefel F., « De la souffrance du patient à celle des équipes », *Médecine palliative - Soins de support – Accompagnement – Ethique,* n° 9, 2010, p. 32, 35.

Loi relative aux droits des malades et à la fin de vie du 22 avril 2005 – décrets d'application du 6 février 2006 (dite loi Leonetti) et révision de janvier 2010, *www.legifrance.fr*

Maslach C., Jackson S.-E., Leiter M.-P., Mlaslach, *Burn Out Inventory,* Consult Psychol Press, 3e ed., 1996.

McCracken L.-M., Vowles K.-E., Eccleston C., « Acceptance of chronic pain : component analysis and revised assessment method », *Pain,* n° 107, 2004, p. 159, p. 166.

Pérotin V., « Tout ce que vous voulez savoir sur la loi Leonetti », *Médecine palliative – Soins de support – Accompagnement – Ethique,* n° 11, 2012, p. 148, 157.

Ricœur P., *Soi-même comme un autre,* Seuil, 1990, Points, 2015.

Soins palliatifs et psychanalyse

Claude Martis, psychologue clinicien

À celui qui se pose la question de toujours, c'est-à-dire celle de la vérité, les mathématiques peuvent mener directement à la psychanalyse. Et celle-ci, à condition qu'elle soit psychanalyse appliquée à la thérapie, l'entraîne à être à la fois, le garant du désir du patient atteint dans son corps (désir au sens où l'entend Jacques Lacan), mais aussi bien missionnaire du médecin qui le traite.

Mon intérêt pour la psychanalyse date des années de lycée. Les mathématiques et le plaisir du raisonnement m'ont mené à elle. Ensuite, j'ai voulu appliquer la psychanalyse que j'avais étudiée à la maladie organique, car à cette époque, je pensais que toute maladie était d'origine psychologique. La psychanalyse était critiquée, on prétendait qu'elle était réservée à une « élite », on l'accusait même d'être une science « bourgeoise ». De plus, tout le monde ne pouvait y avoir accès, pensait-on.

Depuis, avec, ce qu'on appelle la psychanalyse appliquée à la thérapie, le psychanalyste, peut délaisser son cabinet et entrer dans la cité. La conjonction de tous ces facteurs m'ont conduit vers l'hôpital général. J'ai eu l'opportunité de travailler dans différents services de médecine.

Mon implication dans les soins palliatifs, est le fait du hasard. Au début, je me refusais à intervenir en tant que psychologue clinicien dans un tel service, car on obligeait presque les patients, ou du moins on insistait très fortement à ce qu'ils parlent de leur mort à venir. C'était une attitude assez terrifiante. Il fallait parler de sa mort pour s'en dégager, pour partir sereinement. Il m'était vraiment difficile de partager cette optique.

La psychologue, qui travaillait alors à l'équipe mobile de soins palliatifs, a désiré changer de service. Elle le pouvait à condition de trouver un remplaçant. J'ai accepté ce poste en 2006 et ai rencontré une équipe où une évolution de la philosophie des soins palliatifs au niveau de la pratique psychologique était en cours.

Cette idée d'inciter fortement les patients à parler de leur mort était abandonnée. J'ai trouvé l'équipe sérieuse et ai continué avec grand plaisir pendant un an. Ensuite la mise en place du premier plan cancer (2003-2007) a modifié mes interventions. Des postes de psychologues ont été attribués dans les différents services de cancérologie. Je ne pouvais donc plus intervenir dans ces services, puisqu'un psychologue était déjà présent.

Actuellement, chaque matin, l'équipe se réunit pour un *staff*, une revue de tous les dossiers des patients suivis. J'assiste à ce *staff*, et me permets de donner mon avis sur les différents dossiers des patients, et de conseiller l'équipe mobile. Je suis très vigilant à ce que les soignants de l'équipe ne se projettent pas trop sur le patient.

Si j'ai l'accréditation de psychothérapeute, mon outil reste la psychanalyse appliquée à la thérapie. La psychanalyse ne nécessite pas toujours un divan. Les patients peuvent rencontrer quelqu'un qui se met en position de psychanalyste. Ils ne vont pas forcément faire une analyse mais ils ont l'occasion d'y goûter.

Deux possibilités s'offrent à moi pour intervenir. Si les paroles des soignants m'amènent à estimer qu'une personne souffre moralement ou psychologiquement de façon excessive, je vais aller sa rencontre et ne vais pas attendre sa demande. Parfois, dans certains services, les soignants demandent au patient « Voulez-vous voir le psychologue ? » La plupart des patients ignorent ce qu'est un psychologue et en quoi le fait de parler pourrait les aider.

Alors je fais le premier pas. En effet pour qu'il y ait demande, il faut qu'il y ait offre : la demande du patient va aussi dépendre de l'offre. L'autre possibilité est de proposer systématiquement à tous les patients qui sont suivis par l'équipe de rencontrer un psychologue. On peut le proposer, dans la mesure où ils n'apparaissent pas « dépassés par leur maladie ».

En soins palliatifs, il n'existe pas de protocole. Toutes les différentes interventions de l'équipe se font au cas par cas. Je peux voir le patient plusieurs jours de suite ou une seule fois, suivant son état psychologique. Je revois aussi des patients qui reviennent toutes les trois semaines pour leur chimiothérapie.

On distingue **douleurs** et **souffrances,** ces dernières étant plus globales. Ce n'est pas la même personne qui aborde la souffrance et la douleur. La douleur sera traitée en priorité par les soignants. Pour la souffrance, c'est un peu plus à moi de m'y atteler. La douleur est organique, et la souffrance, psychique.

Je distingue souvent entre **soutien moral** et **soutien psychologique.** Tout le monde participe au soutien moral : quand on soigne, quand on s'occupe du patient c'est du soutien moral. J'y participe aussi. Aller voir les patients, c'est du soutien moral. Cela dit, aller voir et essayer de comprendre des réactions du patient, c'est s'occuper du soutien psychologique.

Comment approcher le patient ? Tout simplement, je viens le voir et lui suggère que cela pourrait l'aider de parler à un psychologue. Mais je n'en suis pas certain. « Si vous êtes d'accord, je vous propose de parler, et peut être que cela pourra vous aider. Mais il n'y a rien d'obligatoire ». Je ne promets pas le soulagement. Mon but est de protéger le désir, pas le désir de quelque chose, mais l'envie en général. À celui qui a envie de vivre, ma mission est de maintenir cette envie, et qu'elle ne soit pas étouffée.

Voilà comment je vais à la rencontre des patients. Souvent ils ne demandent pas à voir un psychologue. Ils disent : « Non, à quoi cela peut-il bien me servir ? ». Il faut néanmoins être prudent, car, pour certains patients, parler à un psychologue peut amener un surcroît d'angoisse.

Je me focalise sur **la parole,** sur ce qui se dit, sur ce qu'on appelle les « signifiants ». Comment le déroulement de la chaîne signifiante peut être bloqué par l'irruption du réel qu'est la maladie. Quand on est malade, on a « un prêt-à-porter » pour « traiter » psychologiquement la maladie. On a une certaine façon de réagir avant toute intervention du psychologue. À lui d'explorer cette façon de réagir, afin que le patient découvre qu'il y a peut-être d'autres comportements possibles. On peut vérifier, lors des entretiens, comment le fantasme peut déterminer notre attitude.

La plupart du temps, quand est annoncé un cancer, c'est la mort, en premier lieu, qui y est associée. Je partage un peu l'avis de certains confrères, qui critiquent quand on parle de tabou de la mort, car la mort, c'est comme pour le soleil : on ne peut pas la regarder en face. Cependant, quelque chose, (par exemple la perte brutale d'un proche), qu'on appelle le réel, vient nous rappeler de temps en temps qu'on va mourir. Mais, heureusement, on l'oublie assez facilement, et l'on continue à rêver.

Ce que nous fait remarquer Lacan, c'est que la mort est croyance. On croit à la mort. « La mort est du domaine de la foi. Vous avez bien raison de croire que vous allez mourir bien sûr, cela vous soutient. Si vous n'y croyez pas, pouvez-vous supporter la vie que vous avez ? Si on n'était pas solidement appuyé sur cette certitude que cela finira, est-ce que vous pourriez supporter cette histoire ? Néanmoins, ce n'est qu'un acte de foi. Le comble du comble, c'est que vous n'êtes pas sûr. Pourquoi il n'y aura pas un ou une qui vivrait jusqu'à 150 ans ? Mais quand même, c'est là que la foi reprend sa force. »

C'est un acte de croyance. Pour aller dans ce sens-là, ce qui m'a frappé, quand j'ai commencé à travailler dans les soins palliatifs, c'est de m'apercevoir que tout le monde a de l'espoir, et jusqu'au bout. C'est surprenant ; même si les patients savent et ont connaissance de l'incapacité de la médecine à les guérir, cela n'empêche pas que jusqu'à la fin, ils croient un peu en leur guérison.

Il s'agit de ne pas enterrer et ne pas étouffer cet espoir existant. Il n'y a pas besoin de le réveiller car il est toujours là. S'il est rare qu'un patient en soins palliatifs demande à voir un psychologue, il n'en est pas de même pour la famille. Il y a une demande des proches à être conseillés à propos du comportement approprié à adopter : que faut-il dire ou ne pas dire ?

Ensuite, les soignants proposent aux familles de rencontrer un psychologue, mais les familles acceptent rarement. Quand les personnes ont perdu leur conjoint à l'hôpital, ils iront plus facilement voir un psychologue en ville. La coupure géographique est un des éléments du travail de deuil.

Nous ne travaillons qu'avec les adultes. Les enfants sont suivis par une autre équipe.

Nous avons parfois des réunions éthiques. Dans notre raisonnement nous incluons d'abord les dires de l'entourage et de la famille sur ce qui a été exprimé comme signes ou directives anticipées, ensuite viennent les avis des soignants du service (car nous sommes toujours en deuxième ligne). On dit qu'en soins palliatifs, il y a toujours quelque chose à faire.

L'éthique c'est **l'éthique du désir** (l'envie de vivre). Comment préserver ce désir ? Je dois être le garant et l'avocat du patient à ce niveau-là. Je dois tout faire pour faire entendre cette position.

De nombreux psychanalystes ne s'intéressaient pas aux soins palliatifs. Actuellement il y en a plus qui s'y intéressent, même chez les « lacaniens ». C'est le langage et ce que dit la personne, ou ce que l'on peut en dire, qui nous guident. L'outil est le langage et l'enchaînement des signifiants.

La caractéristique des soins palliatifs est que cela est un peu hors institution. Donc tout est ouvert, tout est encore à créer. Il n'y a pas de protocoles ou d'échelles. Nous avons à faire des trouvailles, des bricolages (mais au sens noble du terme). Nous avons à **composer avec ce que l'on sait,** plutôt que d'inventer. C'est utiliser toutes les ressources des différents intervenants pour continuer à traiter.

J'aime bien cette idée : on ne « laisse tomber personne ». Même si quelqu'un n'est pas en demande, on va vers lui. C'est presque à l'opposé de la psychanalyse habituelle, où le psy attend. Ici, on va au-devant. On peut observer la même philosophie dans les cellules d'urgence médico-psychologiques.

Psychologue chez les sapeurs-pompiers, je suis amené à aller à Haïti en 2010 juste après le tremblement de terre. J'ai eu une demande du ministère : « Pouvez-vous débriefer les sauveteurs à leur retour de Port-au-Prince, ce *debriefing* devant se passer à la Martinique ? ». À la suite d'un malentendu, je me suis retrouvé à Haïti.

Le commandant des secours, surpris de me voir, m'a dirigé vers un hôpital, supposant qu'on pourrait avoir besoin de moi. Le directeur de l'hôpital m'a certifié que j'allais être utile.

Personnellement, je me voyais plus utile à prendre une pelle et déblayer ! Le directeur m'a suggéré de rencontrer les soignants touchés par le séisme, afin de les aider à retrouver leur capacité à s'occuper des blessés. Il fallait que le personnel soit capable d'être opérationnel.

Ensuite, pendant dix jours, je suis intervenu directement auprès de ces blessés. Je me devais de ne pas « les laisser tomber ». Il y a quelque chose de parallèle avec les soins palliatifs : on ne recule pas devant des détresses. Il n'y a pas eu de tentatives de suicide chez les personnes touchées par le tremblement de terre : l'envie de vivre était là. Il s'agit de **soutenir celui qui veut vivre.** Pour cette raison la psychanalyse a sa place dans la société et à l'hôpital.

J'emboîte le pas de la psychanalyse lacanienne, car c'est à mes yeux le meilleur outil actuel, même si d'autres approches verront peut-être le jour dans l'avenir.

Ressources bibliographiques

Doucet C., (dir.), *Le psychologue en service de médecine*, Elsevier Masson, 2008, 2e éd., 2011.

Freud S., *Malaise dans la civilisation*, Trad. Ch. & J. Odier, PUF, 1929, Points, 2010.

Lacan J., *Conférence à Louvain*, 13 octobre 1972.
https ://www.youtube.com/watch?v=31iQQTPY-kA

Lacan J., « La place de la psychanalyse dans la médecine », Conférence et débat de médecine à la Salpêtrière 16.02.1966, *Cahiers du collège de Médecine*, 1966.

Lacan J., « Psychanalyse et Médecine », Conférence et débat du Collège de médecine à La Salpetrière, *Cahiers du collège de Médecine*, 1966, p. 761 à 774.

Infirmière en équipe mobile de soins palliatifs

Agnès Lebrun

L'accompagnement par l'équipe mobile de soins palliatifs (EMSPA) se construit à partir de la singularité de chaque patient, de chaque soignant, de chaque équipe, de chaque situation. Faire bouger l'existant, par son idéal d'accompagnement, en EMSPA, relève d'un véritable défi de soignant. Infirmière au sein d'une équipe mobile de soins palliatifs, je veux témoigner de toute la complexité et la richesse d'exercer au sein d'une telle équipe.

J'ai travaillé, très jeune, à domicile, auprès des personnes âgées. Ces rencontres ont bouleversé ma vie. J'ai pris conscience de leur vulnérabilité et de leur isolement, surtout quand elles étaient malades. Cette relation d'aide a été très constructive pour moi. Elle fut déterminante pour ma carrière professionnelle. Ce qui m'a motivée à travailler auprès des personnes âgées malades, c'était leur grande vulnérabilité. Leur isolement social est lié, en partie, à une orientation culturelle de notre société, laquelle devient parfois discriminante à l'égard des personnes âgées et ou handicapées. Je trouve cela assez injuste, vis-à-vis de ces aînés qui ont contribué à notre société. En quelque sorte, j'ai tenté, au travers de ma carrière professionnelle, de rétablir un certain équilibre et montrer que nous pouvions être plus attentifs à leur égard.

Par la suite, je suis devenue aide-soignante en milieu hospitalier, auprès des personnes âgées. J'ai alors été confrontée aux incessants décès de ces personnes âgées, décès qui survenaient parfois sans qu'elles soient vraiment accompagnées par leur famille. Les aides-soignants, dont je faisais partie, étaient principalement axés sur les soins de *nursing*, assez peu sur « l'approche globale », pourtant essentielle dans l'accompagnement. C'est au travers de ces soins que les soignants se sentaient valorisés.

Je suis ensuite devenue infirmière. Pour mon premier poste, j'ai été affectée en maison de retraite, en Bretagne. Là, j'ai appris énormément sur l'accompagnement des personnes en fin de vie, apprentissages basés sur le respect et le partage intergénérationnel.

C'est à cette occasion que je me suis rendu compte de l'importance du regard que les soignants portaient sur ces malades âgés. Malgré leur charge de travail, leur façon de soigner était différente. Le personnel était très respectueux et très motivé à soigner ces patients. Finalement, ces personnes et leurs proches avaient plutôt un bon vécu, un bon ressenti de leur accompagnement face à la maladie. J'en ai déduit que les égards que l'on pouvait avoir vis-à-vis d'eux pouvait compter énormément dans leur prise en charge et dans le soin.

Après avoir intégré un service de rééducation neurologique à Paris, j'ai entrepris des études d'infirmière clinicienne. Je me suis notamment intéressée à l'annonce du handicap. L'accompagnement, dans l'approche globale, est essentiel pour la réadaptation à la vie. Ces patients doivent entreprendre un travail de deuil sur les pertes par rapport à leur vie d'avant. C'est un parcours obligé. En conséquence, ces malades étaient psychologiquement très vulnérables et aussi parfois isolés socialement. Ils avaient besoin d'être entendus et soutenus dans cette épreuve.

Je me suis donc intéressée au *concept de vulnérabilité* chez les patients et leur entourage. J'ai réfléchi sur notre implication en tant que soignants dans l'accompagnement des personnes en situation de handicap, de maladie, et dans certains cas, jusqu'à la mort.

Affectée à Orléans, j'ai travaillé dans plusieurs services de médecine, en particulier en pneumologie. Soucieuse de mieux comprendre comment accompagner les malades sur le plan psychologique, j'ai entrepris une formation, laquelle s'est concrétisée par l'obtention d'un DIU en psycho-oncologie clinique de Paris (Hôpital européen Georges Pompidou).

Ce qui est surprenant, (comparativement à ce qui précède), quand on travaille auprès des patients atteints de cancer, c'est de constater qu'ils bénéficient d'une meilleure image sociétale. Ils bénéficient de davantage de reconnaissance de leur souffrance, de leur maladie. Les soignants, les familles, sont plus attentifs, car c'est un drame de la vie qui les touche de près. C'est aussi un fait de société puisque c'est la pathologie la plus délétère actuellement en France. De ce fait, l'annonce du diagnostic, faite à ces malades, peut-être traumatisante. Un dispositif d'annonce a donc été mis en place au sein des hôpitaux, afin que l'information soit mieux accompagnée et un peu moins traumatisante.

Le rôle propre de l'infirmière est important dans ce dispositif d'annonce, mais également dans les soins de support proposés au patient et à son entourage. La *pluridisciplinarité*, l'*interdisciplinarité* sont nécessaires afin de travailler ensemble, au sein d'un groupe aux multiples compétences, dans le but d'accompagner ces patients tout au long de leur maladie. C'est une vision à court, moyen, voire long terme. Cette approche est intéressante pour le patient, car il peut **se projeter à la fois dans l'avenir, mais également dans la vie.**

Au cours des stages effectués dans le cadre de ce diplôme de psycho-oncologie clinique, j'ai travaillé au sein d'une équipe transversale qui se déplaçait auprès des patients malades atteints de cancer. Je me suis rendue compte de l'intérêt qu'il y avait à faire partie d'une telle équipe, afin de pouvoir, d'une part, faire vivre mes valeurs professionnelles et, d'autre part, aider les autres soignants à accompagner ou mieux accompagner, ces patients.

Depuis quatre ans, j'ai intégré l'EMSPA (équipe mobile de soins palliatifs et d'accompagnement) d'Orléans. L'accompagnement et le soutien des patients, de leur entourage et des soignants, font partie intégrante de notre pratique professionnelle. Nos missions sont transversales, c'est-à-dire que nous intervenons auprès des patients, à la demande des équipes qui les prennent en charge, ou du patient et/ ou de l'entourage.

Cette demande est toujours validée par le médecin référent du malade. C'est une équipe pluridisciplinaire qui comporte quatre médecins, deux infirmières, un psychologue, une cadre et une secrétaire. Notre activité concerne plutôt des patients hospitalisés en service de médecine, en phase aiguë de maladie grave, comme le cancer. Il me semble essentiel d'aborder le rôle de l'infirmier au sein d'une EMSPA ainsi que les missions de l'EMSPA.

La circulaire relative aux soins palliatifs et d'accompagnement du 19 Février 2002[56] définit le rôle d'un infirmier au sein d'une EMSPA. *« L'infirmière intervient comme consultante et conseillère en soins palliatifs auprès des équipes soignantes. Elle propose des conseils et des soutiens sur les aspects somatiques, psychologiques, socio-familiaux, spirituels du patient »*. Les décrets infirmiers permettent à l'infirmière de développer son rôle au sein de l'EMSPA, auprès des patients et leur entourage, ainsi qu'auprès des équipes soignantes de son établissement.

L'infirmière de l'EMSPA doit avoir des compétences en soins palliatifs, mais également bien connaître son champ de compétence, afin d'être capable de développer son rôle propre auprès du patient, de son entourage et des équipes soignantes. Je me positionne et je réfléchis en fonction de mes rôles (propres, par délégation du médecin, de collaboration) afin de me questionner et de donner des conseils dans la dimension du prendre-soin et du confort. Je travaille donc en collaboration avec les autres soignants de compétences différentes, mais également de même compétence. Même si leur rôle est analogue au mien, nous n'avons ni les mêmes expériences ni les mêmes formations. Nous n'avons donc ni les mêmes connaissances, ni les mêmes approches, dans la prise en charge du patient. En conséquence, nous n'aurons pas forcément les mêmes réactions. Sur ces bases, j'essaie de proposer des **soutiens cohérents avec la situation donnée.**

Nous pouvons discerner deux positions qui se superposent, lorsqu'on est une infirmière au sein d'une EMSPA. La première est liée à notre identité professionnelle. Nous avons la compétence et tous les rôles d'une infirmière. La seconde est liée au rôle très spécifique d'une infirmière au sein d'une EMPSA, lequel est essentiel-

56. Circulaire DHOS/O2/DGS/SD5D N° 2002-98 du 19/02/2002 relative à l'organisation des soins palliatifs et l'accompagnement en application de la loi n° 99- 477 du 9 juin 1999 visant à l'accès aux soins palliatifs, p. 7.

lement d'accompagner, de soutenir le patient. Mais ce rôle est aussi de conseiller, de soutenir, de former les soignants, rôle pour lequel je n'ai pas eu de formation initiale. Dans cet objectif, j'ai bénéficié de formations spécifiques, mais aussi de l'expérience des membres de l'EMSPA, des *debriefings* et des *staffs* spécifiques.

Je suis donc toujours infirmière, mais mon rôle au sein d'une équipe transversale a modifié ma pratique professionnelle. Notre activité d'expertise (consultante), de conseil, de soutien, s'adresse aussi bien à chaque personne qu'à l'ensemble des équipes. Chaque individu a un cheminement singulier par rapport à la maladie et la mort. Il recherche donc un soutien individualisé et un accompagnement personnalisé. En tant qu'infirmière de l'EMSPA, nous avons plutôt une position neutre, laquelle nous permet de **prendre du recul** pour analyser la situation au-delà de nos émotions, au moment de la prise en charge de ces patients.

Dans le dictionnaire, prendre du recul, c'est « *s'éloigner pour mettre une certaine distance entre un objet et soi ; considérer avec détachement afin d'apprécier impartialement* ». Nous recherchons la bonne distance pour garder une ouverture d'esprit et de tolérance, notamment envers les équipes soignantes. Cependant, « l'infirmière agit en toutes circonstances dans l'intérêt du malade »[57]. Le patient garde la place centrale dans nos interventions. La finalité de nos missions est d'améliorer la qualité de la fin de vie des patients relevant des soins palliatifs.

C'est dans la **pensée du prendre soin**[58] que réside l'esprit de l'accompagnement. Zicola le définit ainsi : « *Être attentif à l'autre peut se définir comme un outil de résistance face à sa souffrance multidimensionnelle* ».

Ma profession d'infirmière est dans ce champ de compétence. Toute la réflexion autour du *caring* existe dans l'accompagnement et relève du rôle propre infirmier. Nous portons la lourde

57. Décret n° 2004-802 du 29 juillet 2004 relatif aux actes professionnels et à l'exercice de la profession d'infirmier. Art. R 4311.1 ; Art. R 4311.2 ; Art. R 4311.5 ; Art. R 4311.15 ; Article 4312-29 ; Article 4312-25 et 26.

58. D. Lucas, M. Zicola (dir.), *Le souci pour l'autre,* Édition Transverse, soin/santé, 2011, p. 193 à 209.

responsabilité de la faire exister. La relation d'aide également. Henderson et Collière[59] définissent la relation d'aide comme « *aider la personne à retrouver son autonomie, à développer son niveau de bien-être, et l'accompagner jusqu'à la mort* ».

Cette relation n'a pas pour but de résoudre les problèmes, mais de **reconnaître l'autre dans ses ressentis.** Dans ma pratique professionnelle, cette relation d'aide s'adresse aussi bien au patient qu'aux soignants. L'infirmière de l'EMSPA aide la personne à formuler ses besoins, à les reconnaître, à les identifier, mais lui offre aussi la possibilité d'exprimer sa plainte, son inconfort de vie.

L'approche holistique du patient est l'essence même de notre profession et définit l'accompagnement en soins palliatifs. C'est un concept humaniste qui se définit comme une approche globale de l'homme. « *L'homme étant considéré comme un tout, ses différents composants ne pouvant pas être considérés séparément (physique, psychologique, social et spirituel)* ». Carl Rogers[60] dit : « *Tout organisme est animé d'une tendance inhérente à développer toutes ses potentialités de manière à favoriser sa conservation et son enrichissement* ». L'être est en mouvement et en devenir. Les personnes auprès desquelles nous intervenons (patient, entourage, soignants) ont des ressources personnelles latentes. Le but de la relation est de les aider à les reconnaître et à les utiliser.

L'accompagnement se réfléchit. Il induit un risque, angoisse parfois, déstabilise, nécessite de la créativité et du courage. Nous ne sommes pas des théoriciens de l'accompagnement, mais bien des praticiens.

Les besoins d'accompagnement relèvent des bonnes pratiques professionnelles. Il n'existe pas de spécialisation de l'accompagnement, mais celui-ci requiert la participation de tous (soignants, proches, bénévoles). Accompagner s'exerce au singulier et au quotidien. Il n'existe pas de copier-coller. Ce sont l'expérience et les compétences de chacun qui permettent de guider l'autre et de le soutenir dans son épreuve.

59. M.-F. Collière, V. Henderson, *La nature des soins infirmiers,* Renouveau Pédagogique Inc., 1994, p. 235.

60. C. Rogers, *Le développement de la personne,* 1961, Dunod, 2005.

Lassaunière[61] parle des objectifs de l'EMSP comme d'une « *approche globale du patient et de sa famille afin de maintenir le plus longtemps possible le maximum d'autonomie, le minimum de symptômes et un maximum de communication entre le patient et ses proches* ». Il exprime que l'on travaille en collaboration et non substitution avec les équipes soignantes.

Les missions de l'EMSPA sont de soulager les souffrances des patients, de leur entourage et des équipes soignantes.

L'intervention de l'EMSPA contribue à l'harmonisation de la prise en charge du patient. Elle permet de donner des repères au patient et à sa famille, diminuant leur angoisse face à la maladie. Elle associe le patient dans sa prise en charge globale et participe à améliorer son confort de vie sur un plus long terme que son hospitalisation. Elle permet, en aidant à accompagner un patient en phase palliative, de **redonner du sens** à la pratique professionnelle des soignants. Nous contribuons à faire vivre l'interdisciplinarité en favorisant la communication au sein de l'équipe soignante référente du patient. Nous cherchons à dynamiser le travail d'équipe et à éviter l'épuisement des soignants. Enfin, nous encourageons chacun à développer une démarche participative en soins palliatifs, en fonction de ses compétences et de son identité professionnelle.

L'accompagnement par l'infirmière de l'EMSPA s'effectue par de l'écoute, de l'expertise et l'activité de conseil auprès du patient et de son entourage et des équipes soignantes.

L'expertise et l'activité de conseil sont les premières démarches permettant un soutien auprès de toutes les personnes qui accompagnent le patient et le malade lui-même. Le travail d'expertise se déroule en plusieurs temps. L'infirmière fait une évaluation de la situation clinique à l'aide d'un recueil de données, dans une **approche globale** du patient. Pour cela, nous effectuons des entretiens auprès des patients, de l'entourage, mais également des membres de l'équipe soignante.

61. L. Batel-Copel, M. Estrade, J.-M. Lassaunière, « Soins palliatifs et accompagnement. Chapitre : L'équipe mobile de soins palliatifs », Revue *ADSP*, n° 28, 1999.

L'écoute tient une place prépondérante. Nous élaborons une démarche de soin. Nous revenons vers l'équipe référente, toujours en binôme. Nous faisons un compte-rendu détaillé de cette évaluation, puis nous décidons ensemble (avec l'équipe soignante) des actions à mener pour améliorer la prise en charge et l'accompagnement d'un patient. Nous transmettons oralement et par écrit notre analyse de la situation et des axes d'amélioration potentielle. Dans la plupart des cas, nous essayons de rester neutres afin de ne pas perturber la relation entre les soignants, le patient et ses proches.

Les conseils donnés prennent en compte les différentes dimensions du soin : relationnelles et techniques. Les soins palliatifs sont des soins actifs. Ils s'inscrivent dans l'**approche multidimensionnelle du patient**[62]**.** Les soins relevant du rôle propre infirmier doivent prendre en compte toutes ces dimensions.

L'infirmière participe, dans son activité de conseil, à la réflexion éthique. Elle prend part à l'éducation du patient et de l'équipe soignante par rapport aux traitements. Elle contribue à l'évaluation de la douleur et ou des symptômes pénibles présents. Elle collabore à la réflexion autour de la prise en charge globale du patient et de son entourage.[63]

Elle participe à la coordination et à l'interdisciplinarité, par exemple avec l'assistante sociale ou le psychologue, lors des staffs pluridisciplinaires. La participation au *staff* pluridisciplinaire aide à l'élaboration d'un projet cohérent pour le patient bénéficiant de soins palliatifs. « *Cela permet la mise en lien des différents intervenants auprès du patient.* »[64]

62. ANAES, *Définitions des soins palliatifs,* Service des recommandations et références professionnelles, décembre 2002, p. 4.

63. Décret n° 2004-802 du 29 juillet 2004 relatif aux actes professionnels et à l'exercice de la profession d'infirmier. Art. R 4311.1 ; Art. R 4311.2 ; Art. R 4311.5. ; Art. R 4311.15. ; Article 4312-29 ; Article 4312-25 et 26.

64. Circulaire DHOS/O2/DGS/SD5D N° 2002-98 du 19/02/2002 relative à l'organisation des soins palliatifs et l'accompagnement en application de la loi n° 99- 477 DU 9 juin 1999 visant à l'accès aux soins palliatifs, p. 7, pour le principe de non substitution, p. 10 à 12.

C'est grâce à cette évaluation initiale, puis aux réévaluations et à un suivi régulier, que nous participons à l'accompagnement et à la prise en charge de la personne malade. Parfois, nous intervenons auprès des patients pendant plusieurs mois, dans plusieurs services différents. Nous sommes alors comme un fil d'Ariane dans l'accompagnement de ces malades.

L'accompagnement par l'EMSPA se construit à **partir de la singularité** de chaque patient, de chaque soignant, de chaque équipe. Faire bouger l'existant, par son idéal d'accompagnement pour un soignant de l'EMSPA, relève, je l'ai dit, d'un véritable défi.

L'accompagnement de l'EMSPA a pour but d'harmoniser et d'optimiser les pratiques soignantes dans la prise en charge du patient. Il a aussi pour but d'aider toutes les personnes qui souhaitent accompagner la personne malade (entourage, bénévoles, etc.).

J'aime la définition de « l'accompagnement » du dictionnaire Petit Robert : « *Se joindre à quelqu'un pour aller où il va en même temps que lui, aller en compagnie avec...* » Il existe donc bien une notion de temps, d'être à côté, ni devant ni derrière, une notion d'adaptation constante de notre façon d'**agir aux côtés.**

Il y a aussi cette notion de chemin individuel et de destinée pour celui qui est accompagné « vers là où il va ». Mais aussi, peut-être sous-entendu, l'accompagnement de ses désirs, le soutien face à l'incertitude et l'angoisse d'un chemin inconnu. Dans la notion de « compagnie », nous retrouvons le préfixe latin *com* qui signifie *avec*. Il y a une dimension de réciprocité, de contact, un être ensemble vers un même but, de singularité de cette situation. Dans le « se joindre », il y a la notion d'acte volontaire d'aller vers l'autre, de consentement réciproque et de respect.

Cette définition correspond bien à la pratique de l'accompagnement en soins palliatifs : une volonté du soignant ou de la personne de se rapprocher de l'autre pour être à ses côtés, en respectant la temporalité de celui qui est accompagné « en même temps ». Dans notre pratique professionnelle, nous percevons, parfois douloureusement, cette notion de temps et cette adaptation constante face à une situation qui évolue en permanence (désirs du patient, état physique fluctuant, etc.).

« La fin de vie est un chemin original et l'accompagnement est un parcours unique. »[65] Nous pouvons définir deux accompagnements distincts et parallèles, lorsque l'on exerce au sein d'une EMSPA : celui des patients et de leur entourage et celui de l'accompagnement, par l'EMSPA, des soignants qui les accompagnent.

Notre position est donc unique et originale dans ce parcours. Notre participation est active dans l'accompagnement, notamment dans l'écoute des patients et dans l'élaboration de leur projet de vie. Elle nous demande de nous adapter, dans notre savoir-être, à chaque situation.

La relation de pouvoir n'a pas sa place dans l'accompagnement. « Être à côté de » implique la dimension de transversalité, de hauteur équivalente, donc de relation égalitaire. Elle implique de **reconnaître l'autre dans son altérité,** c'est un moyen, pour lui, de rester autonome, vivant et désirant. La définition des soins palliatifs met en exergue le fait que notre regard porté sur la personne malade consiste à la voir comme vivante et désirante.[66]

« La fin de vie est un processus irréversible qui nous oblige à envisager l'imminence de ruptures. Ces situations se caractérisent souvent par des excès de souffrance et de violence ressentie. »[67] La maladie est un accélérateur de pensée, elle entraîne une quête de sens existentiel. Elle nécessite une adaptation rapide et globale pour faire face aux pertes qu'elle engendre. Ce processus demande de l'énergie. Or, quand nous sommes malades, il est plus difficile de nous adapter car nous avons moins d'énergie. La fonction première de tout accompagnant est donc d'aider cette personne de façon à favoriser son adaptation et à modérer les répercussions de sa maladie sur sa qualité de vie.

65. ANAES, *op. cit.*, Service des recommandations et références professionnelles, 2002.

66. L. Batel-Copel, M. Estrade, J.-M. Lassaunière, « Soins palliatifs et accompagnement. Chapitre : L'équipe mobile de soins palliatifs », Revue *ADSP,* n° 28, 1999, p. 35.

67. J.-M. Boles, M. Chausson, P. Colombat, M.-C. Daydé, G. Defosses, P. Dosquet, M. de Hennezel, E. Hirsch, C. Liandier, M.-H. Mouneurat, C. Paindavoine, B. Pollez, M. Rainfray, C. Rougeron, P. Saltel, M-D. Touzé, J.-M. Zucker, *L'accompagnement des personnes en fin de vie et de leurs proches*, Texte des recommandations, Conférence de consensus, janvier 2004.

Les soignants n'ont pas le monopole de l'accompagnement, mais notre place est d'apporter un soutien pertinent et professionnel au malade et à son entourage (accompagnants ou non). Il s'inscrit sur la durée. Il prévient un probable épuisement chez les accompagnants, y compris les soignants. L'accompagnement implique que l'accompagnant soit soutenu. L'accompagnement est donc **une démarche dynamique, participative et anticipatoire,** par le soutien et la relation d'aide.

On peut donc définir l'accompagnement comme « *un processus dynamique qui implique un partenariat entre le malade, son entourage, les personnes qui le soignent*[68] » aboutissant à un projet cohérent, respectant l'approche multidimensionnelle du malade. Elle est pluridisciplinaire et adaptée aux attentes et aux besoins de la personne, ainsi que de ses proches. Une dynamique transdisciplinaire s'impose.

L'accompagnement oblige les accompagnants à écouter, à se concerter, à analyser et à négocier de façon constante. Il demande, de notre part une **adaptation, constante** à l'état fluctuant du patient. L'objectif est de modifier nos actions pour répondre aux attentes du malade et de ses proches. C'est cette adaptation constante qui permet un soutien de qualité. L'accompagnement s'inscrit dans une dynamique relationnelle entre tous les acteurs impliqués.

L'accompagnement par l'EMSPA implique le soutien du patient, de ses proches et des soignants pour mettre à distance la souffrance. Ce soutien nécessite un construit humain unique en son genre, où la singularité du vécu de chacun prend toute la place. Crozier définit une équipe comme « *un construit humain*[69] ». Dans l'accompagnement, nous pouvons le définir plutôt comme une manière de « faire équipe, s'associer, collaborer, œuvrer, participer à un engagement commun ». Il est donc important de reconnaître que l'accompagnement ne peut pas se pratiquer sous la contrainte ou sous des

68. J.-M. Boles, M. Chausson, P. Colombat, M.-C. Daydé, G. Defosses, P. Dosquet, M. de Hennezel, E. Hirsch, C. Liandier, M.-H. Mouneurat, C. Paindavoine, B. Pollez, M. Rainfray, C. Rougeron, P. Saltel, M.-D. Touzé, J.-M. Zucker, *op. cit.*, janvier 2004.

69. M. Crozier, E. Friedberg, *L'acteur et le système,* Seuil, 1977. Cité dans le cours de Mme Adiceom, DIU de soins palliatifs de première année, Tours, 2011-2012.

pressions extérieures. C'est un **acte volontaire.** Il nécessite d'avoir l'envie, de pouvoir le faire, d'être soutenu pour pouvoir continuer à le faire.

Notre place est de **susciter l'envie,** de respecter le fait que l'autre ne s'y engage pas, même s'il est soignant, de comprendre l'angoisse que peut susciter le fait d'accompagner, et de savoir soutenir, afin que l'accompagnant ne s'épuise pas. Je dois moi-même être soutenue pour ne pas m'épuiser.

Dans ce construit humain, nous avons une position de tiers inclus. Nous avons néanmoins un regard extérieur car on ne fait pas partie de l'équipe référente des malades. Nous sommes comme « un invité reconnu », le but étant que l'équipe se sente suffisamment bien accompagnée pour qu'elle puisse mettre en application nos propositions.

La position de tiers est la singularité de l'EMSPA. Elle permet de se dégager de la subjectivité de la relation avec le malade et de reprendre de la distance. En insistant sur le soutien aux équipes et le rétablissement du dialogue entre les différents acteurs, il est possible que les équipes s'approprient la pratique des soins palliatifs.

Cette position de tiers inclus permet d'être l'intermédiaire entre deux niveaux de réalité, celui du malade et celui de son équipe soignante : deux vécus différents pour une même réalité, face à la maladie.

Notre position est un tremplin permettant de passer d'une réalité à une autre en rapprochant chacun sur un niveau intermédiaire et commun de compréhension réciproque. « *Elle nécessite une place neutre, jusqu'à l'oubli de soi, de ses savoirs, pour être complètement ouvert à l'autre dans la sensibilité de l'autre. Elle met l'écoute sensible dégagée de toute tentative d'interprétation, de toute émotion, comme l'outil indispensable pour créer du lien entre le patient et les soignants.* »[70] Cette position demande de l'empathie.

70. J. Chevalier-Michaud, *L'accompagnement par une équipe mobile de soins palliatifs, un positionnement complexe entre idéal et ingérence,* Mémoire DIU d'éthique et de pratiques médicales, Faculté de médecine de Marseille, Université de la Méditerranée, années universitaires 2003-2005.

Par contre, nous sommes parfois vécus comme dérangeants. Les raisons découlent essentiellement du fait que ce que l'on va dire n'est pas nécessairement ce qu'aimerait entendre l'autre. Cela est dû à la culture des soignants. Il existe des prérequis chez les soignants qui font qu'à un moment donné, nous n'allons pas forcément avoir le discours qu'ils souhaiteraient entendre de notre part.

Ce qui est difficile dans notre travail, c'est d'accompagner un patient en considérant le peu de temps qui lui reste à vivre. Le but de l'accompagnement du patient est d'améliorer sa qualité de vie dans des aspects multidimensionnels. Pour initier un changement, il existe alors souvent un décalage entre la temporalité des soignants et le temps de vie dévolu au patient et à son entourage.

L'infirmière de l'EMSPA est attentive aux attentes du patient, de son entourage, par exemple grâce à la réunion de famille. L'espace de parole permet au malade d'exprimer ses ressentis sur ses symptômes, sur son inconfort de vie, dans une approche multidimensionnelle.

Le fait d'être en contact avec le patient et son entourage permet de **tisser des liens.** Cette relation induit un partenariat où l'échange permet de comprendre et de soutenir le patient. Ce partenariat repose sur la confiance accordée. Il est porteur d'espoir, d'une amélioration possible de la qualité de vie. Pour être dans le soutien du patient et de son entourage, l'écoute ne suffit pas. Il est indispensable de faire un travail auprès de l'équipe pour élaborer un projet de vie cohérent pour le patient. C'est ce projet cohérent qui permettra de soutenir le patient et ses proches le temps de la maladie.

C'est pourquoi, du fait de mon positionnement d'infirmière d'EMSPA, je vais surtout développer le soutien que l'on apporte aux soignants référents du patient. L'activité de soutien auprès des soignants s'appuie sur nos différentes missions.

Le compagnonnage permet un soutien informel et individualisé des soignants. Le compagnonnage est une forme d'accompagnement, en particulier dans les gestes cliniques mais également dans l'apport de connaissances. Nous intervenons pour aider à la mise en place de telle ou telle technique. C'est un travail que nous effectuons en binôme. Nous pouvons participer à des soins, mais cela peut également être un travail d'écoute auprès des familles ou nous permettre d'évaluer ensemble le patient. C'est une culture infirmière, puisque dans notre pratique professionnelle, nous encadrons de nombreux étudiants : la transmission du savoir se fait donc en partie grâce à cela.

Le compagnonnage est le reflet de la dynamique du « faire ensemble ». Le but du compagnonnage est un investissement conscientisé de la part des membres de l'EMSPA. Il s'inscrit dans une démarche ayant pour but l'autonomie du soignant. Il représente une part importante de notre activité. Il permet aux soignants de s'approprier des techniques ou de transmettre des connaissances en offrant un encadrement compétent et rassurant. Nous sommes dans la **transmission de savoirs.**

Ces soins se font en binôme (pose de PCA - pompe d'analgésie contrôlée ; utilisation du neurostimulateur électrique transcutané ; utilisation du mélange équimolaire oxygène/protoxyde d'azote analgésiant ; soins de bouche ; etc.)

Nous sommes davantage dans la dimension du savoir-faire. « *La juste distance dans la relation de compagnonnage est le garant de l'évolution des pratiques en soins palliatifs.*[71] » On parle « *d'action de formation dans le compagnonnage.*[72] » Ce n'est pas suffisant pour aboutir à une démarche palliative au sein des services, mais cela contribue à la généralisation de cette démarche.

Le compagnonnage s'adresse plutôt au soignant, pour le bénéfice du patient, dans une situation donnée. Le travail de compagnonnage est facilité par la **position de tiers** par rapport à l'équipe. Il a l'avantage de créer des liens forts. Il permet que nos conseils soient mieux compris et donc mieux intégrés dans la pratique soignante. Il favorise la transversalité par le fait d'être à leurs côtés, et l'interdisciplinarité, par l'échange de savoir et la reconnaissance mutuelle de nos compétences. C'est un élément important dans notre soutien aux soignants.

71. J. Chevalier-Michaud, *op. cit.*, p. 15-43.

72. M. Bernard, « Equipe mobile - équipe référente des lits identifiés. Collaborer et prendre soin, quels liens, quelles limites ? », *Médecine palliative,* vol. 5, n° 5, 2006, p. 260-265.

L'activité de soutien lors des *staffs* pluridisciplinaires et les *debriefings* est importante. Nous pouvons dire que ces *staffs* et ces *debriefings* sont des soutiens autant pour les soignants, les équipes, que pour le patient et son entourage.

L'objectif de ces réunions est de diminuer la souffrance des soignants par une meilleure compréhension de la situation, mais aussi d'optimiser la prise en charge du patient et de son entourage par des actions concertées. Cela présente plusieurs avantages. En adoptant des actions communes, nous partageons la responsabilité décisionnelle. Cela permet de mettre éventuellement à distance la culpabilité des soignants. Il est moins anxiogène pour les soignants d'agir ensemble. Ces *staffs* renforcent la cohésion de l'équipe et créent des liens. Ce sont des outils précieux pour développer l'interdisciplinarité et diffuser la démarche palliative au sein des services. Pour le patient et son entourage, ces actions concertées sont bénéfiques puisqu'elles leur donnent des repères. Une pratique des soins harmonieuse contribue à diminuer leur anxiété. C'est une prévention d'éventuels conflits. En effet, l'absence de cohérence dans la prise en charge peut générer des tensions, tant chez les soignants que chez le patient et/ou son entourage. Pour le patient, l'aider à élaborer un projet de vie lui permet de se projeter dans l'avenir. Le projet de vie met un peu à distance l'angoisse de la mort. Il favorise son autonomie. Pour les soignants, il les aide à voir le patient comme vivant et désirant et non pas comme un mourant. Cela les rend actifs dans la prise en charge. Ces actions communes sont donc très utiles, tant pour l'accompagnement du patient et de ses proches que pour les soignants.

Les *debriefings* permettent d'analyser la situation à distance. Ils favorisent la compréhension de situations complexes, vécues parfois comme des échecs. Ils préviennent l'épuisement professionnel. Ils sont autant de vecteurs pour **continuer à faire vivre l'idéal du soignant,** tout en acceptant une réalité parfois douloureuse.

Le *soutien de couloir* auprès des soignants a une place particulière car il est informel, c'est une réponse à la souffrance des soignants dans une démarche du présent, sans élaboration construite, mais plutôt dans une réflexion autour des préoccupations du moment. C'est donc un partage entre soignants ayant ou non la même compétence. Le soutien de couloir est une relation d'aide de ce qui est vécu comme trop difficile à vivre, dans l'instant présent pour ces soignants, par rapport à l'accompagnement. Nous sommes davantage dans la dimension du soutien psychologique. Le côté informel permet aux soignants de pouvoir s'exprimer librement. L'image de tolérance et de disponibilité est primordiale pour maintenir un lien suffisamment bon afin de permettre ce soutien. Il a une place importante dans « *la prévention de l'épuisement physique et moral des soignants*[73] *fragilisés par des situations éprouvantes.* »

Le soutien de couloir est parfois confondu avec le groupe de parole (verbalisation de leur souffrance au travail, mais pas toujours centrée sur le patient). Le rôle de tout membre de l'EMSPA, au travers du soutien de couloir, est de redonner de la puissance à ces soignants et de les conforter dans leurs capacités d'accompagner les patients. C'est ainsi qu'ils deviennent actifs dans la prise en charge de leurs patients.

Il est impératif de connaître nos limites pour maintenir une bonne proximité avec le soignant en difficulté, tout en ne s'ingérant pas dans l'équipe ni en prenant parti.

Nous sommes reconnus comme « sachants », ce qui rend notre position parfois difficile. Il est donc nécessaire d'avoir un comportement rassurant, une grande disponibilité et de savoir être empathique même si, dans certaines situations, ce n'est pas toujours facile.

Finalement, le soignant est en confiance pour exprimer ses souffrances et ses difficultés. Cela est dû à cette relation confidentielle, qui, cependant, n'entrave pas le travail. Elle se produit sur des temps très courts, avec des besoins formalisés. C'est un partage dans la réciprocité. Cela permet à des personnes qui ne sont pas à l'aise dans un groupe, d'exprimer leurs émotions ou leur questionnement. C'est un soutien psychologique, tout en gardant à l'esprit que nous ne sommes pas psychologues. Il convient donc de bien connaître nos limites et de savoir **proposer des alternatives,** en particulier de ren-

73. Décret n° 2004-802 du 29 juillet 2004 relatif aux actes professionnels et à l'exercice de la profession d'infirmier. Article R 4311.1, Article R 4311.2, Article R 4311.5, Art R 4311.15, Article 4312-29, Article 4312-25 et 26.

contrer le psychologue. Souvent, les soignants ont besoin d'être aidés à clarifier et à analyser la situation.

J'ai remarqué que, bien souvent, cela améliore l'accompagnement des patients. Quand les émotions sont fortes, cela peut être dû à de la colère, à de la tristesse, que ce soit vis-à-vis des collègues ou d'autres soignants, de l'incompréhension envers la famille et les jugements portés. Le soutien de couloir permet de modérer l'intensité des émotions et de parfois pacifier les relations. Nous ne sommes pas des médiateurs. Nous essayons de ne pas prendre parti, toutefois ce soutien de couloir permet de diminuer les tensions et les émotions du moment. Il permet également de diminuer souvent la souffrance au travail du soignant. Le fait d'avoir été écouté rétablit la confiance en l'autre et améliore l'interdisciplinarité et la collaboration.

Le soutien par *l'activité de formation et d'enseignement* est essentiel pour diffuser la culture palliative au sein de l'établissement. La formation en soins palliatifs permet que nos conseils soient mieux compris et intégrés dans la pratique professionnelle par une partie des soignants de ces services. Nous formons également les futurs professionnels de santé, toutes catégories confondues.

Les attentes des professionnels, lors de ces formations, sont centrées sur leur savoir-être dans l'accompagnement. Beaucoup de ces soignants n'ont pas eu de formation initiale en soins palliatifs. Il est impératif qu'ils acquièrent des connaissances en soins palliatifs afin qu'ils puissent être des praticiens de l'accompagnement, sans s'épuiser.

Dans notre activité de formation, nous encadrons des soignants lors de stages pratiques (stagiaires, aides-soignantes, infirmières, personnes en formation DIU SP, etc.).

La *mission de recherche* en soins infirmiers permet de faire avancer nos connaissances et de développer des bonnes pratiques professionnelles. Nous pratiquons la veille bibliographique, ce qui nous permet d'actualiser nos connaissances et de développer de nouvelles compétences. Ces travaux de recherche se font en lien avec réseau régional en soins palliatifs. Cette mission de recherche participe à notre soutien en tant que membre de l'EMSPA. Elle permet de faire évoluer les pratiques en soins palliatifs. Elle est le moteur de la diffusion de la culture palliative. En conséquence, nous participons régulièrement à des actions d'information vers le grand public.

Ce soutien aux soignants joue avec les réalités de terrain. La phase palliative peut-être une rupture dans les soins et les traitements donnés à la personne (limitation, arrêt de certains traitements). Cela peut être particulièrement déstabilisant pour les équipes de proximité qui se voient impliquées dans un accompagnement global qui leur fait peur.

Les soutiens, donnés tant au patient qu'à ses proches mais également au personnel soignant, respectent idéalement la temporalité de chacun et leur cheminement individuel. Le dictionnaire Larousse définit le soutien comme « *action de soutenir quelqu'un, de lui apporter appui, secours, protection* ». Notre rôle consiste à, plus ou moins, afficher une solidité supérieure, et en tout cas comme conseiller – expert, donc censé avoir des compétences qui soient plus larges, ce qui n'est pas toujours certain.

L'approche, dans le soutien des soignants, est globale (écoute des difficultés relationnelles avec le patient et ou l'entourage, en cohérence avec les affects, soutien dans les soins et ou l'application des traitements… Il est intéressant de comprendre que ce soutien s'inscrit dans les mêmes dimensions (physique, psychologique, spirituelle et sociale de l'individu au sein de l'équipe), que le soutien et l'accompagnement du patient. Il s'adresse au soignant en tant que personne, mais aussi à l'équipe. Le but est que les soignants puissent s'appuyer sur nous pour accompagner.

Notre soutien permet à la personne de **verbaliser son ressenti** sans conséquence ni jugement au sein de son équipe et ou au sujet de sa vision de l'accompagnement.

Le soutien nécessite une collaboration[74]. Il faut bien se connaître, connaître le champ de compétence et l'expérience du soignant. La confiance et la complémentarité sont nécessaires dans la collaboration. Les soignants s'interrogent sur leur capacité émotionnelle à tenir dans leurs accompagnements multiples, leurs rôles

74. SFAP, *L'infirmière et les soins palliatifs « Prendre soin » : éthique et pratiques*, Elsevier Masson, Savoir et Pratique Infirmière, 1999, p. 55-86 et p. 214-223.

multiples et la pression au travail. Ils s'interrogent sur leur capacité relationnelle à écouter les malades et à gérer leurs émotions. Ils confondent parfois empathie avec sympathie. Ils perçoivent l'agressivité des patients et de l'entourage comme une non-reconnaissance des efforts qu'ils font pour accompagner au mieux.

Ils ont besoin d'être confortés dans leurs pratiques professionnelles, et soutenus dans leur vécu émotionnel. La dégradation du corps, la perte d'autonomie, les symptômes pénibles réfractaires, induisent de la souffrance chez les soignants. Nous pouvons parler de chocs émotionnels successifs et répétés dans le temps. Une éventuelle remise en cause de leurs pratiques par une démarche de soins personnalisés leur semble parfois décalée par rapport à l'intensité de leur charge de travail. Notre intervention peut créer de la souffrance (« Vous avez le temps, vous » ; « Nous ne pouvons pas accompagner dix patients » ; « Je n'ai pas encore pu le voir ce matin »). Beaucoup de culpabilité ressort de cette double contrainte entre accompagnement et intensité de la charge de travail.

De façon plus générale, quand les équipes nous appellent, c'est qu'elles ressentent des difficultés, ou que certains des soignants sont en souffrance. Elles perçoivent le soutien comme une clarification de ces situations difficiles, comme un apport de solutions et, parfois, une participation aux soins ou un encadrement (comme une aide ou une réassurance, un accompagnement). Leurs attentes sont donc de **remettre du lien, un sens,** à leur pratique professionnelle auprès de leurs patients.

Dans ce contexte, il est souhaitable de réfléchir aux deux niveaux de réalités (réalité du patient, réalité du soignant) avant de conseiller. C'est également tenir compte de deux temporalités différentes[75]. L*a priori*té est de maintenir le lien patient-soignants.

L'EMSPA est une équipe transversale. Elle est avant tout une équipe pluridisciplinaire et nous intervenons au sein d'équipes pluridisciplinaires. La pluridisciplinarité se définit

75. J. Chevalier, A. Derniaux, M. Perineau, « La transversalité en équipe mobile de soins palliatifs : essai d'élaboration d'un concept », *Médecine palliative*, n° 3, 2005, p. 146-154.

« comme une discipline centrée sur l'objet », en l'occurrence le malade. Lucas et Guimard la définissent ainsi : « *Chacun des acteurs regarde vers le malade mais sans regarder les autres, sans trouver de terrain d'entente, ni terrain dominant*[76] ».

Si la pluridisciplinarité et la pluralité sont les fondements d'une EMSPA pour pouvoir assurer un accompagnement de qualité, cela est insuffisant, car c'est par des actions communes et une mise en commun de nos connaissances que l'on peut assurer une prise en charge cohérente du patient. Pour cette mise en commun de nos connaissances et de nos compétences au service du patient, la transversalité et l'interdisciplinarité sont donc nécessaires.

Notre position d'expertise nous ne confère pas une position hiérarchique, mais s'inscrit dans une position transversale. Nous sommes une équipe aux côtés d'une autre équipe qui fait appel à nous. Nous définissons de manière consensuelle, le cadre dans lequel nous allons travailler ensemble.

Le Moing[77] définit la transversalité comme : « *une activité qui recoupe plusieurs disciplines ou plusieurs secteurs* ». Qualifier une équipe de transversale, c'est reconnaître que son champ d'intervention concerne l'ensemble des services cliniques de l'établissement dans lequel elle est implantée.

Nectoux[78] commente cette définition : *« On ne peut pas avoir un savoir absolu ni avoir un champ de compétence aussi vaste. La transversalité suppose un partage de compétences qui veut que chacun apprenne de l'autre. C'est une réciprocité, un partenariat doit exister ».*

L'appel des équipes sous-entend ce partenariat. Il est intéressant de constater que notre activité d'expertise est toute relative, car, sans le patient, l'entourage et les soignants, nos conseils

76. A. Guimard, D. Lucas, « Interdisciplinarité et transdisciplinarité », in M. Chenault, M. Zicola, *Corps, cultures et différences : du handicap au développement corporel,* Presses Universitaires d'Orléans, 2008, p. 121-123, p. 157-158.

77. M. Le Moing, V. Robin, « Collaboration ou substitution ? », *Médecine palliative,* n° 6, 2007.

78. M. Nectoux, P. Thominet, « Aspects IDE du travail d'EMSP », *Médecine palliative,* n° 4, 2005.

ne pourraient pas exister. C'est donc grâce à la transversalité dans l'accompagnement que notre expertise et nos soutiens prennent leurs sens. Il est plus facile de communiquer si nous sommes dans l'échange et le partage mutuel de connaissances. La transversalité aboutit à une relation plus égalitaire. Elle est indispensable dans l'accompagnement et le soutien par l'EMSPA. Si l'on se joint à la personne, c'est que l'on veut être à ses côtés pour la soutenir. Pour cela, il est préférable d'être à son écoute, attentif à elle. C'est aussi reconnaître que sa parole a de la valeur et que l'on tient compte de ses remarques.

Perrotin[79] exprime que « *l'entraide est le fondement de transversalité. Elle requiert le consentement de chacun. Elle induit une estime réciproque* ». Cette approche définit bien notre positionnement de soutien (porter secours, offrir un appui, une aide).

On ne peut s'imposer dans un service, ni imposer notre point de vue dans les soins prodigués au patient ; nous ne pouvons qu'offrir nos connaissances au service du patient et à ses soignants.

L'interdisciplinarité est au cœur de nos interventions. D'après Laussauniére[80] « *l'interdisciplinarité exprime la dynamique entre les personnes qui échangent à partir de leur domaine de connaissance. Le but est un enrichissement de leurs compétences et de la compréhension de la situation* ». Il est donc souhaitable de confronter nos points de vue pour avoir une vision plus objective du patient. Grâce à l'interdisciplinarité, il devient possible de proposer un projet plus harmonieux et plus cohérent au patient. Nous mettons en synergie nos compétences au service du patient. Nous nous sentons moins isolés pour l'accompagner.

Lassaunière et Plagès[81] proposent de **penser l'interdisciplinarité** comme « *un objectif vers lequel nous voulons tendre*

79. C. Perrotin, *L'option de la transversalité : des questions pour l'éthique ? Soigner en hématologie et oncologie. Transversalité : un enjeu du soin.* Séminaire de formation AFSOS, 2010, p. 29-31.

80. L. Batel-Copel, M. Estrade, J.-M. Lassaunière, « *Soins palliatifs et accompagnement.* Chapitre : L'équipe mobile de soins palliatifs ». Revue *ADSP,* n° 28, 1999, p. 35.

81. J.-M. Lassaunière, B. Plagès, « Les modèles organisationnels à l'hôpital, l'interdisciplinarité », *Jalmav,* n° 40, 1995, p. 35-38.

au cœur de notre pratique des soins palliatifs ». Bioy[82]considère l'interdisciplinarité comme « *une modalité de travail qui impose une créativité à la limite du cadre de pratique de chacun des intervenants »*. Il va plus loin en affirmant « *Il s'agit d'aller au-delà de ses seuls repères liés à sa profession pour commettre une transgression : celle d'oser penser avec ses propres ressources à partir de la position de l'autre »*. Il la définit comme *« une forme de travail afin de construire une réponse holistique à chaque situation problématique concernant le patient »*. Il complète sa pensée en précisant que « *la méthode consiste à aller au-delà de son savoir professionnel pour dessiner une vision commune et partagée »*. Il rejoint en cela Le Boterf,[83] avec la démarche d'élaborer une réponse compétente contextualisée et actualisée pour le bénéfice du patient. L'interdisciplinarité est donc l'un des vecteurs de l'accompagnement holistique du patient et de son entourage.

La centralité du patient dans l'interdisciplinarité et la transdisciplinarité. Jacquemin et al.[84] l'évoquent en ces termes : « *Il faut considérer le patient comme l'unique référentiel »*. En effet, nos positions et nos visions du patient peuvent être le reflet de notre interprétation de la situation. C'est pourquoi il est utile de faire valider nos propositions par le patient afin de nous assurer qu'elles lui conviennent.

Chevalier-Michaud[85] parle d'une éthique de la réflexion interdisciplinaire. Avant toute action auprès du malade, il y a une concertation de l'équipe entre les membres de l'EMSP pour faire des propositions. Ces dernières sont exposées à l'équipe référente, au malade et à son entourage afin d'aboutir à une décision la plus consensuelle possible.

82. A. Bioy, *Place du psychologue dans les nouveaux dispositifs de soins et la question de l'interdisciplinarité*. *Soigner en hématologie et oncologie, Transversalité : un enjeu du soin*. Séminaire de formation, AFSOS, 2010, p. 39-42.

83. G. Le Boterf, « Evaluer les compétences. Quels jugements ? Quels critères ? Quelles instances ? », *Éducation Permanente*, n° 135, 1998, p. 143-152.

84. D. Jacquemin et al., « Interdisciplinarité : spécificité du rôle IDE et regard de l'IDE », *Médecine palliative*, n° 8, 2009, p. 72-77.

85. J. Chevalier-Michaud, *L'accompagnement par une équipe mobile de soins palliatifs, un positionnement complexe entre idéal et ingérence*, *op. cit.*, 2005, p. 15-43.

Le principe éthique de l'interdisciplinarité est donc de **penser notre engagement auprès du patient.** L'interdisciplinarité s'inscrit dans l'accompagnement du patient dans sa globalité. Il nécessite, de fait, différentes compétences ne relevant pas d'une seule profession, ni d'un seul professionnel. C'est ce que dit Jacquemin, en ces termes[86] : *« L'interdisciplinarité revient à travailler avec la notion de limites qui est à transformer en une dynamique d'appel à d'autres compétences »*. Vouloir assumer la prise en charge globale du patient induit que celui-ci ait la place centrale dans l'interdisciplinarité. Il convient également de tenir compte de toutes les dimensions de son existence : son corps, sa vie psychique, morale, spirituelle, sociale. Bioy[87] précise que *« l'approche holistique oblige à une transdisciplinarité »*.

En effet, dans l'approche multidimensionnelle du patient, aucune dimension ne relève de l'exclusivité d'un intervenant. Par exemple, c'est l'IDE qui identifie souvent les besoins fondamentaux perturbés chez le patient, ensuite c'est elle qui le conseille. Elle en parle en *staff* pluridisciplinaire. Ensuite, elle coordonne les actions d'intervenants plus spécialisés, si cela est nécessaire (psychologue, assistante sociale, etc.). De fait, telle ou telle dimension du patient ne peut être prise en compte que s'il existe cette transdisciplinarité. Chacun est le maillon d'une chaîne qui permet un continuum dans l'accompagnement. Cela évite des ruptures dans la prise en charge du patient. L'interdisciplinarité et la transdisciplinarité permettent l'adaptation constante, nécessaire à l'élaboration de la réponse compétente, contextualisée et actualisée, pour accompagner le malade et son entourage. L'approche holistique du patient fait partie intégrante de l'accompagnement. L'interdisciplinarité et la transdisciplinarité sont complémentaires et indispensables dans la pratique des soins palliatifs.

86. P. Boitte, M. Castra, B. Choteau, D. Jacquemin, D. Malet, *Équipes mobiles de soins palliatifs : Quelle vigilance éthique pour le maintien d'une pertinence palliative ?* Congrès de la SFAP, 2003, p. 126-131.

87. *Ibid.*, p. 126-131.

Il convient d'évoquer le partage de la responsabilité dans l'interdisciplinarité. Le groupe est protecteur de l'individu. Notamment dans les prises de décision, une responsabilité commune, assumée par chacun, diminue potentiellement la souffrance et la culpabilité des soignants dans l'accompagnement.

Nous avons une **responsabilité de la transmission des informations** avec l'ensemble des professionnels. Chaque soignant porte également la responsabilité de mettre en œuvre les actions concertées, consécutives à la prise de décision en équipe. Si ces soignants ne sont pas d'accord avec la prise de décision, il peut être anxiogène pour eux de les appliquer. Jacquemin[88] évoque ce problème en ces termes : *« Cette idéalisation de la notion d'équipe interdisciplinaire ne doit pas empêcher le poids des responsabilités inhérentes à chacun ni une certaine solitude à porter cette responsabilité. »*

Notre équipe transversale a un rôle pivot entre le patient et l'équipe qui le soigne. Nous pouvons considérer que notre position est une position de médiation dans l'accompagnement. Celle-ci se place au centre de la relation d'aide. Elle s'exerce dans la dimension de la concertation et de la réflexion auprès des soignants. Elle est initiée par une évaluation et un temps d'écoute auprès du patient qui aboutit à l'expertise. Le fait de proposer un *staff* pluridisciplinaire, d'organiser des *debriefings* ou pendant le compagnonnage, nous intervenons pour donner l'impulsion vers l'interdisciplinarité et la transdisciplinarité.

Notre collaboration est le reflet de notre interdisciplinarité. Quand les équipes nous appellent, c'est le témoin de la transdisciplinarité qui s'exerce autour et en faveur du patient. Notre interdisciplinarité se situe dans toutes les interactions entre le patient et les soignants. C'est parfois ce qui nous pousse à agir différemment, d'une situation à une autre.

Toutefois, notre **position de tiers inclus** et le **principe de non-substitution,** complexifient l'interdisciplinarité et la trans-

88. D. Jacquemin, « Interdisciplinarité : spécificité du rôle IDE et regard de l'IDE », *Médecine palliative,* n° 8, 2009, p. 72-77.

disciplinarité. Les limites peuvent être floues car, pour être disponible et soutenant envers le patient, l'entourage et les soignants, il importe de faire preuve de souplesse afin de s'adapter à chaque situation. Cela peut éventuellement générer de la confusion dans les rôles et en particulier dans les attentes de chacun. En effet, nous avons la responsabilité de nos conseils, une coresponsabilité dans le compagnonnage, mais nous ne sommes pas responsables de la mise en œuvre des traitements ou des conseils proposés, ni de la prise en charge du patient. C'est ce que dit Jacquemin et al.[89] : « *Il existe aussi parfois de la confusion car nous sommes responsables de nos conseils mais la responsabilité du patient appartient à l'équipe de première ligne* ». C'est très probablement pour ces raisons que les conseils et ou les traitements proposés ne sont pas toujours repris, ou qu'ils sont mis en œuvre de façon retardée.

L'interdisciplinarité et la transdisciplinarité paraissent incontournables dans l'accompagnement, mais elles sont à définir avec chaque équipe soignante lors de nos interventions. Il est judicieux de travailler à redéfinir et à communiquer avec les équipes référentes sur nos limites, lors de chaque intervention. Ce principe de reconnaître nos limites, permet aussi de modérer notre image d'expert, laquelle pourrait aboutir à une image de toute puissance.

Lucas et Guimard[90] l'expriment ainsi : « *La transdisciplinarité demande que l'on abandonne le fantasme de toute puissance et d'accepter de compléter son propre-savoir.* » Lorsque nous intervenons en qualité d'expert, cela n'implique pas d'être compétent dans tous les domaines. Il n'existe pas d'omnicompétence de chacun au sein de l'interdisciplinarité, ni de glissement de tâches. Restent les responsabilités de mettre en œuvre les actions décidées en équipe dans le domaine de compétence de chacun.

Toutefois, il existe au sein de l'équipe des engagements diversifiés et complémentaires reconnus par chacun de ses

89. D. Jacquemin, « Interdisciplinarité : spécificité du rôle IDE et regard de l'IDE », *Médecine palliative*, n° 8, 2009, p. 72-77.

90. A. Guimard, D. Lucas, *Interdisciplinarité et transdisciplinarité*, *op. cit.*, p. 121-123 et p. 157-158.

membres. Jacquemin et al.[91] affirme que *« Cette prise en charge interdisciplinaire du malade conduit à une structuration d'équipe moins hiérarchique mais guidée par la reconnaissance mutuelle de nos compétences et nos complémentarités »* Il introduit ainsi la notion de transdisciplinarité, explicitée par Deniaux *et al.* *« La transdisciplinarité est entre les disciplines et à travers les disciplines et au-delà de toute discipline »*. On peut créer ainsi des conditions propices à la pratique des soins palliatifs en travaillant ensemble autour du projet du malade.

Diffuser la culture palliative au sein des équipes soignantes, c'est transmettre l'idée qu'il est possible d'initier un changement dans sa propre pratique soignante. C'est aider les soignants à **porter un regard différent sur la situation.** Nous pouvons leur dire qu'il n'existe pas de comportement unique et qu'ils peuvent faire autrement. Il convient d'être rassurant et soi-même convaincu des effets bénéfiques de nos conseils. Nous pouvons penser que le patient bénéficiera d'un meilleur confort. Cette approche se fait par une négociation avec les soignants afin qu'ils acceptent le risque d'agir différemment. C'est cela faire vivre l'interdisciplinarité.

Le soutien de couloir est intéressant parce qu'il est basé sur la réciprocité. Il permet également de conscientiser nos réactions et nos comportements. Toutefois, notre place dans l'accompagnement peut être à l'origine de frustration et de culpabilité chez les soignants : nous avons le temps pour écouter le patient ; ce n'est pas toujours le cas pour les soignants de proximité.

Nous pouvons, par l'échange, leur faire comprendre que l'interdisciplinarité implique également la complémentarité. Tous les soignants ne doivent pas nécessairement tous faire la même chose, mais, et je tiens à le souligner, c'est tous ensemble que nous agissons pour soutenir le patient et ses proches. Cela permet souvent d'éclaircir la situation et de faciliter la prise en charge. C'est ce qui fait l'accompagnement.

91. D. Jacquemin, « Interdisciplinarité : spécificité du rôle IDE et regard de l'IDE », *Médecine palliative*, n° 8, 2009, p. 72-77.

Ces interrelations créent nos limites. Nous sommes effectivement limités dans notre champ d'action par ce que l'autre peut faire : le patient, le soignant, l'équipe. En conséquence, nous sommes déjà limités par notre complémentarité dans l'accompagnement.

En conclusion, j'ai beaucoup de plaisir à travailler au sein de l'EMSPA. Notre position transversale fait que nos missions sont riches et diversifiées. L'émulation partagée entre collègues me permet de me ressourcer. Nous sommes toujours auprès du malade et de ses proches pour les soutenir et les accompagner dans l'épreuve de la maladie. Nous aussi, nous prenons conscience, grâce à tout cela, de la dimension de la vie. J'essaye d'être tolérante et disponible dans le soutien pour les soignants. Mes souhaits sont de rester au sein de cette équipe afin de poursuivre le développement de la culture des soins palliatifs, au sein de mon établissement et faire vivre, ainsi, l'accompagnement des malades.

Ressources bibliographiques

ANAES, *Définitions des soins palliatifs,* Service des recommandations et références professionnelles, Décembre 2002, p. 4.

Batel-Copel L., Estrade M., Lassaunière J.-M., « Soins palliatifs et accompagnement. Chapitre : L'équipe mobile de soins palliatifs », Revue *ADSP*, n° 2, 1999 p. 35.

Bernard M., « Equipe mobile, équipe référente des lits identifiés. Collaborer et prendre soin, quels liens, quelles limites ? », *Médecine palliative,* vol. 5, n° 5, 2006.

Bioy A., *Place du psychologue dans les nouveaux dispositifs de soins et la question de l'interdisciplinarité. Soigner en hématologie et oncologie. Transversalité : un enjeu du soin,* Séminaire de formation, AFSOS, 2010, p. 39-42.

Boitte P., Castra B., Choteau M., Jacquemin D., Malet D., *Équipes mobiles de soins palliatifs : Quelle vigilance éthique pour le maintien d'une pertinence palliative ?* Congrès de la SFAP, 2003, p. 126-131.

Boles J.-M., Colombat P., Chausson M., Crozier M., Daydé M.-C., Defosses G., Dosquet P., de Hennezel M., cités dans le Cours de Mme Adiceom, DIU de soins palliatifs 1re année, Tours 2012.

Chevalier-Michaud J., *L'accompagnement par une équipe mobile de soins palliatifs, un positionnement complexe entre idéal et ingérence.* Mémoire DIU d'éthique et de pratiques médicales, Université de la Méditerranée, faculté de médecine de Marseille, 2005, p. 15-43.

Chevalier-Michaud J., Derniaux A., Perineau M., « La transversalité en équipe mobile de soins palliatifs : essai d'élaboration d'un concept », *Médecine palliative,* n° 3, 2005, p. 146-154.

Circulaire DHOS/O2/DGS/SD5D N° 2002-98 du 19/02/2002 relative à l'organisation des soins palliatifs et l'accompagnement en application de la loi n° 99- 477 du 9 juin 1999 visant à l'accès aux soins palliatifs page 7 ; pour le principe de non substitution, pages 10 à 12.

Décret n° 2004-802 du 29 juillet 2004 relatif aux actes professionnels et à l'exercice de la profession d'infirmier. Art. R 4311.1 ; Art. R 4311.2 ; Art. R 4311.5 ; Art. R 4311.15 ; Article 4312-29 ; Article 4312-25 et 26.

Guimard A., Hirsch M., Liandier E., Mouneurat C., Lucas D., Paindavoine C., Pollez B., Rainfray M., « Interdisciplinarité et transdisciplinarité », in M. Chenault, M. Zicola, *Corps, cultures et différences : du handicap au développement corporel,* Presses universitaires d'Orléans, 2006, p. 121 à 123 et p. 157 à 158.

Henderson V., *La nature des soins infirmiers,* (traduction de l'édition américaine *The Principes and Practice of Nursing* de 1994), InterEditions, 1994.

Lassaunière J.-M., Plagès B., « L'interdisciplinarité », *Revue JALMLV*, n° 40, 1995, p. 35-39.

Le Boterf G., « Évaluer les compétences. Quels jugements ? Quels critères ? Quelles instances ? », *Éducation Permanente,* n° 135, 1995, p. 143-152.

Le Moing M., Robin V., « Collaboration ou substitution *? », Médecine palliative,* n° 6, 2007, p. 311-313.

Nectoux M., Thominet P., « Aspects IDE du travail d'EMSP *», Médecine palliative,* n° 4, 2005, p. 80-86.

Perrotin C., *L'option de la transversalité : des questions pour l'éthique ? Soigner en hématologie et oncologie ; Transversalité : un enjeu du soin*, Séminaire de formation AFSOS, 2010, p. 29-31.

Rogers C., *La relation d'aide et la psychothérapie*, (1942), ESF, 2008, 19e éd., 2015.

Rogers C., *Le développement de la personne*, (1961), Dunod, 2005.

Rougeron C., Saltel P., Touzé M.-D., Zucker J.-M., *L'accompagnement des personnes en fin de vie et de leurs proches*. Texte des recommandations (version courte), Conférence de consensus, 14-15 janvier 2004.

SFAP, *L'infirmière et les soins palliatifs*. *« Prendre soin » : éthique et pratiques,* Elsevier Masson, Savoir et Pratique Infirmière, 1999, p. 55-86 et 214-223.

Zicola M., Lucas D., « Le souci pour l'autre »*, revue Transverse-édition,* axe soin/santé, 2011, p. 193 à 209.

Héritage et humanisme - Entre conseil et prescription

Docteur Laurent de Loynes de Fumichon

L'idée d'être humaniste, pour moi s'articulait avec l'absorption d'un savoir-faire et d'un savoir être. Car pourquoi sommes-nous tous obligés de refaire le même parcours que nos parents ? Pourquoi sommes-nous obligés de refaire les mêmes erreurs, de subir les mêmes échecs ? Pourquoi devons-nous réapprendre les mêmes choses ? Ne pourrions-nous pas nous imprégner des savoirs, des sagesses des autres ; de les faire nôtres ? Or nous reproduisons les mêmes schémas, avec des modalités différentes, autour des sentiments de colère, de frustration.

Je vais parler de ce qui est central et fort pour moi depuis tout petit, le désir profond d'être humaniste. Quand j'étais enfant, je cherchais à absorber le savoir des « anciens » autour de moi, comme par exemple mes grands-parents. J'adorais écouter les récits de leurs vies. Évidemment, parce que ces grands-parents étaient nés avant 1920, il y eut souvent en toile de fond la Seconde Guerre mondiale, d'autant que mon grand-père, un de ses frères et un de ses beaux-frères sortaient à peine de Polytechnique avant d'être enrôlés pour la guerre ; et donc des histoires de vie poignantes, où il y a eu des morts qui ont marqué les familles françaises, et la mienne en particulier.

J'étais absorbé et admiratif. J'étais aussi étonné de la simplicité, aussi de la discrétion de mon grand-père en comparaison de la richesse de ses récits, et de sa culture. Et je buvais ses paroles, encore et encore. Et ce lien avec tous mes anciens était de cet ordre-là ; je voulais tout apprendre d'eux, tout apprendre au travers d'eux. D'ailleurs nous avons colligé des entretiens enregistrés et des notes en livres « d'histoires familiales ».

L'idée d'être humaniste, pour moi, s'articulait avec l'absorption d'un savoir-faire et d'un savoir être. Car pourquoi sommes-nous tous obligés de refaire le même parcours que nos parents ? Pourquoi sommes-nous obligés de refaire les mêmes erreurs, de subir les mêmes échecs ? Pourquoi devons-nous réapprendre les mêmes choses ? Ne pourrions-nous pas nous imprégner des savoirs, des sagesses des autres ; de les faire nôtres ? Or nous reproduisons les mêmes schémas, avec des modalités différentes, autour des sentiments de colère, de frustration. Et les « péchés », capitaux ou pas, sont toujours les mêmes ; ils n'ont pas changé depuis l'aube des temps. Quelle perte de savoir, de savoir-faire et de savoir être – quelle perte de temps ! Cela a été et reste toujours important pour moi. Je suis curieux de nature et beaucoup de choses m'intéressent. Donc apprendre moi-même, sans relâche, dans toutes sortes de domaines, même loin de la médecine, comme l'apiculture, la photographie, l'œnologie, le bricolage, le jardinage… ! L'acquis n'est pas poussé jusqu'au paroxysme de l'expertise « absolue », mais il est suffisant… c'est le corollaire de cette quête « tous azimuts » !

J'ai aussi toujours voulu transmettre, partager ce que je sais, pour tenter de contrer ce sort de l'humanité qui, comme Pénélope, tisse chaque jour son ouvrage sans jamais vraiment l'avancer. Lorsque je me suis engagé dans les études de médecine, c'était plus circonstanciel que par une conviction ou une évidence qui me seraient venues depuis ma plus tendre enfance. Je suis convaincu que c'est une force ; cela me permet de maintenir une certaine distance face aux souffrances des patients, et en même temps une certaine proximité dans le prendre soin. Je me sens moins dépendant d'un sacerdoce médical qui a pu vouloir que l'on soigne coûte que coûte.

C'est d'ailleurs un des points retrouvés dans les études actuelles sur le *burn-out* des médecins : des médecins complètement investis par la médecine. Néanmoins la bonne distance n'est pas spontanément évidente. Donc finalement parti pour être médecin, au moment de passer le concours de l'internat, je voulais une spécialité globalisante, comme médico-chirurgicale, ou qui touche à la « globalité microscopique » du patient comme par exemple la réanimation. Au final, j'étais admissible en psychiatrie, mais je suis resté dans la médecine générale et particulièrement la médecine d'urgence qui est, d'un certain point de vue, globalisante. Même si le temps de prise en charge du patient est court, et plus encore en SAMU-SMUR, la dimension humaine y est intensément présente. Plus le *timing* est court, plus la proximité est grande entre soignants, avec les patients et les familles.

Cependant, c'est une spécialité où l'on ne peut vieillir. Même après avoir réussi le concours de titularisation hospitalière en Médecine d'urgence, je ne ferai pas toute ma carrière dans cette spécialité, du fait de sa pénibilité. Très concrètement, c'est physiquement difficile de faire de nombreuses gardes de nuit et de week-end pendant de décennies. D'ailleurs plusieurs études ont largement montré que les médecins de garde (anesthésistes, urgentistes, réanimateurs…) avaient une espérance de vie de dix ans moindre à celle de la population générale.

Un des enfants de ma grand-mère avait une surdité unilatérale complète de naissance. Infirmière de formation avec la guerre, elle a longtemps cherché une possibilité de soins. Cela l'a amenée à rencontrer de nombreuses personnes d'horizons divers, regroupables dans la terminologie « médecines douces ». Nous avons suivi tous deux le parcours de l'autre, toujours dans l'idée d'une approche globale du patient. Tout en étant urgentiste-smuriste, j'ai continué dans cette dynamique en me formant à la narcothérapie et à l'auriculothérapie. L'idée est de trouver tous les soins possibles pour le patient, sans les opposer caricaturalement (à savoir : allopathie contre médecines alternatives) mais en les associant : qu'ils soient complémentaires. Très concrètement, obtenir par exemple une meilleure tolérance aux chimiothérapies permet de les poursuivre et donc de donner les meilleures chances de soins, voire de guérison au patient. Notez que l'auriculothérapie se pratique depuis plus de 25 ans à l'Institut Gustave Roussy, à Villejuif, centre de référence en cancérologie.

J'ai décidé que j'allais arrêter la médecine d'urgence avant de m'épuiser. La prise en charge de la douleur aux urgences et en SMUR était un de mes chevaux de bataille. J'avais présenté d'ailleurs la réactualisation du consensus au congrès national de notre société savante de Médecine d'Urgence en 2002. Et c'est tout naturellement que je continuai les formations universitaires dans cette spécialité. À cette occasion j'ai rencontré un médecin de l'hôpital d'Orléans qui travaillait dans une fédération Douleurs et soins palliatifs (Centre d'activités douleurs-soins palliatifs - CADSP). Un poste était libre. Alors que peu de perspectives s'offraient à moi dans mon hôpital d'origine, à ce moment-là, sur ce créneau « douleur-soins palliatifs », j'ai postulé à Orléans et je fus pris.

Me voilà intégré dans un service fédérant plusieurs activités diverses, tant sur la forme que sur le fond, mais convergentes de par leur approche holistique, autour de la prise en charge des douleurs et autres symptômes pénibles des patients et de leur accompagnement dans le cadre des soins palliatifs (qui concernent les personnes malades, atteintes d'une pathologie grave, évolutive, mettant en jeu le pronostic vital, en phase avancée ou terminale).

Je suis arrivé au CHRO en 2006, mais l'organisation des soins palliatifs au sein de l'établissement avait débuté en 1999, dans le cadre d'un réseau régional mettant en place un maillage d'effecteurs départementaux. C'était la mouvance historique : ils essayaient de travailler beaucoup sur l'acceptation de la maladie, moins sur le plan technique, pharmacologique, ce qui s'est développé depuis.

À l'époque, le médecin, l'équipe pouvaient rester dans la chambre du patient jusqu'à ce qu'il veuille bien « parler de sa mort »…et il arriva que des patients exigèrent de l'équipe de sortir de la chambre et de ne plus revenir ! Cette ingérence historique s'articulait avec une bienveillance théorique de l'autre.

Quand j'ai postulé, et comme c'était dans un « grand » hôpital, ma candidature est passée par une commission de recrutement. Le médecin qui m'avait reçu m'a dit : « J'ai un patient en fin de vie dans mon service. Je t'appelle, qu'est-ce que tu fais pour ce patient qui est en phase palliative ? ». Je ne comprenais pas trop où il voulait en venir. Souhaitait-il me parler d'euthanasie ? Finalement devant mon hésitation, il m'a dit : « Écoute ! Si c'est pour lui tenir la main et nous donner des conseils de loin, ce n'est pas la peine je n'appellerai plus ». Tout était dit ! Nos collègues nous demandent d'agir comme tout autre spécialiste en posant et en résolvant le problème.

Notre service a fédéré une Consultation d'évaluation et traitement de la douleur chronique (CETD), une Unité d'hospitalisation en soins palliatifs (USP), et une équipe mobile soins palliatifs et accompagnement (EMSPA), sous le terme de Centre d'Activités Douleurs - soins palliatifs (CADSP). Mon poste se porte davantage sur l'EMSPA, une équipe transversale et pluridisciplinaire qui se déplace dans les services sur demande, pour aider à la prise en charge de patients en situation médico-sociale complexe.

En France, les institutions ont créé trois niveaux de gestion des patients en soins palliatifs, dont les EMSPA. La construction de telles équipes repose sur l'accompagnement des équipes en place et non sur la substitution. Elles sont un renfort, un soutien, apportant ce regard extérieur, neutre, qui permet d'expertiser le mieux possible des situations complexes, souvent très intenses, particulièrement sur le plan émotionnel. Pour obtenir une qualité optimale d'expertise, il y a besoin d'être pluri/multidisciplinaire (?), pour tempérer le filtre naturel de tout un chacun, et d'être non prescripteur pour ne pas avoir la pression de la gestion de la prescription.

Aux Urgences ou en SMUR, nous ne voyons les patients que quelques heures, une seule fois en général. Maintenant dans le cadre de l'EMSPA, nous revoyons plusieurs fois les patients dans leur service référent. Et en ce qui concerne la CETD, le suivi peut même s'étaler sur plusieurs années. C'est ce qui me manquait aux urgences. Mais à titre personnel, je n'avais pas le souhait d'un suivi permanent de première ligne. Ainsi n'étais-je pas attiré pour travailler dans notre USP, où le médecin devient le référent du patient et le suit au quotidien. C'est peut-être parce que j'aime bien un peu d'autonomie, que j'accepte volontiers les limites imposées par ce type d'activité transversale au contact des équipes de première ligne, à l'inverse de l'USP où il faut être à la fois expert et décideur.

En effet, nous sommes bien experts, mais pas décideurs : nous faisons en sorte que la décision soit prise, mais nous ne maîtrisons pas complètement la stratégie de prise en charge. Nous croyons en nos propositions qui font suite à nos expertises, mais elles ne sont pas toujours reprises. Ce n'est heureusement pas le lot commun sinon ce pourrait être frustrant.

Au sein de notre fédération, le CADSP, deux dispositions ont modifié en profondeur le fonctionnement de l'EMSPA et son interface avec les services du CHRO. D'une part, le passage de tous ses médecins par la formation référente pour la gestion de la douleur (la capacité douleur), et d'autre part l'attribution à tous les médecins d'un temps partagé sur les deux missions, soins palliatifs et gestion de la douleur chronique.

Cela a beaucoup interpellé les médecins qui travaillaient exclusivement en soins palliatifs en dehors du CHRO, qui disaient que nous privilégions trop le technique et que nous allions occulter forcément un peu le reste de la prise en charge de ces patients en soins palliatifs. Mais le soulagement des symptômes pénibles (douleur…) est essentiel dans les soins palliatifs. D'ailleurs l'avenir nous a donné raison, car de plus en plus de médecins qui travaillent en soins palliatifs suivent une formation spécifique à la gestion de la douleur. Ce rapprochement d'équipes a fait réfléchir les tutelles qui invitent les autres hôpitaux à faire de même. C'est le modèle qui offre le plus de satisfaction pour les patients, les soignants et même les administratifs, en raison des économies d'échelle possibles par ce rapprochement. Il est donc le plus pérenne à ce jour, en ces temps de « disette », pour le système de santé français.

De surcroît nous avons très peu de demande d'euthanasie confirmée (c'est-à-dire raisonnée et réitérée). En effet une étude nationale sur l'euthanasie en France est réalisée depuis 2010 et nous déclarons par an entre 0 et 2 cas répertoriés sur le CHRO. La première raison reconnue de tous, c'est que nous cherchons à optimiser la prise en charge des symptômes pénibles pour les patients, et au premier chef, la douleur. **L'essentiel des demandes d'euthanasie vient des souffrances** liées à ces symptômes pénibles principalement somatiques. Cela est l'idée fondamentale et motrice de notre centre d'activité : on traite le corps d'abord ou au moins. Évidemment, psychologues, socio-esthéticiennes, et assistantes sociales sont aussi importants, et nous travaillons les uns avec les autres. Faisant cela, nous contribuons fortement à l'optimisation de la prise en charge du patient, de son autonomie, de sa qualité et de sa quantité de vie. Car, concernant les patients présentant un cancer, l'autonomie est un critère décisif sur la qualité des traitements proposés. Notamment, les chimiothérapies ne seront pas les mêmes si le patient est alité la majeure partie de sa journée. Or, les symptômes pénibles, et particulièrement la douleur, peuvent faire perdre de l'autonomie et ainsi induire une perte de chance pour le patient.

Nous intervenons sur fax et nous avons créé un fax-type avec des cases à cocher pour les difficultés classiquement retrouvées (douleurs, détresse psychologique, problèmes sociaux, complexité du retour à domicile…) et l'identité du demandeur et celui du médecin référent, si celui-ci n'est pas à l'origine de la requête.

Il faut comprendre que « l'on va chez l'autre » : c'est le principe de base. Théoriquement nous n'y allons que si nous y sommes invités. Le médecin nous appelle, ou, si notre venue se fait à l'initiative du patient lui-même, ou de son entourage, il doit le valider. Car nous allons avoir une ingérence dans son travail, ce qui peut mettre mal à l'aise médecins et autres soignants de voir exposer leur pratique aux regards extérieurs. Il y va de la démarche du *Petit Prince* de Saint Exupéry : il faut s'apprivoiser. Et à force de rencontrer les équipes, le lien et la confiance se créent ; en tout cas une certaine aisance. On voit bien qu'il n'y a pas qu'une façon d'aborder l'autre et de savoir quelle est la bonne distance avec l'autre, dans sa singularité : forcément l'Autre, ce sont les autres, tous différents, tous les jours, à tous les instants. Donc nous avons cette vigilance pour aborder l'Autre et obtenir son sésame. Toute la difficulté revient à **trouver la bonne distance** avec l'équipe demandeuse, le médecin demandeur. Et surtout ne pas se fermer des services. Il arrive, rarement heureusement, qu'un suivi de patient se soit « mal passé », en tout cas dans le vécu du médecin référent. Cela peut nous fermer un service, pour plusieurs mois. Ces histoires sont plutôt du passé, actuellement nous n'avons pas de vraies difficultés. Et même avec des équipes avec lesquelles nous avons une grande affinité de travail, nous faisons attention, car, quand il y a des difficultés dans la prise en charge du patient, « la faute » est vite reportée sur notre équipe.

Nous allons donc réaliser notre dossier, d'abord à la lecture de celui du patient à évaluer. Puis nous allons rencontrer le patient, son entourage et les soignants du service. Nous avons construit un dossier-type au sein de notre CADSP, avec quelques particularités. Il y a par exemple des schémas, à surligner par le patient quand il le peut, pour visualiser les zones de douleur, ainsi qu'une grille de recherche de douleurs neuropathiques (qui ont une expression un peu spéciale comme par exemple les névralgies). Il y a aussi une grille sur la qualité de vie du patient et une évaluant son psychisme.

Ensuite, nous nous entretenons avec l'équipe soignante (le médecin et les paramédicaux). Il est clair que si l'information était exclusivement médicale, il nous manquerait beaucoup d'informations. Ainsi, le premier jour et les jours suivants, nous complétons l'expertise en allant vers les paramédicaux des autres équipes du service. Nous avons pris le parti de gérer tous les symptômes pénibles pour le patient, aussi bien psychologiques que la douleur, la dyspnée, la constipation, les vomissements… C'est notre quotidien quand nous évaluons le patient pour être ensuite force de propositions concrètes. Alors cette expertise, retranscrite et partagée avec l'équipe soignante, induit souvent de l'étonnement car toutes les informations ne sont pas toujours si bien partagées au sein même de l'équipe référente : loin d'être anodin, c'est **une mise en lien.** Puis cela permet d'optimiser le projet de soins du patient. Forts de cela, nous sommes « invités » dans quasiment tous les services de l'hôpital pour voir leurs patients.

Les équipes des services sont toujours extrêmement surprises de notre proximité au quotidien avec elles et *a contrario* de notre distance vis-à-vis de la gestion de la prescription. Car en théorie ce n'est pas notre rôle même si en pratique cela nous arrive d'en rédiger, pour le bénéfice du patient. En effet, nos propositions se font généralement hors urgence, mais la réalité peut parfois être tout autre ! Ainsi quand la situation le demande, peut-être par éthique ou déontologie, ou tout simplement en fin de journée car la proposition risque de n'être reprise que le lendemain, nous outrepassons notre fiche de poste et nous prescrivons. Ce n'est pas une faute au niveau de nos pairs, c'est-à-dire du Conseil de l'ordre des médecins, mais ce n'est pas dans nos attributions. Néanmoins même si personne ne peut nous contraindre à prescrire au quotidien, nous ne pouvons faire abstraction, en tant que médecin, d'une situation urgente ou d'une urgence médicale, ni sur le plan médical, ni sur le plan juridique, ni sur le plan humain. Alors, certes, je prescris, mais en concertation avec le médecin référent, mis au courant : « J'ai vu le patient. Voilà ce que je te propose. Veux-tu que je t'aide en prescrivant ce soir ? ». Et dans le dossier médical, je précise « avec accord du médecin référent ».

De plus, les médecins des EMSPA ne sont pas prescripteurs, pour d'autres raisons encore. Nous ne pourrions jamais être suffisamment nombreux par rapport aux besoins de nos compétences au quotidien sur tout l'hôpital. Et ne pas nous substituer tend à préserver l'alliance thérapeutique entre le patient et le médecin référent, et qui reste une relation singulière. Notre mission est donc d'introduire et de délivrer un savoir aux soignants pour qu'ils s'autonomisent. On doit donc être proches mais pas trop.

Toujours accompagner avec la volonté de leur laisser de l'autonomie. Ce n'est pas : « Je sais, je fais ou vais faire, puis je m'en vais, et je garde mon savoir ». C'est plutôt : « Je montre comment faire et je partage » mon savoir à chaque étape et à chaque compétence du soin pour que nos partenaires, par ce compagnonnage, deviennent peu à peu sachants. Petit à petit, les soignants vont acquérir leur savoir en se confrontant à notre expérience. Ce savoir, empirique au début, se formalise plus classiquement, par des lectures, des formations institutionnelles (comme celle que nous prodiguons), ou des formations universitaires diplômantes. Le savoir est donc distribué en permanence, au lit du patient, dans le couloir, en *staff*, dans le dossier médical.

De la même manière, même si notre savoir nous est propre, il est surtout transversal, et s'est construit sur toutes les spécialités. Il réintègre les spécialités médicales dans l'unicité de l'Humain en face de nous. Et c'est en cela notre richesse. Nous nous sommes approprié du savoir de toutes les spécialités, nous l'avons assimilé, et maintenant il est redistribué à toutes ces spécialités. Ainsi nous lions plus encore toutes les spécialités, dans une dynamique globalisante.

Mais le delta entre nos connaissances et celles des services, dans le cadre des soins palliatifs, tend à se raccourcir d'année en année, preuve de l'utilité de notre investissement auprès des équipes. Nous sommes d'ailleurs interpellés pour des situations de plus en plus complexes. Il y a six ans, j'introduisais les morphiniques dans les services. Maintenant, ils ont déjà fait une rotation de morphiniques et ils nous appellent pour des problématiques beaucoup plus compliquées. Tout n'est d'ailleurs pas uniquement autour de la douleur bien sûr. Notre expertise doit toujours plus s'affiner. Peut-on imaginer qu'un jour, notre équipe ne soit plus force de proposition ? Si la technique manque, il restera toujours le deuxième regard, et ce n'est pas la moindre de nos spécificités. C'est une des limites de cette équipe d'expertise transversale. Ce ne sont que des propositions, donc libre à chacun de les reprendre ou pas. La proposition peut ne pas être reprise, ou pas complètement. Cela peut être justifié car il pouvait nous manquer des éléments. Mais il y a aussi des propositions qui ne seront pas reprises par manque de maîtrise ; par exemple autour de l'introduction des morphiniques. Celles aussi quand nous proposons d'introduire un anxiolytique, mais qui est pris (compris) pour un sédatif (pouvant accélérer la fin de la vie du patient en induisant un coma).

Cela a beaucoup changé, à force de rencontres et de pratiques prudentes, et surtout du compagnonnage des prescriptions, pour que tout un chacun, du médecin qui prescrit à l'infirmière qui va exécuter la prescription, pour que tout le monde soit à l'aise. Ainsi ils ont constaté par eux-mêmes notre façon de commencer par des petites doses que nous augmentions petit à petit, ils ont vu que le patient était mieux au final. Et leur appréhension a baissé. Pour être sûr que la prescription soit bien faite et réalisée comme nous le souhaitons pour le patient, il faut effectivement l'accompagner, mais ce qui n'est pas toujours possible…

La difficulté du médecin référent (le prescripteur) peut être aussi de porter dans sa dimension médicolégale la prescription de médicaments avec lesquels il n'est pas forcément à l'aise, soit par le médicament lui-même, soit par les doses usitées. Mais à force de le faire avec eux, ils voient que le patient non seulement supporte des doses plus fortes (doses augmentées progressivement), mais surtout qu'il est soulagé. Le médecin va pouvoir objectiver l'amélioration du patient. Il validera cette prise en charge, ces doses-là. C'est de l'acquis d'expérience. Il n'empêche qu'on n'apporte pas que des nouveaux médicaments, mais aussi des articulations spécifiques de médicaments qui sont souvent un peu différentes du quotidien de nos collègues.

Dire que le patient a un cancer ou une insuffisance cardiaque ne résume en rien, et ne peut définir véritablement son inconfort. Ce qui lui est immédiatement intolérable, ce qu'il nous exprimera, ce sont les symptômes physiques comme l'essoufflement, la douleur : il s'agit de la partie visible de « l'iceberg ». C'est la première chose sur laquelle porte l'attention, l'angoisse.

Par ailleurs, le soin est, de droit, éclairé et concerté. Dans cette phase de vie où le soin n'est plus curatif, l'éclaircissement du projet de soin peut être difficile à entendre pour le patient, à dire pour le soignant. Néanmoins l'alliance thérapeutique avec le patient permet alors un meilleur soin, au-delà d'obligations légales. Et dans cette situation de non-guérison, un horizon visualisable est rassurant. Dans ce sens, quand nous expertisons le patient, nous apportons une **attention souvent nouvelle pour le patient sur sa (ses) souffrance(s) tant sur la forme que sur le fond.** Et l'optimisation de la prise en charge de ses symptômes pénibles, allant en grande majorité avec du mieux, redonne au patient de la perspective. Nous allons « résoudre » un problème, puis un autre, puis encore un autre. Les inquiétudes, angoisses existentielles vont alors se tarir pour une partie.

Néanmoins, après un soulagement, même partiel, on peut « creuser », car il y a toujours quelque chose de l'ordre de la finitude qui est derrière. Mais cela apparaît et disparaît régulièrement, au gré de l'importance du symptôme, de son emprise sur l'instant présent, sur l'autonomie du patient. Finalement, moins le symptôme est présent, plus la question de la fin de sa vie apparaît. L'esprit n'est plus autant accaparé par la souffrance physique. Et c'est là où notre psychologue lacanien nous dit : « Attention à ne pas retirer complètement et trop rapidement le symptôme car il est une béquille pour le patient ». De la même manière, il ne faut pas se satisfaire d'un symptôme trop facilement contrôlé parce que c'était parfois un vecteur indirect de l'expression de sa souffrance globale, alors la réponse uniquement somatique serait insuffisante.

Les soins palliatifs ont évolué sous l'influence des progrès de la science, de l'évolution de la société et de ses exigences… Différentes lois, comme la loi Leonetti, ont aidé les soignants à mieux appréhender la maladie grave dans son évolution à terme fatale. C'est une aide précieuse pour notre société, pour les patients, pour les soignants. C'est un outil très opérationnel, ce qui n'est pas toujours le cas des lois sur la santé, loin s'en faut… Repositionner le patient au centre de son projet de soins, de vie ; lui permettre, l'aider à mieux décider, choisir ; l'accompagner le plus sereinement possible, ainsi que son entourage.

Mais cette loi s'adresse aussi au soignant. Lui aussi se retrouve déstabilisé intérieurement et cette loi lui porte soutien, quand par exemple se pose la question délicate d'une limitation ou d'un arrêt de traitements actifs, ou d'une sédation d'un patient en phase terminale pour symptômes réfractaires (c'est-à-dire vécus comme intolérables par le patient alors que les médecins ont tenté au maximum de les minimiser, de les rendre « tolérables »). Cette loi Leonetti a eu le grand mérite de poser les problèmes, et d'offrir à tous une certaine clarté pour la prise de décision dans l'accompagnement des patients en phase palliative.

Il a été fait un travail de collection de tout ce qui est relatif aux soins palliatifs mais aussi à la fin de vie, dans toutes les lois qui émanaient de différents codes : code civil, code de santé publique… Certains textes existaient déjà, ils ont été relus, refondus, et associés à des nouveaux pour former un tout, qui est devenu la loi Leonetti. Cela a permis une meilleure appropriation du contenu et des problématiques, car elle fait office de synthèse dans l'accompagnement en soins palliatifs. Des principes ont été précisés : les caractères utile, raisonnable et proportionnel d'un acte, qu'il soit diagnostique ou thérapeutique.

Tout, dans la prise en charge d'un patient en soins palliatifs, peut être réévalué à la lumière de tels principes, que ce soit dans le domaine du médicament, dans celui des examens complémentaires, dans ce qui fait le quotidien du patient comme la toilette, la mise au fauteuil, la télévision… Par exemple, je demande souvent qu'on arrête la prise systématique de la tension artérielle la nuit chez les patients en phase palliative avancée, car ce n'est pas utile. De plus, quand le brassard gonfle, il fait mal au patient et le réveille inutilement. Il est donc proposé de ne garder que ce qui est utile pour le patient à ce stade de sa vie. Et ce qui est utile peut parfois aller jusqu'à une transfusion, si la personne est extrêmement essoufflée, sauf à ses derniers instants de vie, où le bénéfice ne sera pas probant.

Il n'y a rien de l'ordre de l'abandon du patient dans cette Loi : c'est au contraire de l'hyper-vigilance à rechercher en permanence l'apaisement du patient. S'agit-il d'un dispositif complexe ? Si je devais passer plusieurs heures par jour avec chaque patient, ce ne serait pas possible. Dans ces cas-là, il y a besoin de soignants qui ont plus de temps que notre équipe. C'est la place des Unités de soins palliatifs. De plus, cette loi insiste sur la place prépondérante du patient dans la stratégie des soins qui lui sont prodigués. On revient sur quelque chose de très ancien mais qui est toujours d'actualité en médecine. Habituellement le patient s'adapte à la médecine, au médecin ; en soins palliatifs, on recherche le consentement du patient : la médecine s'adapte au patient cette fois-ci. C'est quand même compliqué car il est difficile de raisonner quand cela concerne sa propre santé. Donc le consentement dit « éclairé » ne va pas de soi, mais reste un pilier de l'alliance thérapeutique.

De plus, la notion de « personne de confiance » a été introduite, garantissant plus encore la parole du patient, avec les directives anticipées, qui sont une aide à la décision quand il ne peut plus exprimer sa volonté. Mais beaucoup de médecins ne connaissent pas bien encore cette loi et ses possibilités, ce soutien pour eux, pour faire face à des situations complexes. Et notre tâche est de la faire connaître, de la faire comprendre, et qu'elle soit appropriée – utilisée par les services. C'est un **outil de raisonnement et de stratégie** extrêmement pertinent, et concret. Nous pensons que c'est surtout la méconnaissance des soins palliatifs qui complexifie inutilement certaines prises en charge, qui engendre des dérapages. D'où le concept missionnaire de démarche palliative, dévolue à tout un chacun, à chaque instant de notre journée, occupés à transmettre auprès de nos collègues nos compétences. Partager, partager les informations… c'est fondamental. Tant avec le patient pour éviter une sidération psychologique pouvant l'amener au désir d'interrompre sa vie, à demander l'euthanasie, qu'avec les soignants qui pourraient « déraper » (comme dans des situations médiatisées d'euthanasies dans des maisons de retraite par exemple).

C'est toujours l'isolement qui est reconnu comme le plus petit commun dénominateur, en matière de début d'épuisement professionnel des soignants. Il ne faut donc pas s'isoler. À quelque niveau de compétence que l'on soit, il faut pouvoir verbaliser ; « ce qui se conçoit bien s'énonce clairement ». Quand la parole se délie, cela permet de voir comment se verbalisent des difficultés et déjà de prendre conscience que ce simple inventaire peut réduire les tensions émotionnelles. Nous aidons la personne à **avoir plus de recul,** pour **nourrir sa propre réflexion.** Soigner les soignants : nous ne cherchons pas forcément à imposer notre pensée, mais à faire raisonner, à élaborer un argumentaire pour permettre d'avancer par rapport à un blocage qui est inopportun, ou pas adéquat, par rapport à la situation en cours.

Notons que le médecin reste décideur au final. Cela constitue une condition nécessaire pour ne pas diluer la responsabilité d'un acte, d'une stratégie de soins, où personne ou tous seraient responsables, voire coupables, s'il y avait faute reconnue. C'est pour garantir la bonne prise de décision. Et cela ne s'oppose en rien à la collégialité, la multidisciplinarité, bien au contraire. Car celles-ci permettent, suite à une décision concertée, la meilleure qualité des soins. Quand on met tout le monde autour d'une table, il est beaucoup plus difficile d'emmener tout un groupe sur une stratégie erronée. D'autant plus que la culture, le référentiel ne sont pas les mêmes entre médecins, paramédicaux, psychologues…

Le Professeur Sicard est l'ancien président directeur du Comité consultatif national d'éthique (CCNE). Ce dernier avait été auditionné pour la loi Leonetti. Et de nouveau, à l'occasion de la révision de loi Leonetti, il y a quelques années. Le CCNE a tenté d'influencer le débat public, par rapport à la loi Leonetti, par la voix du professeur Sicard, en interaction avec la pression médiatique, par le biais d'une idée chère aux associations favorables à l'euthanasie et au suicide, selon laquelle un malade devrait pouvoir maîtriser sa mort pour éviter de souffrir, et qu'il pouvait y avoir des situations extrêmes. Des situations qui pouvaient « échapper » à la médecine, même avec le soutien de la loi Leonetti. C'est un implicite qu'on peut déduire : « de telles situations peuvent exister ».

Leur réflexion éthique s'est ainsi poursuivie : partant du principe que le patient ait bénéficié d'une prise en charge objectivement optimale, mais que cela ne suffise pas à le soulager, alors peut-être, faut-il une solution « ultime » pour le patient… ce qui pourrait se rapprocher des exigences de l'Association pour le droit de mourir dans la dignité (ADMD), autour d'une ingérence sur la fin de vie et qui pourrait être une sorte d'euthanasie exceptionnelle. Mais est rajouté aussitôt que cette solution ne concerne que des situations très particulières, uniques, et qu'il n'est pas question d'en faire une loi. Parce qu'une loi, la plus précise et détaillée soit-elle, sera toujours trop générale face à la singularité de la situation : on risquerait des glissements.

Laissons les gens mourir naturellement. Il n'y a là ni abandon, ni fatalisme, mais l'évidence accessible à tout un chacun que la mort est naturelle, qu'elle fait partie de la vie. Cela prend peut-être « trop de temps » par rapport à ce que beaucoup (surtout l'entourage) en expriment : l'esprit, immatériel, n'est pas matière. Or, c'est le corps duquel la vie s'échappe. Cela met plus de temps à mourir que la conceptualisation même de la mort. Et en faisant mourir des patients plus vite, force est de constater que l'on crée beaucoup de deuils pathologiques. Certes il peut falloir du temps pour que le patient décède, parce que la mort est un processus de dégradation du corps, mais c'est aussi un moment, un processus où la vie se redistribue dans l'entourage des patients et c'est souvent des instants de (re) positionnements familiaux forts.

Des choses longtemps tues sont alors dites. Le rite de la confession tend à disparaître mais au profit, de façon athée et familiale, d'autres échanges avec une thématique proche semble-t-il : avec des excuses, des regrets et parfois aussi des réaffirmations de positionnements conflictuels. Cela dépend de chacun, mais ne spolions pas les familles de cela. Et l'on constate que ça prend du temps. Ce temps qui permet à **la parole de se libérer,** de circuler dans le groupe alors même qu'il est chahuté par un tsunami d'émotions plus ou moins contenues. Nous accompagnons la fin de la vie du patient en lien avec son entourage. Et il n'est pas question de susciter une mise à plat de la complexité des liens du groupe. Nul n'a à ouvrir cette boîte de Pandore, au risque de mal faire, de faire mal, de faire du mal. En revanche, soutenir tout un chacun dans cette épreuve est de notre ressort, même pour accueillir le questionnement d'ordre existentiel, voire spirituel du patient, de son entourage, et des soignants. Les psychologues sont au cœur de cet accompagnement. Il ne doit jamais se faire sans eux.

La mort arrive de façon naturelle, mais la souffrance, dans toutes ses dimensions, est gérée au mieux. Et quand nous faisons cela, nous n'avons quasiment plus de demande d'euthanasie. Exceptionnellement, si la situation devient très complexe, nous pourrions même faire ce que nous appelons une « sédation du patient en phase terminale pour symptômes réfractaires », c'est-à-dire l'endormir de façon très légère pour qu'il n'ait plus la perception de ces symptômes qu'il considérerait justement intolérables. C'est un protocole validé nationalement. Cette sédation particulière est réversible, elle n'est donc pas inéluctable. Car nous utilisons une molécule sédative qui a une demi-vie très courte ; donc si nous arrêtons la seringue électrique contenant ce médicament, la molécule s'élimine en quelques heures et le patient retrouve de la vigilance… et ses symptômes pénibles. J'insiste, les doses utilisées permettent la déconnexion du patient du Réel, ou plus exactement de sa Réalité. Et quand on stimule la personne, ses yeux se réouvrent.

Il reste que le patient ou la famille, voire le soignant, souhaitent que la mort soit maîtrisée. « Eu » et « Thanatos » : belle mort, mort maîtrisée. Comme on maîtrise la naissance, il faudrait maîtriser la vie, la fin de vie, la mort, mais ce n'est plus du domaine exclusif de la médecine, c'est plus un **questionnement sociétal.** La loi française ne permet pas à ce jour l'euthanasie, même si certains la souhaitent par peur, par peur de souffrir en particulier. On peut donc les rassurer car nous serons là pour les accompagner, prendre soin d'eux.

En pratique, si le législateur décidait de faire une loi permettant l'euthanasie, il est absolument nécessaire qu'il y ait un comité qui évalue la situation du patient avant de lui donner accès à cette assistance au suicide. Peut-être que ce comité serait multidisciplinaire, avec des médecins, voire des médecins en soins palliatifs, des éthiciens, je ne sais pas. Mais après accord, qui va exécuter cet acte ? Il n'est pas nécessaire de médicaliser l'assistance au suicide, juste une prescription standardisée, (étatique ?), et le patient ira lui-même acheter son « cocktail lytique ». Alors le patient, demandeur, assumerait vraiment son geste. Dans le sens que le médecin est plus formé à donner (de) la Vie qu'à l'ôter.

Ressources bibliographiques

Blanchet V., « Formations et développement », in R. Aubry, *L'euthanasie et la mort désirée – questions pour la société et la pratique des soins palliatifs*, SFAP, 2005.

Joublin H., *Réinventer la solidarité de proximité – manifeste de proximologie*, Albin Michel, 2005.

Arcand M., Bonnet J., Brissette L., *Soins palliatifs : réflexions et pratiques*, Gaetan Morin, 1978.

Canaouï P., Mauranges A., *Le burn out à l'hôpital. Le syndrome d'épuisement professionnel des soignants*, Elsevier Masson, 2004, 5e éd., 2015.

Caro D., (dir.), préface du Dr Bernard Kouchner, *L'entourage du patient en médecine générale – manuel de proximologie*, Le Quotidien du Médecin, 2006.

Desfosses G., *Famille patient soignant : l'accompagnement pas à pas* – CDROM fondation de France, Association L'Ancre, 2006.

Dubosc P., *Espace éthique*, APHP, *Servir, les valeurs du soin*, CDROM, espace éthique APHP, 2012-2013.

Brissette L., Arcand M., Bonnet J., *Soigner sans s'épuiser*, Gaëtan Morin, 1998.

Feuillet B., Folschied D., Le Minier E., Mattei J.-F., *Philosophie, éthique et droit de la médecine*, PUF, 1997.

Freud S., *Malaise dans la civilisation*, (Trad. Ch. & J. Odier), PUF, 1929/1971b, Points, 2010.

Hoerni B., *Ethique et déontologie médicale*, Elsevier Masson, 2e éd., 2000.

Lazorthes G., « L'homme, la société et la médecine », in E. Ferragut (coord.), *La dimension de la souffrance en psychosomatique*, Elsevier Masson, 2001.

Mallet D. (coord.), *Pratiques soignantes et dépénalisation de l'euthanasie*, L'Harmattan, 2012.

Michaud A., *À quoi ça sert, un psy ?, les infortunes de la psychologie à l'hôpital*, Les empêcheurs de penser en rond, 2007.

Dubosc P., *jusqu'au bout de la vie, pratiques en unité de soins palliatifs*, Département de Recherche en Ethique, Espace éthique APHP, DVD, 2007.

Prairat E., « L'érosion de l'autorité éducative », Lectures plurielles, in *Les sciences de l'éducation – Pour l'Ère nouvelle*, CERSE, université de Caen, 2009.

Teike Lüthi F., « Le travail de collaboration des équipes mobiles de soins palliatifs : première phase de validation d'un modèle », *Médecine palliative*, vol. 13, n° 1, 2014.

Un accompagnement bénévole de malades hospitalisés en fin de vie ou en soins palliatifs. Association « Aide pour la vie »

Albert Bezançon et une équipe de bénévoles

Les débuts

Pour une majorité de citoyens la mort est un échec. La mort dans un établissement hospitalier est souvent la fin d'une longue maladie. Pour une famille, des proches, la proximité avec la personne malade est souvent une épreuve difficile.

Le point de départ de l'association s'explique par la rencontre entre un groupe de soignants d'un service de médecine et un bénévole d'une association, visitant, durant les week-ends, les malades isolés ou en fin de vie.

Pour les premiers, il s'est agi de renforcer la relation humaine avec les patients, et pour le second d'apporter son expérience dans le domaine de l'organisation et du fonctionnement des associations. La conjugaison des deux compétences, l'une médicale, reconnue par les pairs, et l'autre relationnelle et organisationnelle, facilite la création de l'Association *Aide pour la vie*, association « loi 1901 », lancée en en mars 2000.

Au départ, l'association rassemble une dizaine de membres, accompagnés par un médecin référent et une psychologue. La difficulté principale réside dans le recrutement et la formation de bénévoles, car l'ensemble de l'équipe est constitué de personnels soignants, ne pouvant se déplacer dans l'établissement, dans d'autres services que le leur, que très difficilement.

Le recrutement des membres est modeste : il ne se présente que moins de dix candidats en douze ans. Les bénévoles ne sont pas toujours acceptés avec bienveillance par le personnel hospitalier et les médecins. Il convient de distinguer, parmi les membres de l'association, *les adhérents* et *les accompagnants* : seuls les seconds rencontrent les patients. Le cycle de formation et l'attente sont souvent très longs avant d'être accepté comme accompagnateur. Un volontaire ne sera pas accepté s'il est dans une période de deuil, s'il souffre de dépression et de troubles psychologiques. Le décès d'un patient accompagné ne laisse jamais indifférents les bénévoles. Il est tout à fait normal qu'après une période de trois ou quatre années d'accompagnement de patients en fin de vie, certaines personnes décident d'arrêter.

Le recrutement est donc laborieux, et la formation dure un an : c'est une épreuve de patience, qui se solde par un vote secret des coéquipiers pour valider l'intégration comme accompagnant d'un nouveau membre. La majorité des accompagnants bénévoles sont des femmes. Cette formation est en fait un accompagnement individuel, ponctuée d'interventions de spécialistes extérieurs, de réunions, d'échanges avec les autres bénévoles en visite auprès des patients.

Pour avoir un agrément auprès des établissements hospitaliers, ce type d'association doit bénéficier d'un médecin référent et d'un psychologue. Le médecin référent a un rôle important de trait d'union permanent entre le corps médical, les soignants et l'association. Il a voix consultative et conseille le président dans ses relations avec les professionnels de la Santé. Spécialiste en soins palliatifs, il apporte ses conseils, reçoit les candidats, anime des formations, indique des patients à visiter et apporte son avis éclairé. Il participe pleinement à la vie de l'association. Le psychologue émet un avis au moment de la rencontre avec un candidat accompagnant, et reçoit régulièrement les accompagnants, soit à leur demande, soit au sein d'un groupe de parole.

L'accompagnement bénévole des patients en fin de vie et celui de leurs proches

Notre association a choisi l'accompagnement exclusif des patients hospitalisés. Dans le cadre familial, le suivi médical, la présence renforcée de proches, ne justifient pas, le plus souvent, la présence d'un tiers. À l'hôpital, il peut arriver qu'un accompagnant soit interrogé par les proches, quant à la qualité du suivi médical : il n'a aucune autorité lui permettant de formuler un jugement. À l'inverse, dans sa relation avec le patient, les proches peuvent trouver des motifs d'insatisfaction. Il y a encore un motif marginal qui plaide pour cette spécialisation, qui tient à l'impossibilité de rembourser les frais des visites à domicile.

Dans les dispositions d'accompagnement de la loi Leonetti, il est proposé au malade en soins palliatifs, s'il le souhaite, de recevoir la visite d'un psychologue ou d'un accompagnant bénévole. L'expérience prouve, dans l'établissement concerné, que la demande par les soignants est rarement faite, pour diverses raisons. Lorsque la proposition est acceptée, il peut arriver que l'accompagnant soit confronté à une personne n'ayant plus toute sa conscience. Mais il arrive aussi que l'accompagnant apporte un soutien personnalisé. Une relation de sympathie peut s'établir, sur les bases du dialogue, de la confiance, de la discrétion. Une telle relation peut durer plusieurs mois.

L'accueil des proches varie selon les personnes, les cultures et les mentalités, selon une échelle de relations qui peut aller de la méfiance à la joie de pouvoir compter sur le bénévole durant la période d'absence. Il est arrivé que des proches ne souhaitent pas la présence d'un accompagnant et veuillent « garder » le malade pour eux-mêmes. Le plus souvent, cette présence est accueillie avec sympathie et confiance.

Le monde hospitalier est, d'une manière générale, hiérarchisé, cloisonné, et peu enclin à la communication, particulièrement en direction des visiteurs de malades, des accompagnants bénévoles et des services d'aumônerie. Les chefs de service, et les médecins en général, ignorent les bénévoles, et les personnels soignants font de même. Il existe néanmoins des exceptions, une tolérance à l'égard des bénévoles. De notre point de vue, dans certains hôpitaux, peut-être par manque de moyens, manque de formation des professionnels de la santé, ou volonté de rester entre soi, les dispositions de la loi Leonetti souffrent de carences.

Les associations, lorsqu'elles répondent aux exigences administratives, sont accueillies normalement. L'accueil des pouvoirs publics et des services sociaux est en général plus chaleureux, et des subventions ou des appuis peuvent être trouvés.

D'une manière générale et sur un même territoire, il y a très peu de contacts entre les différentes associations, chacune restant dans sa sphère de compétence et de services. Néanmoins, à l'initiative des responsables, il est possible d'organiser diverses actions communes, notamment dans le cadre de l'information du public, telles des rencontres informelles, des mutualisations d'informations ou formations, des actions de communication.

Voici la manière dont s'organisent les relations entre les accompagnants d'une même association. Lorsque le volontaire est agréé, au bout d'une année en général, en tant qu'accompagnant, il va visiter seul les patients qui lui sont confiés. Selon ses disponibilités, l'accompagnant passe en général une fois par semaine dans l'hôpital. Sur le terrain, les accompagnants se rencontrent donc rarement. C'est pourquoi la *réunion mensuelle* permet de faire le point sur les visites, d'échanger, de recevoir des compléments de formation ou d'information. Entre-temps et s'il en est besoin, le président et le médecin sont à la disposition de chacun des accompagnants. Au fil des années des relations amicales peuvent renforcer la cohésion du groupe.

Cela n'empêche pas certaines difficultés. Ainsi, bien que le médecin responsable indique les personnes à rencontrer et donne quelques renseignements relatifs à l'entourage, voire au stade de la maladie, les accompagnants sont habitués à évaluer l'état de conscience de la personne et à déterminer une approche convenable. Il peut arriver exceptionnellement qu'un patient ne souhaite plus avoir la visite d'un accompagnant. Ce dernier, toujours à l'écoute des attentes ou des besoins d'un malade, doit savoir quand sa présence devient une gêne ou une fatigue. Il sait également, en entrant dans une chambre, que le patient se repose, et il repart aussitôt.

La durée des rencontres est variable. Elle dure de quelques minutes à moins de dix minutes en moyenne. Il arrive que le malade ait besoin de se confier dans la discrétion et la confidentialité. L'accompagnant doit savoir s'il fait part ou non du contenu de l'entretien au médecin ou à un psychologue, et ce dans l'intérêt du patient.

Dans un service, la présence de l'accompagnant est la plus discrète possible ; et ses interactions avec les personnels, les soignants et les médecins vont de l'indifférence polie de leur part, rarement de rejet, à parfois un sourire ou quelques mots échangés. Nous l'avons dit, l'accompagnant ne doit pas porter de jugement sur le fonctionnement du service et des dysfonctionnements éventuels, voire de critiques négatives des malades ou des proches. S'il estime devoir faire une remarque, il rend compte au président de l'association qui en parle au médecin référent. En cas d'incident, rarissime, le président reçoit la plainte, en parle au médecin référent pour la suite à donner pour régler l'affaire et prendre les mesures nécessaires.

Premières années de vie associative

Les années 2010 ont permis à l'association de se faire connaître, de recruter et de tisser des relations, notamment avec les JALMALV de Vierzon, Tours, Blois et leur siège national, dans le but d'adhérer à ce réseau. Mais les conditions d'accès étaient assorties de telles démarches et contraintes administratives qu'il a été préférable de rester au plan local et de passer du temps auprès des patients. Sachant que l'accompagnant rencontre en moyenne cinq patients en fin de vie, l'APLV peut suivre, bon an mal an, une trentaine de personnes. Elle a la fierté de pouvoir dire que quelques centaines de malades ont ainsi pu bénéficier de son accompagnement.

Les freins rencontrés pour les visites de malades en soins palliatifs au niveau de l'hôpital local ont amené les responsables de l'APLV à proposer leurs services dans deux maisons de retraite.

Le tournant de 2005 et le changement de mentalité des soignants

Pendant des années et selon l'aptitude à communiquer des chefs de service, il était relativement facile pour les accompagnants de trouver un accueil souvent sympathique lorsqu'ils passaient dans les couloirs. Les personnels soignants étaient souvent les premiers à indiquer le besoin d'une présence auprès de tel ou tel malade le plus souvent isolé. À partir des années 2005, les mentalités changent peu à peu, les patients restent hospitalisés beaucoup moins longtemps, les personnels « tournent » et sont plus jeunes, peu ou pas formés à la relation avec les patients. Quand une question est posée la réponse est souvent celle-ci : *« Je viens juste d'arriver de… et je ne le connais pas… »* Les médecins sont aussi des intérimaires ou des vacataires qui viennent d'autres hôpitaux, et il n'y a aucun contact avec eux. L'impression de déranger les uns et les autres est frappante. L'accompagnement se fait donc en priorité dans les services ou les patients restent plus longtemps dans les chambres.

Arrivent la loi Leonetti et l'hôpital local sans lits[92]. La loi retient cinq principes fondamentaux. D'abord, elle maintient l'interdit fondamental de donner délibérément la mort à autrui. En revanche, elle énonce l'interdiction de l'obstination déraisonnable (L. 1110-5 CSP alinéa. Est considérée comme déraisonnable l'administration d'actes « inutiles, disproportionnés ou n'ayant d'autre effet que le seul maintien artificiel de la vie ». Elle rappelle le respect de la volonté des patients : l'appréciation du caractère « déraisonnable » est le fait du patient s'il est en état d'exprimer sa volonté. Sinon, c'est le médecin qui prend la décision, après avoir recherché quelle pouvait être la volonté du patient (existence de directives anticipées, consultation de la personne de confiance, de la famille), et avoir respecté une procédure collégiale. Elle prévoit la préservation de la dignité des patients et l'obligation de leur dispenser des soins palliatifs : lorsque des traitements considérés comme de l'obstination déraisonnable sont arrêtés ou limités, la loi fait obligation au médecin

92. Soins palliatifs. Voir : *http://www.securitesoins.fr/droit-et-fin-de-vie/quels-sont-les-5-principes-fondamentaux-de-la-loi-a-retenir_fr_75_10.html*

de soulager la douleur, de respecter la dignité du patient et d'accompagner ses proches. Enfin, elle assure la protection des différents acteurs par la traçabilité des procédures suivies.

Cette loi a le mérite de clarifier et d'uniformiser les procédures et d'améliorer la communication entre les différents acteurs qui prennent en charge un patient en soins palliatifs. Pourtant, des années après et dans de nombreux établissements hospitaliers, la formation des équipes et du personnel était toujours à faire ! La réglementation de la visite au bon vouloir ou à l'oubli des équipes médicales a fait reculer le nombre d'accompagnements. Dans quelques hôpitaux la demande de lits identifiés en soins palliatifs faisant l'objet d'une procédure spéciale a été retardée durant quelques années pour de multiples raisons, dont l'absence de qualification en soins palliatifs pour des médecins et des soignants, voire le manque d'initiative devant les contraintes existantes.

La campagne « Lits SP » en 2010

En 2010, devant l'absence de lits identifiés en soins palliatifs au sein de l'établissement, l'APLV a décidé de lancer une campagne publique d'information et de sensibilisation. Le partenariat avec d'autres associations locales, les rencontres avec les élus et une réunion avec le directeur général de l'agence régionale de santé (ARS) ont permis, dans un délai très rapide, l'affectation d'un certain nombre de lits avec les moyens appropriés. L'hôpital a entre-temps nommé dans cette spécialité un médecin référent.

Les campagnes médias et les groupes de pression pour l'euthanasie et le « suicide assisté »

Les associations d'accompagnement de malades en soins palliatifs sont fermement opposées à de tels projets. La loi Leonetti respecte et protège le patient dans sa dignité et sa liberté. Des améliorations peuvent être proposées et discutées.

Conclusion

Malgré le départ d'une accompagnante et la candidature d'une autre, l'année 2013 confère une vitesse de croisière pour l'association. Actuellement, elle a dix adhérents, c'est-à-dire six accompagnants, un médecin référent titulaire du DU en soins palliatifs, une infirmière diplômée DU soins palliatifs, deux autres membres dont un est en formation. Elle accompagne une trentaine de malades, sur quatre sites. La formation permanente est assurée par des réunions mensuelles, des exposés par des intervenants extérieurs, voire la participation à des formations extérieures.

Une association comme la nôtre réalise un **devoir civique**, car ses volontaires incarnent la solidarité de la société à l'égard de ses membres. Cette solidarité active est un juste retour des choses. Des personnes ont incarné les valeurs de solidarité et de progrès durant leur vie active. Au terme de leurs jours, d'autres, les accompagnants, maintiennent pour eux une porte ouverte vers le monde, ce monde dont ils s'éloignent. C'est l'occasion pour eux de parler et d'échanger en toute liberté et confidentialité. Par le respect et la considération qui lui est témoigné dans l'anonymat de sa chambre d'hôpital, un patient quelconque dans un univers de soins reçoit la reconnaissance, le soutien et la chaleur humaine que la société prodigue à ses membres. C'est le sens des témoignages qui vont suivre.

Anne, bénévole accompagnante depuis 4 ans à l'EHPAD de Neung sur Beuvron, référent psychologue de la maison de retraite

C'est le livre d'Elisabeth Kubler-Ross qui m'a amenée à devenir accompagnante, et cela s'est renforcé, surtout depuis 2003, du fait de la canicule. Donc, je consacre un peu de temps pour me rendre auprès des personnes qui ont besoin d'écoute. Un autre livre, celui de Marie de Hennezel, m'a permis de lever pour moi le tabou de la mort qui caractérise notre société. Nous sommes formés par l'association : on ne devient pas accompagnante comme ça ; nous sommes, de plus, tenus au secret professionnel. Il faut savoir que lorsqu'un corps physique est en souffrance, c'est-à-dire qu'il se donne à voir comme un corps recroquevillé, mutilé, torturé, déformé par la maladie, ce « mal dit » les surcharges émotionnelles, les traumatismes, etc. Il y a aussi le corps muet qui ne répond plus à la vie, en cas de coma. Je pense au témoignage d'Angèle, vivant dans un corps que l'on a cru mort. Qui se souvient que derrière ce corps, il y a un être vivant, et qui appelle toujours de l'attention, du respect, de l'écoute, un regard, de la tendresse ?

J'ai accompagné M. X., veuf, qui avait fait une attaque, et quand je l'ai rencontré, j'ai tout de suite compris que le dialogue allait être difficile. Il avait la bouche déformée, et énormément de mal pour s'exprimer ; il ne savait plus, mais entendait encore. Je lui ai donc demandé si je pouvais lui toucher la main. Avec son accord, j'ai posé ma main sur la sienne, délicatement et il a posé son autre main sur la mienne. Nous avons communiqué par le toucher. Avant qu'on lui fasse sa toilette, une heure avant, on lui donnait un traitement pour l'apaiser, tout son corps était en souffrance. Ceci pour dire, que derrière ces corps éventuellement en souffrance, il y a des êtres qui ont été jeunes comme vous qui lisez cet article et qui ont vieilli comme vous, vous vieillirez, et pourtant il faut leur savoir gré, à tous ces anciens, pour les bienfaits de leur travail qu'ils nous ont transmis.

On dit toujours « loin du cœur, loin des yeux ». Faut-il oublier tous ceux, dans des centres, relégués, déposés là, oubliés plus ou moins consciemment ? Je les appelle « les oubliés de la société ». C'est parce que la vieillesse fait peur, la maladie aussi, et, le plus grave, le tabou de la mort, cela dérange. Je ne comprends pas que l'on ne donne pas le choix à ceux qui le veulent de finir leur vie chez eux, si ce n'est que par économie. Pourtant, il y a des choses qui ont été mises en place, ou sont-elles ?

Annie, membre fondatrice de l'association Pour la vie

Après avoir travaillé de nombreuses années en milieu hospitalier, tout d'abord dans un service de pédiatrie, ensuite dans un service de médecine en tant qu'aide-soignante, je me suis aperçue, avec mes collègues, que de nombreux patients en fin de vie mouraient seuls, soit parce qu'ils vivaient isolés de la famille, soit en raison de conflits familiaux. Alors, avec un petit groupe, infirmières, aides-soignantes, nous avons décidé de créer une association d'accompagnement. Voilà bientôt onze ans qu'elle existe, et je suis une de ses fondatrices, je suis également trésorière. Je vais rarement au chevet d'un patient, car après avoir travaillé très longtemps à leurs côtés, psychologiquement, je ne m'en sens plus la force. Cela dit j'assiste aux réunions, et je suis de près mes collègues qui accompagnent.

Dès le début de notre association, nous nous sommes mis en conformité avec les demandes administratives, pendant un an environ, puis nous avons essayé de nous intégrer dans divers services, parfois avec du mal. Aujourd'hui, il y a toujours autant de malades en fin de vie, mais les familles sont souvent très proches et il y a de moins en moins de demandes. Ceci dit, il faut continuer à encourager ces associations qui apportent chaleur et réconfort.

Florence, bénévole depuis dix ans

Quel chemin à parcourir pour devenir bénévole ? Un passage de 20 ans dans les hôpitaux, en tant que soignante, et la réalité qui vous assaille. La maladie, la douleur, la solitude, l'abandon des êtres aimés, des amis et ce lit d'hôpital, ce lit, qui devient un univers. L'enfermement, la dépendance, les cris du personnel soignant. Comment aller seul(e) aux toilettes ? Se résoudre à manger dans un plateau, cela peut être drôle quand on le fait en famille, mais seul tous les jours, cela devient vraiment difficile. Fermez les yeux et imaginez votre nouvel univers : quatre murs plus ou moins décrépis, un lit voire deux lits, et on trouve encore parfois des chambres à quatre lits ! Et là, il faut coexister avec des personnes que l'on n'a vraiment pas choisies : quelle détresse, quel abandon de cette dignité qui nous fait tenir debout dans la vie ordinaire.

Alors, on tente le pari, on essaie d'être comme il faut pour que l'entourage vous prenne en considération. Éviter de trop sonner, rester souriant jusqu'au ras-le-bol, parfois aux insultes, aux mots plus difficiles. J'en ai été témoin ! Alors, comment apporter un peu de chaleur, de bien être, de soleil, à cette situation ? Des associations existent, et j'en fais partie. Une visite pour être là, simplement face à celui qui est toujours au même endroit. Se retrouver pour échanger, partager être l'oreille confidente des choses que l'on ne peut pas confier à tout le monde. Devenir dépositaire de ces confidences, les accepter, ne pas les juger, simplement partager.

Si la personne ne parle pas, trouver un lien, une ouverture, une main posée, pour créer ce lien, lui dire « je suis là », simplement. Accepter la décrépitude, le départ, la mort, le risque de se retrouver un jour devant un lit vide, refait pour la personne suivante, et continuer malgré tout, apporter la vie de l'extérieur, revenir encore et encore.

Marie Laure, membre de l'association Pour la vie

On a tous un parcours différent, parsemé de moment heureux, de tristesse, de maladie ou bien de décès. Voir vieillir ses proches nous ramène souvent à notre propre déclin. Tout le monde n'est pas égal face à la mort. Dans certains pays du monde, il est naturel que toutes les générations vivent sous le même toit, on n'envoie pas son père ou bien sa grand-mère en maison de retraite, malgré les difficultés liées à la maladie ou au manque d'argent.

La société occidentale, face au nombre croissant de personnes âgées, a implanté plus de maisons de retraite, maisons médicales, résidences seniors, aides à domicile. Mais, sans généraliser, ces personnes placées, souvent sont vite oubliées, les enfants habitent loin, n'ont pas toujours le temps de venir faire une visite. Certaines n'ont plus personne, dans ces derniers moments où l'angoisse de la solitude se fait davantage sentir, voire des souffrances physiques, et le personnel soignant n'a pas toujours le temps de parler et de passer du temps avec chaque résident.

C'est là que nous intervenons, association d'accompagnement de personnes en fin de vie. Je m'appelle Marie Laure. Je suis bénévole depuis trois ans. Mon parcours de vie a influencé mon envie d'aider ces personnes aux vies si différentes. J'ai travaillé dix ans à domicile, auprès d'un public plus ou moins âgé, aux pathologies très différentes, pour l'accompagnement en fin de vie. La mort est entrée dans ma vie, lors du décès de mes deux grands-pères, lorsque j'ai eu quatorze ans ; à 20 ans, ce fut ma mère, emportée par une leucémie, et ensuite mon père, mort de la maladie d'Alzheimer.

Lorsque je vais voir ces personnes, je me présente, toujours souriante, j'explique ma venue, qui est toujours sous l'aval du médecin référent, je leur demande leur accord et j'insiste sur le fait que tout ce qui est dit restera confidentiel. J'apprends à les connaître et je les écoute raconter leurs vies, leurs angoisses, leurs bonheurs et bien souvent leurs tristesses.

Je me souviens d'une dame humble, ayant conscience d'avoir eu une vie assez longue, souhaitant se rapprocher de sa petite-fille, qu'elle avait élevée, et qui elle-même avait eu un bébé. Peu de temps après son installation, son état de santé s'est détérioré. Hospitalisée à la maison médicale, elle recevait la visite de sa petite fille presque tous les jours. Elle s'est confiée, m'a raconté les moments plus ou moins durs de sa vie, ses regrets, et le fait d'être prête à partir, car elle avait fait ce qu'elle devait faire, « revoir sa petite-fille ». Elle est décédée quelques jours après.

Notre rôle au sein de la maison médicale, outre l'écoute, est d'apporter une ouverture sur l'extérieur : la vie continue et cette vie a beaucoup changé ; les villes les lieux où certains ont vécu ont subi des transformations, et je leur rapporte tout cela, et ils oublient pendant quelques minutes l'endroit où ils se trouvent.

Le côté tactile, tenir une main, permet de créer un lien ; nous sommes parfois les seuls, mis à part les soignants, qui avons ce contact qui peut apaiser. Quand je finis mes visites, le fait d'apporter ce peu de temps, de voir cette confiance qui s'installe, les sourires, et d'essayer de mettre un peu de soleil dans ces journées qui peuvent paraître très longues, c'est enrichissant.

Voilà : être bénévole accompagnante en soins palliatifs, cela demande de l'attention ; de l'écoute, de la patience, de la discrétion et surtout une bonne formation.

Mon témoignage sur le deuil

Marie-Claude Pommier

Mon témoignage a pour but de faire partager les épreuves que j'ai rencontrées dans ma vie : la maladie, la mort et le deuil. L'hôpital local a fait preuve de manquements inadmissibles dans la relation humaine et l'accompagnement de mon compagnon en fin de vie et de moi-même. Par incompétence ou par paresse ? Par peur ou par manque de formation ?

L'hospitalisation

Le 12 janvier 2001, je fais hospitaliser mon compagnon, atteint d'un cancer au poumon depuis trois ans. Le docteur émet l'hypothèse qu'il souffre d'une tuberculose, n'ayant aucune certitude qu'il ait un cancer. Il insiste même en disant qu'il peut, dans cette éventualité, être un danger pour l'hôpital. Quelques jours plus tard, il envisage une sortie à domicile ou en maison médicale. Or, le 14 janvier, je signale que mon compagnon tient des propos incohérents et que son corps s'est raidi, sur la gauche. J'alerte une infirmière qui refuse d'entendre et de voir les symptômes signalés : « Il va très bien, m'affirme-t-elle, alors qu'il lui rétorque : « Gardez donc l'oxygène pour les plus démunis. »

J'appelle alors une des filles de mon compagnon, qui elle-même intervient auprès de l'infirmière par téléphone. Il faudra que j'insiste encore afin qu'elle signale son état au médecin de garde.

« Faites bien attention de ne pas passer à côté de quelque chose de grave », lui dis-je, ne comprenant pas son obstination.

Le lendemain, je rencontre le médecin qui s'occupe de lui et je lui fais part de mes inquiétudes : « Il a fait une chute de sodium causée par son cancer. Ne vous inquiétez pas. »

Lors de cette rencontre, il prononce le mot cancer. Le lendemain, malgré l'état d'aggravation de son patient, il pratique la biopsie qu'il avait programmée. Pourquoi ce médecin évoque-t-il une tuberculose qui ajoute à notre angoisse la confusion ? Pourquoi ment-il en me disant : « Ne vous inquiétez pas » alors qu'il me dira plus tard qu'il savait que mon compagnon était en phase terminale et qu'il sombrait dans le coma ? Pourquoi ne me prépare-t-il pas à son départ ? Pourquoi pratique-t-il une biopsie sur un mourant ? Cet examen inutile, ajouté aux autres faits, déclenchent en moi une grande colère. **Un sentiment d'impuissance** face à l'incompétence et aux mensonges.

L'annonce de la mort

Le 17 janvier à 5 heures, une infirmière me téléphone : « Votre ami va partir, dépêchez-vous de venir. »

Réveillée brutalement, je fais, en pleine nuit d'hiver, 40 km, complètement bouleversée. La porte de la chambre est fermée. J'entre et découvre mon compagnon agité par les symptômes de la mort. Son visage a changé. Je ne le reconnais plus. J'apprendrai beaucoup plus tard que ce sont les spasmes de l'agonie du mourant. Prise de panique, je me dirige vers la salle des infirmières. Elles sont 8 à 10 assises, (la salle du relais, me dira-t-on de source extérieure) donc toutes disponibles. L'une d'elle vient vers moi. Je demande : « Il n'y a vraiment plus rien à faire pour mon compagnon ? »

« Non », me répond-elle, et elle repart s'asseoir avec ses collègues. À nouveau seule dans la chambre avec mon compagnon. Je suis effondrée. Je ne supporte plus d'assister à sa souffrance. Je suis alors complètement obsédée par le fait de joindre ses filles.

Partie sans sac ni papier, j'appelle les renseignements. Mais je ne me souviens plus de leurs noms d'épouses. Et soudain, décision complètement insensée : je sors de la chambre en courant et repars chez moi dans le but de les prévenir. Le temps d'appeler l'une d'elle. L'hôpital téléphone : « C'est fini. Il est parti. »

Je reviens. Déjà, tous ses effets personnels sont rassemblés sur une chaise. Une dernière fois, je lui fais écouter sa musique préférée : le concerto de Max Bruch interprété par Yehudi Menuhin. La même infirmière viendra alors me rejoindre en me disant qu'ils savaient depuis deux jours que mon compagnon allait partir et que je n'étais pas prête. Elle me dit ensuite que son mari est mort écrasé sous un tracteur et me parle de l'accident. Je l'écoute complètement hébétée. Je n'ai plus que quelques instants à me recueillir devant le corps inerte de l'homme que j'aime car il faut vite libérer la chambre. En me parlant de son chagrin, c'est du mien qu'elle m'éloigne. Pourquoi cette infirmière, sachant que je ne suis pas prête, me laisse seule avec mon compagnon mourant ? Pourquoi cette infirmière me parle-t-elle tout de suite du décès de son mari ? Que signifie « ma fuite » de la chambre si ce n'est l'absolue nécessité de ne pas être seule avec mon compagnon mourant ? Je garde pour longtemps un ressentiment face au manque d'accompagnement dans ce départ.

Les étapes du deuil

Cette épreuve de décès m'apprendra, entre autres, que le travail de deuil est un processus par étapes propres à chacun. Je ne témoigne que de celles que j'ai vécues.

La *sidération*, ou état de choc. Cette étape est celle de la violence de la séparation. Même si la conscience de la gravité de la maladie m'incite à envisager l'issue fatale, l'annonce du décès est un choc. D'autant plus que le « ne vous inquiétez pas » du médecin donne du répit à mes inquiétudes. Maintenant tout est fini. Mon compagnon décédé, je reste seule. Toute l'énergie des derniers mois s'effondre brutalement. Plus de visites quotidiennes à l'hôpital en restant à son chevet. Après ces trois longues années à se battre ensemble contre la maladie, à avoir la peur au ventre à l'écoute des résultats d'analyses, à être ballottés d'espoir en désespoir, à ne plus vivre que pour l'autre, à partager ses souffrances, ses irritations, ses nuits blanches, à le voir maigrir, à ne plus le reconnaître, à a le voir disparaître, arrive le choc du départ. Définitif. Irrémédiable. À la maison, l'absent prend toute la place et comble le vide.

La *déstructuration*. Cette période est celle du chagrin, des larmes sans retenue aucune. De la présence des souvenirs récents, donc les plus douloureux. Je me sens devenir autre, réfugiée dans ma souffrance. Vont suivre des cauchemars, à me réveiller toutes les nuits en pleurs, avec toujours le même scénario : les blouses blanches, la chambre d'hôpital, mon compagnon mourant. Mes émotions s'enlisent, s'entrechoquent. Elles vont réveiller d'autres deuils. Celui de mon père décédé à 44 ans, alors que j'avais 10 ans. En 1964, le deuil de l'enfant n'avait pas de suivi psychologique. Mon père se rendait à un rendez-vous professionnel au cours duquel il a eu un accident mortel. Du jour au lendemain, je me suis retrouvée sans père et j'ai grandi avec ce sentiment d'abandon brutal. Seule sa photo, que je gardais dans un petit portefeuille, me permettait de me rapprocher de lui. Je lui ai toujours reproché de nous avoir quittés, et je l'ai pleuré jusqu'à ma quarantaine. Mon compagnon a été incinéré et j'ai rangé, non, caché son urne dans une pièce de la maison. Par contre, je vais souvent sur la tombe de mon père où repose également ma sœur, décédée à 44 ans d'une crise cardiaque. Je vais également souvent sur celle de mon petit frère. À cette étape du deuil, je vis dans la tristesse et le chagrin. Pour la première fois, je prends le temps de regarder les dates de naissance et de mort du « petit frère », comme nous l'avons toujours appelé. Je savais qu'il était décédé à 6 mois, en 1952, et que j'étais l'enfant né après lui. Pourtant, lorsque je comprends, en faisant les calculs des dates, que j'ai été conçue dans le ventre d'une maman en deuil, donc en pleurs, en chagrin, je suis bouleversée.

C'est une période de questionnement auprès de ma mère qui me dira : « Après des semaines à veiller le bébé malade, le médecin nous a dit : « Votre enfant est sauvé ». Hélas, il est mort dans la nuit. Lorsque ma mère présente les symptômes d'une dépression, le médecin dira à mon père : « Elle ne va pas se remettre de cette perte. Il lui faut un autre enfant. » Ce sera moi. Cette mère en deuil me transmet une tristesse viscérale.

La *restructuration*. Au bout de six mois, je fais toujours mes cauchemars. Je suis épuisée, tout en m'étourdissant dans des activités extérieures afin de ne plus penser, de ne plus être seule avec le silence de la maison. Un matin, je me réveille en pleurs. Avec cette question dite à haute voix : « Mais qu'est-ce que je vais faire de ce chagrin-là ? » Je décide d'écrire au médecin, à l'hôpital. Auparavant je me documente. Je lis, entre autres, un ouvrage sur l'accompagnement du mourant à l'hôpital, et ainsi je découvre les failles de l'accompagnement dans cet hôpital. C'est avec des arguments précis que j'envoie mes courriers au médecin, au directeur, à la DDASS, à l'association des soins palliatifs. J'écris dans l'urgence d'informer de mon vécu. Dans l'urgence de me libérer. Le médecin me propose un rendez-vous au cours duquel il confirmera sa suffisance. Je sors de cet entretien meurtrie et encore plus en colère : il savait que mon compagnon sombrait dans le coma et il ne répond pas à ma question : « Pourquoi avez-vous pratiqué une biopsie sur un mourant ? » Le Directeur et la DDASS « ouvrent une enquête », réponse de convenance sans aucune suite. J'ai tous les symptômes d'une dépression. J'ai un zona. Ma colère et mes cauchemars vont s'atténuer au fil des mois.

Mes ressources, mes aides. Je participe à un groupe de paroles d'endeuillés, plus de six mois. Très important pour situer les étapes du processus de deuil. Chaque participant dévoile son histoire. À mon tour : « Je fais une dépression », dis-je au Docteur Fauré. Il m'écoute. Tous m'écoutent, comme nous l'avons fait les uns pour les autres. « Vous êtes dans le vécu dépressif », me répond-il. « C'est une étape du deuil. » Et à chacun de nous, il dira : « Exprimez votre douleur aussi souvent que nécessaire. Répétez-la. Usez-la. C'est le travail du deuil que de traverser les différentes étapes. » Je vais quitter ce groupe apaisée. Je ne suis plus unique dans le chagrin. Seulement dans la façon de l'aborder. De le saborder. Je lis *Vivre le deuil au jour le jour*[93], écrit par ce médecin. Je m'accroche à ce livre comme à une bouée de sauvetage. Reconnaissant dans chaque page l'écho de ma souffrance. Le deuil propose donc des étapes à franchir. Avec cou-

93. C. Faure, *Vivre le deuil au jour le jour,* Albin Michel, 2012.

rage, s'atteler à redonner sens à mon existence sans mon compagnon. Restent les souvenirs, les photos gardées précieusement dans un tiroir que je n'ouvre plus. Les mots bannis « décédés, disparus ». Les mots-chagrin : « Comment ça va ? La vie continue, Meilleurs vœux de santé ». Je participe à un atelier d'écriture autobiographique à Paris. Écrire sera mon refuge, mon exutoire. J'irai même jusqu'à écrire des petits mots pour Claude. Laissés sur la table le soir au cas où il les lirait. Ne dit-on que les disparus veillent sur nous ? Se tourner vers les autres. « Regardez autour de vous, il y a toujours plus malheureux », nous disait ma mère lorsque nous étions enfants. Une ligne de conduite qui empêche de se plaindre, de se lover dans son malheur. J'ai continué à me tourner vers la peine des autres afin de distancier le mien. J'ai écouté mes amies évoquer la perte de leur mari, dont une, chrétienne, me dira : « La prière apaise mais n'empêche pas le chagrin ». Les relations également dans la perte d'un proche. J'ai vu les endeuillés connus, qui publiquement exprimaient leur tristesse. Tous. Semblables dans le vide de l'anéantissement.

Le *bénévolat d'accompagnement*. J'écris à une association à Paris, « Vivre le deuil » pour demander comment être utile aux autres dans cette étape de ma vie. Elle me dirigera vers JALMAV Vierzon. Qui m'enverra vers Aide pour la vie, à Romorantin, association alors à ses premiers balbutiements. Le chemin sera long avant de prendre en charge des accompagnements, mais depuis une dizaine d'années, je reste encore bénévole dans cette association.

La mort, une étape de vie. Récemment, une maman en pleurs me disait : « J'ai perdu mon fils. C'est irréel. » Est-ce vraiment la mort qui est irréelle ? Nous vivants, capables de passer de vie à trépas en quelques secondes, sommes-nous des êtres réels ? Moi, qui avant de naître, ressentais les émotions de la perte, j'ai grandi avec cette conscience de l'être mortel. Mais la conscience n'évite pas le chagrin. En mars dernier, alors que ma mère emménage dans une résidence senior, j'apprends que l'un de mes frères est dans le coma à l'hôpital. Avec une de mes sœurs, je demande un entretien avec le médecin. Il prend le temps de décrire l'état critique de notre frère, la chance minime de survie. Il propose d'annoncer lui-même la mauvaise nouvelle à notre mère de 92 ans. Durant une semaine, je prends le temps de préparer ma mère. Je choisis les mots, le moment pour parler avec elle. Mais tout à sa joie de vivre dans un espace confortable et surveillé, elle ne comprend pas la gravité de la situation. Jusqu'à ce jour, une semaine après, où je dois lui apprendre le décès de mon frère. « Je ne peux pas pleurer car je vais m'effondrer, » me dira-t-elle. Cet état de sidération va la laisser abattue repliée sur elle-même dans sa chambre, refusant de parler de lui. C'est pourtant ce que je vais faire : lui disant qu'il avait choisi de partir et que nous devons respecter son choix. Elle a une inflammation urinaire parce qu'il faut bien un exutoire au chagrin. Elle ne s'intéresse plus à rien, ne lit plus, n'écoute plus sa musique. Je l'accompagne tout en étant moi-même en deuil. Jusqu'à ce que plusieurs mois après, elle me dise : « J'ai envie de vivre ! Mais il ne me faudra pas une autre épreuve, je n'y survivrai pas. » Ma mère a vécu des deuils qui n'étaient pas dans l'ordre des choses ; un bébé de 6 mois, son époux de 44 ans, une fille de 44 ans, un fils de 62 ans. Elle les a surmontés avec courage. Malgré ou à cause de ces épreuves, elle garde l'émerveillement des choses simples de la vie. Elle est arrivée dans le grand âge ; nous parlons souvent de l'acceptation du départ. Durant cette période, je suspends mon bénévolat. Avec les décès passés, je sais qu'il faut prendre le temps de faire son deuil.

J'ai vécu plusieurs deuils : celui de la mère en deuil qui me portait, (enfant de consolation). Le deuil de l'enfant (perte du père). Le décès brutal (de ma sœur). Le décès suite à la maladie (mon compagnon). La mort de celui qui se laisse mourir (mon frère). Ce dernier deuil, depuis celui de mon compagnon il y a treize ans, me permet de réaliser que le départ conditionne le travail de deuil. Ce médecin qui nous prépare à l'épreuve à venir est dans le service des soins palliatifs. Il participe à l'antenne JALMAV, où des bénévoles accompagnent régulièrement des patients en fin de vie. Auprès de lui et du personnel infirmier, la relation humaine face au mourir prend tout son sens.

L'acceptation de la maladie favorise-t-elle l'évolution du patient ?

Farah Myriam Matoussi

La présente réflexion, revient, par le biais d'un témoignage implicite sur une situation personnelle vécue par une étudiante de l'IUT de Colmar, sur l'expérience de l'intégration de la maladie par le patient, et sur le bénéfice du processus d'acception sur son évolution ultérieure.

L'être humain est sujet à la maladie de par son caractère mortel. Quel est ce premier moment où les choses basculent ? La maladie, souvent inattendue, brutale, déstabilise, interroge et inquiète. Comment sont ressenties ces expériences-là ? La perception du malade et du médecin, la compréhension du processus d'acceptation par le patient, sont des vécus qu'il importe de comprendre, car ils éclairent la préoccupation, voire le souci universel, pour la santé.

Autrefois l'homme espérait conserver la santé ; aujourd'hui il cherche à l'améliorer. Les valeurs de la société de consommation le poussent à prendre soin de lui. Peut-être est-ce la sécurité alimentaire, ou le sentiment d'invulnérabilité de la jeunesse ? Jusqu'à ce que survienne une première alerte sur un comportement qui joue avec les limites, l'être humain se croit intouchable.

L'acception favorise-t-elle alors l'évolution du malade ? Il faut tout d'abord définir la maladie, son arrivée et le processus de l'acceptation, ainsi que les modalités selon lesquelles ces différents états sont nécessaires à l'évolution du patient, d'autant que pour atteindre la *phase d'acceptation*, le sujet doit accepter le caractère inéluctable de sa maladie et la comprendre. Enfin, une fois la phase d'acceptation atteinte, il est plus facile pour le malade de recevoir de l'aide.

La survenue de la maladie

La maladie, c'est éprouver quelque chose de désagréable qui empêche de vaquer aux occupations habituelles[94]. Cette sensation de malaise conduit chez un professionnel, qui va pouvoir mettre des mots sur ce qui arrive. Initialement, l'état de pleine santé permet de vivre dans un sentiment de toute puissance propre à la jeunesse, mais qui s'érode en vieillissant :

« La santé est la vie dans le silence des organes »[95]. Tant qu'on ne les ressent pas c'est qu'on est en bonne santé. La maladie c'est de perdre un bien qu'on ignorait posséder.

Les Anciens la considéraient comme un mal qui frappe, l'effet de puissances surnaturelles, d'esprits, voire de monstres, ou encore le résultat d'une possession démoniaque : « attraper » une maladie, « sentir en soi », relève du domaine d'une présence étrangère en soi, de la possession. L'expression « tomber malade », exprime une chute, un choc, une évolution vers la fragilité. C'est cette vulnérabilité de l'être humain qui est tout particulièrement significative, elle produit le refus d'accepter la maladie, le désir de la cacher en espérant que le déni « la » fera partir. Mais accepter, est-ce baisser les bras ?

Le processus graduel de l'acceptation

« Se voir annoncer un jour qu'il est malade n'a rien d'évident. Incompréhension, colère, déni, dépression : divers sentiments déstabilisants se succèdent »[96] Ce sont pourtant les étapes

94. A. Lacroix, psychologue, Unité de traitement et d'enseignement pour diabétiques, Hôpital cantonal universitaire, Genève. Voir : *http://www.ipcem.org/RESSOURCES/PDFress/Lacroix.pdf*, p. 78.

95. Célèbre formule du chirurgien René Leriche, (1936).

96. Observation extraite d'un article sur la maladie du lupus p. 10 *: http://www.lupus.be/IMG/pdf/CR1_accepter_vivre_mieux.pdf*,

nécessaires pour apprendre à vivre en se laissant le moins possible ennuyer par la maladie, l'acception étant l'une des étapes qui permet au patient d'évoluer.

Ces différents états sont repérables par l'entourage, par le soignant et l'équipe médicale. Ils sont définis comme des ressentis, des phases émotionnelles qui vont concerner le patient. Émotionnelles, elles sont aussi physiques. Mais l'acceptation n'est pas innée, elle doit être acquise et il lui arrive d'être révoquée[97]. Il n'est pas rare de voir des patients accepter leur maladie et quelque temps après éprouver un rejet contre elle. C'est donc un travail sans relâche que vont devoir réaliser le patient, mais aussi le médecin.

L'annulation de l'acceptation peut entraîner chez le patient un retour en arrière dans l'évolution de sa maladie, qui peut être stoppée ou freinée, selon l'ampleur du rejet. C'est pourquoi il est important pour le médecin, avant d'avancer, de **connaître le degré d'acceptation** du patient, ce qui est un processus long qu'il doit respecter. L'acceptation n'est pas la pseudo-acceptation[98]. Ainsi la réelle acceptation évite tout retour en arrière, d'où l'intérêt d'avancer au rythme individuel du patient.

Ce processus, complexe, parfois pénible pour certains patients, ne doit jamais être abandonné. L'expérience personnelle enseigne que chacun travaille à son rythme et que chacun découvre sa manière propre de consentir à l'acceptation. Face à la maladie, le sujet malade tente dans un premier temps de s'aider lui-même. La première réaction est de prendre un peu de recul, de chercher des stratégies pour lutter. Il s'agit d'un réflexe d'auto maintien, instinctif, de l'ordre de celui d'un animal blessé à un membre, qui va chercher une source de froid pour lutter contre la douleur.

97. Selon Lacroix, *http://www.ipcem.org/RESSOURCES/PDFress/Lacroix.pdf,* p. 81.
98. *Ibid.,* p. 82.

L'importance d'un cheminement progressif

L'acceptation et les différents états qui la constituent sont nécessaires à une bonne évolution du patient. Ces états progressifs passent d'un caractère assez négatif au départ, de l'ordre du choc, de la dénégation, puis évoluent vers la révolte, le marchandage, la dépression avant de se résoudre plus positivement dans une démarche d'acceptation. Les étapes ou sentiments sont propres à la diversité des malades, à leur personnalité, leur tempérament, mais provoquent toutes le même effet[99] : l'épuisement du patient, qui l'amène à l'acceptation. Certains évoquent même d'une sorte de catharsis qui opère alors, amenant le patient, dépassé par tout ce qui lui arrive, à assimiler progressivement les implications de la nouvelle situation. Face à l'épreuve, l'être humain adopte des mécanismes de défense, et recourt à des ressources pour arriver à les gérer. Les uns optent pour une gestion secrète de leur maladie, d'autres préfèrent en parler, mais, dans tous les cas, l'ignorance du lendemain devient profondément déconcertante.

Les associations de patients constituent des lieux de parole collectifs qui permettent à la fois de s'extérioriser et de prendre du recul ou de relativiser ses propres affects auprès de compagnons d'infortune. Peu importe comment les choses seront dites, leur verbalisation vaut mieux que leur refoulement, et permettra une meilleure prise de conscience, favorisant un meilleur contrôle puis une libération.

En outre, le difficile chemin vers l'acceptation reste sur le plan émotionnel très fatigant pour le patient, qui doit trouver les ressources de courage pour mieux vivre. Sa bataille n'est pas seulement physique, mais aussi émotionnelle, et concerne donc également son esprit.

C'est ainsi que l'art m'a permis d'exprimer sur une toile ce qu'il m'était difficile de formuler à haute voix. Le choc, la résignation, l'impotence… tous ces sentiments angoissés ont pu

99. Selon E. Manck, rédactrice. Voir : *http://www.prochedemalade.com/mon-role-d-aidant/notre-relation/accepter-le-diagnostic-d-une-maladie-grave.aspx*

être représentés par le dessin, et c'est cette créativité qui m'a permis d'avancer. D'autres trouvent une échappatoire dans la musique ou un centre d'intérêt différent. Ce qui compte, c'est la catharsis rendue possible par l'exercice d'un moyen d'expression alternatif à la parole, qui impacte sur la puissance des émotions.

Ces états sont propres à chaque patient, tout comme l'intensité, la durée, la variété ou la chronologie des affects douloureux[100]. Ils influent sur la réponse de la personne, de son entourage et de son équipe médicale. Ils passent par des réaménagements alimentaires, des révisions de rythme de vie et l'ajustement des traitements[101].

Ainsi ces états s'imposent au patient, qui doit les assumer. Selon la gravité ou la brutalité de l'annonce, déni et colère ferment à l'acceptation immédiate du diagnostic. C'est au contraire le passage à un rythme personnel par chacune des étapes qui rend possible une prise de conscience apaisée.

Les conditions d'une acceptation

Après avoir évoqué les étapes de l'acceptation, il convient d'en souligner la nécessité impérieuse. C'est par la compréhension de ce qui lui arrive que le patient admet le caractère inéluctable et inévitable de son mal. Ce dernier comporte un caractère, une qualité, qu'il est possible d'appréhender pour mieux les cerner et de consentir à un traitement mieux contextualisé.

Cette maladie qui envahit la vie du malade et apporte son lot de peurs et de souffrances, il faut en être bien conscient. L'acceptation ne délivre pas de la nécessité de faire face, selon l'adage : « *La santé bouge, alors que la maladie ne bouge pas* »[102].

100. Selon E. Manck, *ibid.*

101. Selon Luc Faubert, naturopathe : *http://norja.net/sante/html/la_maladie__combat_et_acceptat.html*

102. Attribué à Charles Du Bos, écrivain et critique littéraire français

Si l'acceptation ne fait donc pas disparaître la maladie, son refus n'est pas rare. La connaissance de la pathologie n'empêche pas le déni, même en cas de complications ou de symptômes envahissants[103]. En effet, là où le déni favorise l'aggravation, une prise de conscience lucide permet de ne pas subir passivement ce qu'une attitude moins positive peut rendre inéluctable.

Ce qui compte, au fond, c'est que **l'acceptation distingue renoncer d'avec lutter.** En effet, l'acceptation, ce n'est pas la fin de la lutte, mais bien au contraire, la prise de conscience de la place de la maladie dans une vie, et l'apprentissage d'une stratégie pour s'en accommoder afin de pouvoir regagner de la liberté.

La dimension thérapeutique de l'acceptation

Cette acceptation, dont l'importance primordiale échappe parfois, induit un effet central sur l'évolution de la maladie. Elle peut constituer un atout pour la faire régresser, au bénéfice d'un état d'équilibre qui vient d'être perdu[104]. Accepter la maladie, c'est lui donner un nom qui la maintienne d'une certaine manière à distance. D'ennemi qui occupe le terrain, elle peut se muer en présence tolérable, parce qu'on a appris à la considérer et à comprendre son fonctionnement.

Cette acceptation mesurée facilite en outre la recherche d'une aide adaptée, dont la dimension raisonnée repousse une part de l'anxiété inhérente à la situation, y compris en ce qui concerne le rôle de l'équipe médicale[105]. Acceptation ne vaut évidemment pas guérison. Elle facilite la collaboration avec le médecin, dans le cadre d'une relation de confiance qui entretient et facilite l'évolution ultérieure.

103. Selon Lacroix, *ibid.*, p. 82

104. L. Faubert, naturopathe, l'évoque dans un article : *http://norja.net/sante/html/la_maladie__combat_et_acceptat.html*

105. A. Lacroix, *ibid,* p. 82.

Un autre bienfait de l'acceptation tient à une plus grande sérénité. Le malade, plus paisible et coopératif, se dit qu'il vit avec telle maladie, et non malgré cette maladie[106]. Son état d'esprit est amélioré. Par exemple, avant une amputation[107] *« Son médecin est allé la voir en lui disant est-ce que vous seriez d'accord que l'on parle un peu avant l'amputation. Elle a accepté. (…) Elle a été dans tous les états émotionnels possibles pour finir dans une espèce d'épuisement de toutes ses émotions. (…) Et comme la suite, c'est-à-dire l'amputation et la mise en prothèse, s'est relativement bien passée, on a eu l'impression qu'on lui avait permis d'anticiper le deuil. »*.

L'acceptation est donc une sorte de soin que le malade se donne lui-même. Son adaptation facilite les nécessités du quotidien de patient, jusque dans la dimension thérapeutique indispensable à son traitement. Celui qui sait accepter est plus ouvert, consent à des soins facilités, malgré les limites de ces derniers. Il n'y a pas toujours de guérison.

Comment conclure ? Il me semble que la question de l'acceptation, centrale pour chaque malade, est primordiale pour les médecins. La recherche et les travaux sur ce sujet vont dans le sens d'une aide aux patients plus individualisée.

Le processus de deuil est évoqué dans des colloques et des publications. Il importe autant au praticien qu'à la population, et place la douleur au centre des débats. Ainsi, la représentation de la maladie, relayée par les arts, peut devenir un motif dans lequel se reconnaît l'entourage, le professionnel, mais qui légitime la place centrale des souffrants.

C'est pourquoi j'ai voulu, par mon témoignage, apprécier la part personnelle du sujet dans la perception de la maladie, sa place centrale dans l'équipe soignante, sa situation de partenaire à l'expression légitime.

106. A. Lacroix, *ibid.*, p. 81

107. *Bulletin d'Education du Patient*, vol. 15, n° 3, décembre 1996 *: http://www.ipcem.org/RESSOURCES/PDFress/Lacroix.pdf*

Face à l'impuissance, le sujet malade tente dans un premier temps de s'aider lui-même. Son réflexe de prise de recul lui permet d'accéder progressivement, et de manière très personnelle, à la phase d'acceptation. Ce processus indispensable et difficile appartient à chacun. Il constitue un chemin d'apprentissage pour soi et les autres, dans un contexte mouvant, dans lequel le malade peut ainsi faire connaître ses propres besoins. J'espère vivement qu'ils soient toujours entendus.

Sénilité, naufrage de la communication ? Des hypothèses romanesques aux solutions concrètes

Dominique Rosenblatt

La production romanesque fait de la sénilité un motif littéraire. Le présent article croise quelques approches romanesques, des ressources de la philosophie, et du soin centré sur le patient, pour envisager des éléments de communication autour du soin à la personne âgée.

La solidarité envers les personnes vulnérables concernant deux millions de personnes en France, le lien familial entre enfants et parents âgés redevient prépondérant. Mais, dans cette proximité, la réciprocité induit une tension pour l'estime de soi, particulièrement face à la maladie d'Alzheimer, qui perturbe les équilibres antérieurs. La relation avec le malade, que les proches s'efforcent de faire durer sur un plan qualitatif, engage tout leur système de valeurs.

L'association psychologique américaine définit la démence comme un « syndrome associant une altération de la mémoire à d'autres déficits cognitifs d'intensité suffisante pour retentir sur la vie quotidienne. » (DSL-III) Cette définition privilégie l'explication par les dommages cognitifs.

La classification des maladies (CIM) codifie les pathologies par familles de symptômes. La loi appelle un cadre de référence, les causes étant classées dans la CIM[108]. Pourtant l'aména-

108. Classification internationale des maladies de l'OMS.

gement social du symptôme, au sein d'un système de pensée faisant l'apologie de la performance, interroge sur la place de l'individu et de sa nature.

La loi française du 11 février 2005[109] définit la santé mentale de manière positive. C'est l'adaptation qui en balise le champ, amenant à réfléchir l'adaptation de la communication en direction de personnes déficientes. Pour autant, le « trouble mental » reste difficile à cerner. Par contre, l'idéal social privilégie la stabilisation d'un état, en lien avec l'autodétermination citoyenne du sujet, ou *empowerment*[110].

Dans le cas de la personne âgée, une approche pragmatique[111], étudie le lien entre pathologie et environnement relationnel. Joublin propose le concept de *proximologie*. Il s'inscrit dans l'éthique du souci de l'autre, interroge le lien entre la personne soignée et ses aidants, pour enraciner cette discipline à la croisée de la médecine, de la psychologie, de la sociologie, de l'économie, et envisager l'entourage comme un déterminant d'une prise en charge efficace.

Et puis la maladie du sujet vieillissant s'impose au moment où se raréfie son réseau relationnel spécifique. La maladie est-elle compliquée par la difficulté à communiquer en profondeur avec ceux qui restent[112] ? Le vécu du malade devient définitivement indicible, parce qu'il n'y a plus personne pour l'entendre, qui en ait partagé l'expérience.

Cette dimension d'indicible est envisagée par la littérature de fiction. Une telle hypothèse romanesque d'inaccessibilité de la communication au sujet âgé est élaborée, par exemple, par Helga Schneider. Elle constitue le fil directeur de notre lecture exploratoire.

109. Loi du 11 février 2005 pour l'égalité des droits et des chances, la participation et la citoyenneté des personnes handicapées.

110. Marie-Hélène Bacqué, Carole Biewener, *L'empowerment, une pratique émancipatrice*, La Découverte, 2013.

111. H. Joublin, *Le proche de la personne malade dans l'univers des soins, enjeux éthiques de proximologie,* Érès, 2010, 311 pages, préface d'Emmanuel Hirsch.

112. A. Goldberg (traductrice), P. Schweitzer, E. Bruce, S. Hogson, *Animer un atelier de réminiscence avec les personnes âgées,* Chronique sociale, 3e éd., 2008.

Son œuvre au titre paradoxal, *Laisse-moi partir, mère*[113], présente une relation filiale chargée d'un passé envahissant. Les retours en arrière romanesques sont dépeints comme autant de tentatives avortées de rapprochement entre les protagonistes, sur fond de passif de la seconde Guerre Mondiale. Le personnage de la fille, âgée d'environ cinquante ans, est convoqué, sur la base de son reste de sentiment filial, par la maison de retraite, au chevet d'une mère détestée.

Cette mère donnée pour confuse, va obtenir, en l'alléchant par un dialogue comportant des réminiscences, que sa fille, en deuil de leur vie commune, la réinvestisse dans son rôle maternel. Mais ces souvenirs tentent de légitimer une inacceptable complaisance au nazisme. Source d'incompréhension radicale, le passé rigidifie la communication. Comment, pour la mère, en situation de repli défensif, aborder cela ? La curiosité malsaine, ou la fascination pour ce passé prend des allures de névrose pour les deux protagonistes, et devient l'objet de leurs échanges, pour maintenir leur lien. Remplacée par une forme de voyeurisme, la communication sincère devient toxique. Le roman soupèse alors une limite du lien, limite du soin. Nous confrontons de telles liminarités romanesques avec des éclairages professionnels, pour esquisser l'hypothèse d'**un espoir relationnel à réinventer.**

Sénilité, nostalgie, communication altérée

Au fil du récit de Schneider se révèlent chez le personnage de la fille des sentiments négatifs, appuyés sur des reproches factuels et le souvenir de souffrances psychologiques. Ce qui motive sa colère, c'est d'avoir été abandonnée, enfant, par une mère privilégiant son ascension sociale. Choix inadmissible, la malade a renié ses enfants pour s'émanciper par le biais d'un rôle de tortionnaire dans un camp d'extermination. De ces souffrances familiales, la fille a cru se protéger, par l'éloignement. Pourtant, son ancienne attitude de dé-

113. H. Schneider, *Laisse-moi partir, mère,* Robert Laffont 2002, traduction de l'italien par P.-E. Douzat.

fense est mêlée de l'espoir irraisonné d'un partage, rendu plus fort par le sentiment de l'urgence :

> *« Quand elle s'en ira, c'est une partie de moi qui s'en ira avec elle. Mais laquelle ? Je ne trouve pas de réponse ». (p. 97)*

C'est donc un ressenti confus d'espoir et d'anxiété, mêlé d'incertitude intérieure, qui est développé au début du roman, dans lequel la narratrice justifie le refus nostalgique de restauration du lien. Ces motifs sont entachés d'une culpabilité diffuse :

> *« N'aurais-je pas manqué moi aussi à mes devoirs de fille ? Mon devoir n'aurait-il pas été de comprendre et de pardonner ? » (p. 69)*

Le souvenir douloureux des souffrances enfantines cherche à s'élaborer dans un sincère désir de comprendre, mais qui se double d'une curiosité malsaine :

> *« Je vis un atroce dédoublement. Une partie de moi est paralysée d'horreur, l'autre veut savoir. » (p. 167)*

Ainsi, se polarisant dans des querelles à propos de rites familiaux, le désir de réconciliation de la fille est teinté de motivations contradictoires, qui constituent chez elle un point faible, susceptible d'être manipulé[114] confusément par une mère, qui, de son côté, se réclame d'un endurcissement d'expérience qui dilue sa propre responsabilité :

> *« La guerre change les gens » (p. 180).*

Cet exemple littéraire suggère, par opposition, une observation en matière de soin. Si la nostalgie enferme dans l'attente improbable de la réalisation d'espoirs d'enfant[115], un tel sentiment biaise la relation avec la personne en voie de sénescence. La communication de l'aidant échoue si elle n'est pas marquée par la lucidité et le choix, de manière à ne pas ouvrir la porte à une bienveillance manipulable, dont la toxicité tiendrait lieu de réparation paradoxale. Au contraire,

114. N. Gueguen, *Psychologie de la manipulation et de la soumission,* Dunod, 2e éd., 2011.

115. P. Rauchs, *Du bon usage de la nostalgie,* essai, préface de Georges-Arthur Goldschmidt, L'Harmattan, 2013.

il convient de maintenir un lien réciproque équilibré, ancré dans le présent. Le roman met en garde au sujet de ces jeux de domination ou de soumission.

D'autres romans exploitent l'explication communicationnelle dans les maladies dégénératives de la vieillesse. Par exemple, l'auteur américain Jeffrey Eugenides[116] construit une vaste fresque romanesque, au travers de laquelle une petite fille découvre progressivement son hermaphrodisme, puis opte pour le sexe masculin. Au terme d'un parcours chaotique, elle retrouve sa grand-mère, plongée dans la confusion. Celle-ci, dans un court moment de lucidité, lui révèle que l'aberration génétique dont elle souffre découle de son propre mariage consanguin, rendu possible par l'anonymat de la guerre.

« — Je croyais que c'était juste quelque chose pour l'Eglise. Je ne savais pas que c'était à cause de ce qui peut arriver aux bébés. J'étais juste une paysanne ignorante. »

Elle avait oublié que j'étais ici et qu'elle parlait tout haut. [...]

— Ma vie me plaît, répondis-je. Je vais avoir une bonne vie.

Comme elle avait toujours l'air triste, je lui pris la main.

— Ne t'en fais pas, je ne le dirai à personne.

— À qui veux-tu le dire ? Tout le monde est mort.

— Pas toi. J'attendrai que tu sois partie.

— Okay. Quand je meurs, tu peux tout raconter.

— Je le ferai.

— Bravo. » (p. 676).

Comprenant ce qui lui arrive, le héros peut alors reconsidérer son état avec sérénité, et améliorer ses relations à autrui. C'est du moins l'hypothèse du romancier. Dans cette œuvre, la res-

116. J. Eugenides, *Middlesex,* traduit de l'anglais (États Unis) par Marc Cholodenko, Éditions de l'Olivier, 2003.

source littéraire de la maladie permet le coup de théâtre final par le biais duquel un personnage est délivré de sa culpabilité mutique, derrière le voile de la maladie, tandis que l'autre trouve dans la révélation le ressort de son émancipation. D'autres écrivains explorent des voies opposées.

L'écrivain suédois Henning Mankell transpose, peut-être, dans la vie de son personnage de commissaire, Kurt Wallander, ses propres souvenirs d'enfant abandonné par sa mère. Le personnage du commissaire a des relations difficiles à sa fille, laquelle est pleine d'amertume en raison du divorce de ses parents. Il a des relations difficiles avec son père, qui le méprise d'être devenu policier, et leurs relations ne s'apaisent que lorsque ce fils méprisé peut donner des gages d'affection, au moment du déclin paternel dans la démence sénile. Arrivant à la fin de la série, le romancier afflige son personnage de la même destinée, qui vient couronner une vie de communication bourrue et inefficace avec ses proches.

Dans *La faille souterraine*[117], c'est le héros encore jeune qui vole au secours de son père atteint par les premières manifestations de la maladie, et ensemble, autour de cette attitude, ils vivent un semblant de proximité affective. Ce recueil de nouvelles est publié après le roman, de 2010, qui devait clore la saga policière. Pour se débarrasser de son personnage, l'auteur, arrivant lui-même à la soixantaine, l'a mis à la retraite, affligé des premières atteintes du mal, mais plus ou moins réconcilié avec sa fille, qui a pardonné à sa propre mère. Mais la pression du lectorat a amené l'écrivain à proposer des pages antérieures à la première apparition du personnage, des nouvelles explicatives, lesquelles, curieusement, confrontent le policier à la démence sénile de son propre père. Le recueil propose une série de récits progressifs, qui tous, outre la résolution d'énigmes policières, mettent en scène les impasses relationnelles du personnage principal, et tentent à légitimer la maladie d'Alzheimer comme la construction de toute une vie de maladresses et d'occasions manquées.

117. H. Mankell, *La Faille souterraine, et autres enquêtes,* traduit du suédois par Anna Gibson, Seuil, 2012.

Sénilité, oubli volontaire, refuge

Ainsi, la création romanesque du cycle *Wallander* souligne-t-elle que la communication altérée de la famille entière, prise en charge de manière inconsciente par son membre le plus dépressif, se trouve relancée, lorsque celui-ci devient le patient désigné qui donne aux autres un motif de rester liés, non seulement par l'affection mutuelle, mais aussi par le sentiment de la perte et l'énigme de l'oubli.

L'ultime tentative de rapprochement entre les êtres du roman de Schneider est motivée par l'espoir filial inapproprié du retour à un âge d'avant le malheur :

« *Peut-être pourrons-nous enfin parler, comme se parlent une mère et sa fille* [...] *qui ne se sont jamais parlé de toute leur vie...* » (p. 17).

Cet espoir inapproprié, nostalgique, butte sur la répétition de conduites stratégiques anciennes, dont le mutisme est la plus constante. Les exigences désintéressées de l'*humaine attitude*[118], approche soignante au service de l'humanité de chacun, sont une alternative concrète à ces errements. Ses auteurs exposent que, pour la première fois, de nos jours, les humains sont à la fois très âgés, nombreux, citoyens autonomes dans leurs modes de relations, et bénéficiaires de systèmes de solidarité. Leur représentation retarde sur leurs évolutions. Ce qui importe, dans leur combat, c'est la manière d'affronter les changements inévitables plus que l'art d'intérioriser une stature de témoin dans l'aventure de la vieillesse. Les plus meurtris sont ceux que les institutions enferment dans la résignation.

Pour connaître un être humain, la méthode le considère à la fois dans son développement biologique et social, dans sa dignité intrinsèque et affective, venant de liens d'*Humanitude*®.

Biologique et relationnel, l'être humain reste en construction perpétuelle, avec toutes ses précieuses aptitudes. Autant citoyen d'une culture qu'être singulier, il est constitué de hiérarchies

118. Y. Gineste, J. Pellissier, *Humanitude, comprendre la vieillesse, prendre soin des Hommes vieux*, Armand Colin, 2007.

évolutives, capable de dépasser la défiance à l'égard d'un autre que lui, disposant lui aussi d'une vie intérieure.

Les conséquences des maladies de la famille des Syndromes cognitifs-mmésiques (SCM), isolent progressivement dans une réalité parallèle, en raison de l'effacement progressif des souvenirs. Pour prendre soin, il est nécessaire de **comprendre,** notamment les émotions, qui valident **l'égalité en humanité,** mais qui sont biaisées par des filtres restrictifs. Accepter les différences permet de rechercher des portes entre les mondes : un entourage bien formé apaise l'agitation.

Ces soins renforçateurs du sentiment d'efficacité personnelle supposent un accord de confiance dans le respect de la condition humaine/relationnelle. Le rôle de la famille et des personnels devrait être de **renforcer cette *humanitude*** et de **maintenir la communication.**

Prendre soin des humains âgés vulnérables est un art méthodique, haptonomique, alliant courtoisie, communication non verbale, respect de l'expertise de la personne sur sa propre pathologie, évitement de tout empêchement intentionnel de mouvement, maintien des échanges, confort des perceptions, dans le cadre d'attentes positives réalistes…

Cela ne se passe pas aussi bien dans les perceptions du personnage de fille du roman de Schneider. Cette fille se voit proposer la consolation d'un héritage, se trouve soumise à une tentative de corruption, lorsqu'elle reçoit une cassette de bijoux venus de la spoliation des victimes du camp. Cette violente spoliation, que le personnage de la fille nomme « candeur » découle du refoulement de la culpabilité maternelle, de sa revendication de réussite, de son endoctrinement :

> *« Je ne pouvais m'autoriser le sentimentalisme des gens ordinaires. » (p. 92)*

La pression d'une vie étriquée, au sein d'une belle-famille hostile, sur les ruines d'un échec conjugal, ont mué l'enrôlement chez les nazis en revanche légitime, en opportunité d'émancipation, de réalisation de soi :

> *« On filait droit avec moi… j'avais juré fidélité… ». (p. 95)*

La réévaluation des conditionnements du passé invite l'héroïne, narratrice, à l'indulgence, sinon à la compréhension des motivations de la mère. Mais elle ne peut légitimer les conduites de celle-ci dans « l'expérimentation médicale » nazie (p. 85). Même effacé, le passé peut, comme dans cette élaboration tragique, faire barrage à une intercompréhension suffisante.

Instaurer une communication relationnelle

La personne âgée atteinte de démence sénile reste une personne, malheureusement parfois privée de considération, ce qui génère chez elle anxiété et insécurité. Elle ressent des difficultés à s'exprimer, et souffre du sentiment de perdre le contrôle de sa vie.

Martin Suter publie en 1997 le roman *Small World*[119], qui explique la genèse d'une sénilité dans le cadre d'un mensonge collectif et d'une interversion d'identité. Le personnage, Conrad Lang, est pris en charge par une famille suisse, mais, au moment où il va s'émanciper de leur tutelle, il se met à souffrir d'absence et de confusion mentale. Au fil de l'intrigue, le lecteur comprend, grâce aux exercices progressifs de réminiscence proposés au malade par un entourage protecteur, de quelle machination il a été victime. Le roman suggère donc le rôle pernicieux d'un secret enfoui, en tant que motif de l'altération de la mémoire, lorsque le malade se protège en s'efforçant de ne pas se souvenir. Une écoute basée sur les souvenirs, y compris les souvenirs les plus lointains, permet de reconnaître sa richesse et son expérience.

Dans le roman de Schneider, la fille analyse les ambiguïtés de l'enfant en elle, combattues par le désir de rendre une chance à une sorte de considération filiale :

> *« Après tout, tu es ma mère. Mais impossible de dire « amour » (p. 11).*

119. M. Suter, *Je n'ai rien oublié (Small world),* Points, 2011.

Pour objectiver le crime, l'auteur se réfère aux archives, identifiant la mère comme représentante de l'esprit nazi. Pour autant, la conduite maternelle reste une énigme :

> *« Personne ne peut comprendre aujourd'hui l'attrait irrésistible pour le sang et l'irrévocable refus de ce que tu as été. » (p. 100)*

La mère pourtant se livre, en jouant sur la curiosité de sa fille, sur

> *« La curiosité, l'espérance, et une sorte d'appel obscur » (p. 16),*

pour la faire rester, et absoudre par sa docile présence une part des crimes commis. Cette conduite reste pourtant une énigme. Qu'arrive-t-il à la fille lorsqu'elle interprète, dans un mouvement de tendresse, l'intention de la malade de lui livrer sa conduite bribe à bribe, dans le seul but de faire durer la visite ? Elle se laisse donc enfermer au piège d'une manipulation.

Malgré la maladie, le rapport maternel de mère écrasant la fille immature subsiste. Figure d'autorité, elle obtient une obéissance progressive, du fait de l'ancien processus d'intériorisation et de reproduction de croyances.

Loin d'une réconciliation au-delà du bien et du mal, la conduite de la personne malade, dans ce récit, relève donc d'une forme de calcul, celle de la fille d'une forme de faiblesse, leurs conduites découlent du ressassement rancunier d'un système de défense. Il n'est donc pas question de soin des limites, mais bien de **limites du soin**, lorsque l'aidant n'est pas en mesure d'assumer son rôle.

Le passé qui s'oublie ne « passe » pas, mais pèse. La souffrance objective transpire dans les attitudes et pollue la mémoire. Sa réminiscence rapproche et sépare à la fois. Or, l'enjeu du soin est de se rapprocher de la personne âgée oublieuse. Loin de culpabiliser par des jugements moraux ces personnes malades, il faut se souvenir qu'elles sont atteintes d'une déficience de la communication.

En effet, cette déficience peut être combattue, si l'entourage sait écouter, **valider la portée émotionnelle de ce qui est exprimé,** plutôt que de se polariser sur le sens superficiel des propos.

La méthode se base sur l'effort de faire remonter des souvenirs. Une écoute positive améliore le comportement et l'humeur. Une écoute de qualité est à la portée de toute personne délicate, et souhaitant alléger le quotidien d'une grande souffrance secrète, tout en préservant la qualité de la vie.

Une communication désintéressée, enjeu du maintien des liens

Confusément, la personne malade du récit de Schneider recourt à une forme de communication comme rétribution d'une présence. Le rapport entre elle et sa fille passe par un système de justifications qui constitue un jeu psychologique[120], dans lequel cette dernière, en raison de sa demande de reconnaissance, est finalement flouée.

Dans le roman, la mère se réfugie derrière l'esprit du temps du nazisme. D'ailleurs, la fille, enfant, n'a-t-elle pas été témoin, donc complice, d'une bastonnade ? Et puis, cette mère, habillée dans la couleur de son ancien uniforme, affirme dire exclusivement ce qu'elle pense, ce qui légitime son discours, et le justifie à ses propres oreilles, sans affaiblir, (p. 63), la machination :

> *« Interroge-moi donc sur Birkenau, c'est ce qui t'intéresse, n'est-ce pas ? » (p. 106).*

Ces phénomènes de dépendance relationnelle sont suscités par des « pièges » sous forme de pression dans le cadre d'un échange contenant une part d'explicite et d'implicite qui ne concordent pas, ce qui mène à un double message accepté par les interlocuteurs dans le cadre d'une complicité circulaire, sans qu'on sache si les attentes portent sur la part explicite ou implicite de l'échange.

120. J.-J. Crèvecoeur, *Relations et jeux de pouvoir, le livre de référence sur le pouvoir et la manipulation,* Jouvence, 2005.

Les interlocuteurs insatisfaits maintiennent la relation dans le but d'éviter la responsabilité d'une rupture, ou pour obtenir une prise en charge. Ces phénomènes étant répétitifs, certaines personnes entrent dans des situations de dépendance relationnelle. De ce fait, les aidants doivent clarifier leur posture, pour dépasser leurs peurs : de la rupture, de la perte de prise en charge, ou de se confronter avec le corps. Les jeux de pouvoir résolus le sont à la satisfaction de tous les interlocuteurs, qui trouvent l'espace de déployer leur propre puissance.

Les personnages du roman méconnaissent **l'éthique du souci de l'autre**[121]. Cette éthique qui valorise la sollicitude à l'égard du tiers vulnérable, constitue une approche du développement moral, centrée sur l'attention aux rapports humains singuliers[122], attentive à la responsabilité dans la relation humaine, liée à des circonstances concrètes. C'est bien en vertu de notre singularité[123] que nous devenons irremplaçables. La sollicitude accueille la personne vulnérable dans sa singularité. Si la compensation de la déficience est possible grâce à cet accompagnement, on peut espérer la transformation intérieure permettant à la personne aidée d'aller un chemin se voulant autonome. Cette voie passe par un aménagement des difficultés d'accès au monde. La libération devient balisage désintéressé d'un itinéraire conduisant vers un renforcement de la dignité, au risque d'une société devant admettre que rien ne retranche de l'humanité commune.

Une telle société doit promouvoir une politique du prendre soin qui reconnaisse l'altérité tout en favorisant la transformation relationnelle du système (familial), dans un objectif de vie bonne au sein d'un monde juste, entre personnes vulnérables. Qu'on le veuille ou non, **c'est le prendre soin qui fonde la vie sociale.**

121. P. Paperman, S. Laugier, *Le souci des autres, éthique et politique du Care*, nouvelle édition augmentée, Editions de l'Ecole des hautes études en sciences sociales, Coll. Raisons Pratiques, 2011.

122. *Une voix différente, un regard prospectif à partir du passé,* texte reprenant celui d'une conférence du 13 mai 2009, à l'occasion de la réédition d'*une voix différente,* repris de V. Nurok, *Carol Gilligan et l'éthique du Care,* PUF, 2010.

123. M. Friedman, *Au-delà du Care : dé-moraliser le genre*, traduction de « Beyondcaring : the de-moralization of gender », Canadian journal of Philosophy, 1987, p. 79 à 102.

Le respect implique de considérer chacun, même la personne la plus dépendante, comme un être indépendant, semblable à soi, doté d'une intériorité, d'une vie psychique, d'une histoire. Il faut donc repenser, dans la perspective du *Care*, les catégories de dépendance/autonomie. *Homo Vulnerabilis* est le seul modèle possible.

Un guide pratique propose une méthode[124] accessible à tous. La communication y est entendue comme moyen de limiter la souffrance. Les exemples venus de la recherche sont mis en perspective avec des cas où une attitude vigilante et respectueuse dénoue des situations d'incompréhension. Manifestant l'intelligence du cœur, ces situations sont précieuses en rappelant à tous les acteurs la vigilance nécessaire, paradoxalement, en matière de « savoir-vivre ».

La démence sénile, maladie individualisée de la perte d'autonomie, est renforcée par l'entourage, s'il n'assure pas les besoins de sécurité et de considération. C'est une maladie liée à la perte des mémoires, contre laquelle l'entretien des réserves mnésiques permet de résister. Tristesse et manifestation de deuil de soi sont légitimes, et la dépression doit être traitée. De fréquentes situations sont interprétées moralement, sans que la détresse du malade ne soit prise en compte, cette détresse incluant la peur d'un placement. La susceptibilité, l'agressivité, notamment de fin d'après-midi, et les troubles du sommeil peuvent être soulagés avec des rituels, nouveaux.

Cet ouvrage expose l'enjeu central d'une communication spécifique, pour maintenir une identité respectable, retarder l'évolution fatale, rendre l'estime de soi, stimuler l'intelligence, faciliter les soins. Il s'agit donc d'apprendre à parler au malade avec bienveillance et courtoisie. Un vocabulaire simple, évitant les significations implicites, répété par un soulignement non-verbal, respectant le rythme du malade et allant droit au but, est préférable.

Une réponse, même confuse, a toujours un sens, il convient de l'écouter, de la reformuler, d'en percevoir la dimension polysémique ou générique. La communication paraverbale peut enrichir le sens des modifications d'expressions. Le langage non-verbal

124. P. Khovsravi, *La communication lors de la maladie d'Alzheimer*, Doin, Coll. Guide pratique, 2011.

de l'entourage, l'assurance intérieure et le rayonnement personnel sont perçus par le malade.

La vigilance à l'état psychoaffectif de la famille s'impose : tristesse, sentiment de solitude ou de trahison, épuisement, culpabilité, peur de l'avenir… Les personnels reçus à domicile devraient être sélectionnés en fonction des exigences de connaissance de la maladie, compétence relationnelle, distance saine, discrétion par rapport à l'entourage, harmonisation de la pratique avec les autres aides. Leur rôle est de **maintenir l'énergie mentale,** car la « démence » n'efface pas l'intelligence, et le rapport de forces relationnel ne doit pas être en défaveur du soignant. Un aidant doit faire preuve de personnalité, pour éviter la manipulation ou le comportement intéressé. Les aidants peuvent en effet créer une interaction négative si leur travail s'effectue à contre-courant du cadre culturel ou du milieu. Par contre, en aidant le patient à mieux se porter, il assure une interaction positive.

Un essai d'un romancier autrichien[125] éclaire avec délicatesse ce compagnonnage particulier. Profitant de la liberté que lui laisse son métier d'écrivain, il revient vivre à proximité de son père, qui fut bougon et taciturne, meurtri par la guerre et l'incapacité qui en a résulté d'établir des liens sentimentaux équilibrés.

> *« Da mein Vater nicht mehr über die Brücke in meine Welt gelangen kann, muss ich hinüber zu ihm[126] », (p. 11).*

L'intuition qui fait du titre de l'ouvrage une mise en abyme de toute maladie dégénérative de la vieillesse signale donc une analogie saisissante avec une désappropriation des moyens de communication :

> *« Votre chez-soi est là où vivent des gens qui vous sont familiers et qui parlent une langue que vous comprenez » (p. 56).*

---

125. A. Geiger, *Der alte König in seinem Exil*, Carl Hanser Verlag, München 2011, traduit de l'allemand par O. Le Lay, Gallimard 2012.

126. *Mon père étant empêché de traverser le pont vers mon univers, il me faut aller vers lui*. Nous traduisons les autres citations de ce livre.

Toutefois, l'éloignement qu'introduit l'incommunicabilité se trouve réduit par des moments fulgurants où la globalité de l'expression recèle des trésors de sens :

« À la fin du latin, *que j'annonçais, il rétorqua que lui-même ne se trouvait* pas à la fin du latin mais à la fin de l'Etre[127] » (p. 101).

Dans le roman de Schneider, au contraire, prise au piège d'une curiosité plus forte que ses convictions morales, la fille rejoint finalement sa mère : confrontée à un identique manque de dignité, elle ne porte pas secours, n'affirme pas sa propre intégrité, mais, victime de sa demande névrotique, se trouve psychiquement contaminée.

Pour ne pas conclure

La supériorité morale de la fille, chez Schneider, se trouve battue en brèche, en raison de sa position ambiguë. Dans une posture de retrait radical, elle était partie à l'étranger pour ne plus parler allemand,

> *« J'ai peur de ne pas réussir à rompre les liens qui m'unissent à elle, et ce n'est pas faute d'avoir essayé, jusqu'à renier ma langue. » (p. 157).*

Elle reste prisonnière de la nostalgie du passé, incapable de renoncer à une réparation. Défenseur autoproclamée de la moralité, elle veut se rapprocher tout en maintenant sa supériorité d'offensée : rapprocher/reprocher. Elle ne peut donc accepter, en vertu de ce positionnement, les cadeaux qui viendraient de sa mère, et qui sont entachés de crime. Par contre, elle pense pouvoir offrir ses propres présents. La fermeture au contre-don instaure une relation à sens unique, destinée à déconsidérer la malade, contre laquelle elle

127. Jeu de mots phonétique „das Ende des Lateins, das ich bekundete, konterte er, er selber befinde sich nicht am Ende des Lateins, sondern am Ende des Daseins. "

va se défendre au niveau symbolique. La démence sénile peut être lue, dans cette hypothèse, comme la dernière ruse pour échapper à la déconsidération, l'ultime rempart face à l'impossibilité de faire comprendre ce qui aura motivé la jeunesse, le dernier engloutissement de l'estime de soi, le refuge définitivement inaccessible à un entourage disqualifié.

Chez Geiger, par contre, qui retrouve dans les affaires de son père une photographie le montrant comme rescapé d'un camp de prisonniers soviétique, la prise de conscience du traumatisme paternel favorise un rapprochement et une compréhension de ce dernier. Inspiré par les grands auteurs, l'écrivain s'interroge sur son père. Toute sa vie ne fut-elle pas une tentation infructueuse de sortir de ce camp et de rentrer à la maison ? La maladie n'est-elle pas encore une analogie de ce long chemin impraticable pour échapper à l'effroi ? Et Geiger d'exposer sa méthode, le chant, pour apaiser son père.

> *« En pareil cas changer de lieu n'apporte aucune amélioration, une distraction tout au plus, et que nous offrirait aussi bien, sinon mieux, la chanson. Il est plus amusant de chanter, les personnes démentes chantent volontiers. La chanson est une émotion, un chez-soi au-delà du monde tangible. […] Nous chantonnons pendant une demi-heure, le vieil homme dans l'intervalle y met tellement du sien que je ne puis m'empêcher de rire. Il se laisse entraîner, puis, comme il est temps de toute façon, je profite de l'occasion pour le reconduire là-haut dans sa chambre à coucher. Il est de bonne humeur désormais, quoique sa perception du temps, de l'espace et des événements soit encore brouillée ; mais pour le moment il ne se casse pas la tête avec ça. Je me dis : Qui parle de vaincre ? Le tout est de surmonter, et en cette fin de journée je suis au moins aussi épuisé que mon père. Je lui dis ce qu'il doit faire jusqu'à ce qu'il soit en pyjama. Il se glisse de lui-même sous la couette et dit : L'essentiel, c'est que j'aie un endroit où dormir. Il regarde autour de lui, lève la main pour saluer quelqu'un qui n'est présent que pour lui. Puis il me dit : Au fond ce n'est pas si mal ici. On y est même tout à fait bien. »*[128]

128. Traduit par nous.

Selon les approches, on constate que la dignité intrinsèque du sujet malade constitue un enjeu[129]. Cette **dignité inaliénable** peut être difficile à concilier avec la représentation du malade et de la maladie. La conduite morale est difficile, mais la dignité induit l'obligation morale d'une conduite appropriée. Cela ne réfute-t-il pas certaines revendications contemporaines de droits au titre de la « dignité », en rappelant la tension pascalienne de l'homme, toujours contraint de conquérir sa dignité en luttant contre soi.

Fiat réfute le concept de *Humans non persons* : pour lui, la dignité ne se résume pas à la pensée. Pour l'auteur, l'homme trouve le motif de sa dignité ontologique dans sa qualité d'être libre : il est singulier, il est une fin en soi, inutile donc de s'interroger sur son utilité. L'auteur rappelle la loi, qui attribue le résultat de la déficience à l'environnement.

La conscience, pas plus que la mémoire, ne fondent la dignité. La reconnaissance est relationnelle, elle fonde l'accompagnement en fin de vie, elle actualise une dignité qui existerait néanmoins à l'état de puissance. Le mouvement démocratique vers l'égalisation des conditions érige la dignité en bien commun. La dignité n'est pas liée à la maîtrise de la nature, et, partant, de cette prise de conscience dépend son caractère inaliénable.

Dans les relations entre personnages, dans le roman de Schneider, nous sommes loin de ces positionnements éthiques comme d'une tentative de thérapie de la mémoire[130]. Une méthode dans la mouvance des thérapies brèves, suggère de sortir des routines de pensée défectueuses. Cette synthèse est globalement une approche phénoménologique du soin, appuyée sur des études de cas.

La façon de faire adaptée, dans la vie et dans le roman, sera d'instaurer une communication franche et réciproque, au-delà des grandes peurs et désillusions. La fin du roman de Schneider reste ouverte, le lecteur ignore si la fille, prise entre fascination et dégoût,

129. E. Fiat, *Grandeurs et misères des hommes, petit traité de dignité,* Larousse, 2010.

130. B. Despres, *La thérapie des champs mémoriels, ces mémoires qui nous gouvernent,* préface du docteur Dransart, le Mercure Dauphinois, 2011.

sera en mesure de hiérarchiser ses attentes, afin de poser les bases d'un lien clarifié.

Entre fiction et témoignage romancé, entre clôture des secrets et réparation, entre peur paralysante et maturation du lien, la littérature interroge donc l'éthique d'une conduite libre, et thérapeutique, de ce fait. Cela pourrait-il être l'effort de l'aidant : imposer une manière probe, respecter le refuge du silence, donner la possibilité de parler sans crainte, et maintenir, jusqu'à la fin, la possibilité réciproque d'une affirmation, libératrice de l'identité personnelle ?

Ressources bibliographiques

Bacqué M.-H., Biewener C., *L'empowerment, une pratique émancipatrice*, La Découverte, 2013.

Crevecoeur J.-J., *Relations et jeux de pouvoir, le livre de référence sur le pouvoir et la manipulation*, Jouvence, 2005.

Decant-Paoli D., *L'Haptonomie*, PUF, Que sais-je ? 2014.

Despres B., *La thérapie des champs mémoriels, ces mémoires qui nous gouvernent*, préface du docteur Dransart, le Mercure Dauphinois, 2011.

Eugenides Jeffrey, *Middlesex*, traduit de l'anglais par Marc Cholodenko, L'Olivier, 2003.

Fiat E., *Grandeurs et misères des hommes, petit traité de dignité*, Larousse, coll. « Philosopher », 2010.

Friedman M., *Au-delà du Care : dé-moraliser le genre*, traduction de « Beyondcaring : the de-moralization of gender », *Canadian journal of Philosophy*, 1987, p. 79 à 102.

Geiger A., *Der alte König in seinem Exil*, Carl Hanser Verlag, München 2011, traduit de l'allemand par O. Le Lay, Gallimard, 2012.

Gineste Y., Pellissier J., *Humanitude, comprendre la vieillesse, prendre soin des Hommes vieux*, Armand Colin, Coll. Sociétales, 2007.

Goldberg A. (traductrice), Schweitzer P., Bruce E., Hogson S., *Animer un atelier de réminiscence avec les personnes âgées*, Chronique sociale, 3e éd., 2008.

Gueguen N., *Psychologie de la manipulation et de la soumission*, Dunod, 2011, 2e éd., 2014.

Joublin H., *Le proche de la personne malade dans l'univers des soins, enjeux éthiques de proximologie*, Erès, 2010.

Khosravi Pitra, *La communication lors de la maladie d'Alzheimer*, Doin, Coll. Guide pratique, 2011.

Mankell H., *La Faille souterraine, et autres enquêtes,* traduit du suédois par Anna Gibson, Seuil, 2012.

Mankell H., *L'homme inquiet,* traduit du suédois par Anna Gibson, Le Seuil/Policiers, 2010.

Muller S., *Comprendre le handicap psychique, éléments théoriques, analyses de cas,* Champ social, collection Handicap psychique, 2011.

Paperman P., Laugier S., *Le souci des autres, éthique et politique du Care*, nouvelle édition augmentée, Editions de l'Ecole des hautes études en sciences sociales, Coll. Raisons Pratiques, 2011.

Une voix différente, un regard prospectif à partir du passé, texte reprenant celui d'une conférence du 13 mai 2009, à l'occasion de la réédition d'*une voix différente,* repris de V. Nurok, éd. *Carol Gilligan et l'éthique du Care,* PUF 2010.

Rauchs P., *Du bon usage de la nostalgie,* essai, préface de Georges-Arthur Goldschmidt, l'Harmattan, 2013.

Schneider H., *Laisse-moi partir, mère,* traduction de l'italien par Douzat P.-E., Robert Laffont, 2002.

Suter M., *Je n'ai rien oublié* (*Small World)*, Points, 2011.

Soins palliatifs et fin de vie : paradoxes et contradictions

Michel Rosenblatt

Le développement des soins palliatifs et de l'accompagnement de la fin de vie marque le respect accru porté au patient et à ses droits. Mais ces soins ne bénéficient qu'à un nombre trop limité de patients et la mort est insuffisamment accompagnée et parfois provoquée. Les situations, douloureuses et complexes, ne se laissent pas toutes enfermer dans des protocoles. La volonté de mourir tient-elle à la souffrance, au désespoir ou à la lucidité ? La réponse médicale, sociale, juridique, est-elle libre, pour le patient, la famille, les soignants, ou conditionnée par l'environnement et la loi ? Les confusions sont fréquentes entre la fin de vie du grand âge et celle de la maladie mortelle, mais aussi avec le handicap grave, qui n'est pas fin de vie. Les solutions sont aussi diverses que les opinions exprimées. Les pratiques soignantes et l'attitude face à la mort nécessitent d'approfondir la réflexion éthique face aux risques de dérives. Le législateur et les pouvoirs publics se sont à nouveau emparés du dossier, dans des conditions qui suscitent des interrogations, pour aboutir à une nouvelle réforme législative.

Répondant à une attente, les politiques publiques sont de plus en plus centrées sur les usagers et leurs droits : la stratégie nationale de santé veut ainsi promouvoir une logique axée sur le « parcours du patient ». La démarche du Pacte de confiance, engagée parallèlement, le prévoit aussi, ajoutant, dans ses suites, une mission sur la place du patient dans le système de santé et la redéfinition des garanties du service public, supprimé par la loi HPST n° 2009-879 du 21 juillet 2009.

En matière de soins palliatifs et de fin de vie, la démarche du législateur a été spécifique, mais s'est inscrite dans le même esprit. Après la loi n° 99-477 du 9 juin 1999 visant à garantir le droit d'accès aux soins palliatifs, la loi n° 2002-303 du 4 mars 2002 relative aux droits des malades et à la qualité du système de santé a confirmé la notion juridique de droit des malades, assurant une représentation élargie des usagers au sein des hôpitaux, le droit des patients d'accéder à leur dossier médical sans passer par un médecin, l'indemnisation de l'aléa thérapeutique, la réaffirmation de la nécessité du consentement préalable, libre et éclairé, à tout traitement. La loi n° 2005-370 du 22 avril 2005 relative aux droits des malades et à la fin de vie (loi Leonetti) a précisé et renforcé ces droits. Enfin, la proposition de loi Leonetti-Claeys, en cours d'adoption, a pour objectif de redéfinir les droits des malades en fin de vie et les devoirs des médecins, en instituant un droit à la sédation profonde et continue jusqu'au décès, à la demande du patient, en renforçant le droit de refuser un traitement, en instituant une opposabilité partielle des directives anticipées et en précisant le statut du témoignage de la personne de confiance.

La construction juridique n'a cessé d'évoluer, tant dans les prestations aux usagers, par exemple pour la prise en charge de la douleur et certaines priorités de la loi de santé publique de 2004, que pour favoriser l'accès aux soins, par exemple avec la couverture médicale universelle (CMU) et la CMU complémentaire, malgré la crise du financement de la sécurité sociale.

Le respect du patient et de ses droits revêt une dimension particulièrement intense et toujours en débat. Pourtant, au-delà des apparences, les progrès sont-ils si manifestes ? Selon quels critères et quels indicateurs est-il possible d'en juger ? Les définitions ne sont-elles pas ambiguës ? Jusqu'où la fin de vie relève-t-elle du périmètre de la médecine ? Quelles influences, positives ou négatives, de la société ou des régimes de prise en charge ? Quels risques de dérives, liées aux pratiques ou à la cristallisation d'une norme sociale qui s'imposerait finalement aux individus ? C'est toute la question du sens qui se trouve posée, avec des limites à la fois éthiques, pratiques et matérielles. Notons que l'on mentionne d'abord, dans les débats, la fin de vie des adultes souffrant de pathologies lourdes, alors que c'est pour le grand âge que ces questions se posent le plus[131].

Dans la période, les questions bioéthiques sont revenues dans l'actualité avec une fréquence insolite, sinon suspecte : est-ce vraiment en raison d'une urgence enfin admise, ou pour des motifs plus tactiques, les pouvoirs publics voulant montrer qu'ils agissent par des décisions structurantes ? On peut se le demander après les récentes lois « sociétales », qu'elles concernent le mariage, la redéfinition juridique de l'avortement en droit et non plus en réponse à une détresse, ou, contradictoirement, la recherche sur l'embryon et les cellules souches, cette dernière loi portant sur les principes, sans élargissement évident de la recherche. Après le rapport Sicard, l'avis 121 du comité consultatif national d'éthique restait circonspect. Suscitées par le Président de la République, les modifications en cours sont substantielles.

Les débats sur la fin de vie sont affectés par des « affaires » très médiatisées, pendant que la mort reste occultée dans la vie réelle. 58 % des français meurent à l'hôpital, une grande majorité donc du total des décès, compte non tenu des morts soudaines. L'hôpital public en concentre le plus (78 %). 22 % meurent dans les services de réanimation[132], de soins intensifs ou de soins continus et 16 % aux urgences ou post-urgences. Mais, malgré cette réalité, la prise en charge de la mort ne fait pas explicitement partie des missions de l'hôpital, même si le code de la santé publique (CSP) l'aborde directement (article L6143-2-2 imposant que le projet médical prévoie les prises en charges palliatives) ou de manière indirecte, à travers les prélève-

131. L'instruction n° DGCS/3A/2013/282 du 12 juillet 2013 de la direction générale de la cohésion sociale aux directeurs généraux d'ARS relative à l'enquête « fin de vie dans les EHPAD » menée par l'Observatoire national de la fin de vie illustre la nécessité d'une meilleure connaissance dans ce secteur.

132. « Sur 17705 patients décédés en 2012 aux urgences, 9130, soit 52 % avaient entre 75 ans et 89 ans et 3990 soit 22 % avaient 90 ans ou plus. 60 % de ces patients ont été hospitalisés pour une pathologie qui aurait nécessité des soins palliatifs », indique le rapport parlementaire, reprenant des données de l'observatoire national de la fin de vie, *Fin de vie des personnes âgées : sept parcours ordinaires pour mieux comprendre les enjeux de la fin de vie en France*, 2013, Rapport 2013.

ments d'organes[133]. La définition de la mort elle-même est sujette à caution, mort cérébrale du patient dans le cas général, mais seulement *« état d'arrêt cardiaque et respiratoire persistant »*, s'il est prévu un prélèvement, ce qui est un des nombreux paradoxes à relever. La préoccupation des établissements, en matière de service mortuaire, est inégale, la qualité ayant aussi un coût, pas toujours financé.

Pour illustrer les paradoxes et contradictions qui persistent en matière de soins palliatifs et de fin de vie, il est utile d'analyser la situation des acteurs de santé, dont le législateur et le gouvernement. Les prises de position sont fonction des responsabilités, des ressentis, des intérêts, des conceptions morales, à tel point que paraissent vaines les oppositions entre « progressistes » et « conservateurs », entre « raison » et « obscurantisme ». L'approfondissement du sujet incite au contraire à une modeste retenue. L'aménagement de la dernière étape précédant la mort réintroduit une réalité humaine, occultée par l'organisation sociale. Elle nous rappelle que les évolutions techniques affectent le devenir de l'individu, mais sans transformer la nature humaine. Sa prise en charge en fait un révélateur de premier plan de l'état d'une Société.

Soins palliatifs : une construction juridique progressive, soutenue par des plans

L'organisation actuelle des soins palliatifs est le résultat d'une construction progressive, volontariste et partielle. Ils ne sont pas le cœur de la fonction médicale mais une autre forme, seconde, de son expression, lorsque la dimension curative a trouvé ses limites. Et ils ne permettent pas à leurs responsables médicaux de dérouler de brillantes carrières, ni d'assurer des rémunérations supplémentaires. Ils ont fait partie des priorités sanitaires du précédent quinquennat, mais restent sous-dimensionnés par rapport aux besoins, même si la

133. Et par les prescriptions s'imposant aux professions de santé. Ainsi par exemple, le médecin « n'a pas le droit de provoquer délibérément la mort » (article R 4127-38 CSP).

ministre chargée de la santé vient d'annoncer un plan de développement 2015-2018 avec une enveloppe supplémentaire sur trois ans.

Les modalités actuelles d'organisation des soins palliatifs

La montée en charge des soins palliatifs, (voir document 1), a été organisée par l'État, à partir de rapports puis de la réforme hospitalière du 31 juillet 1991, suivie de l'élaboration progressive des dispositifs, impulsés par circulaires et plans successifs (plan Kouchner de développement des soins palliatifs 1999-2001 ; programme national de développement des soins palliatifs 2002-2005 ; programme de développement des soins palliatifs 2008-2012). Cette programmation nationale a permis que les soins palliatifs se développent en établissement[134], que ce soit pour des soins de courte durée ou des soins de suite et de réadaptation (SSR), de plus longue durée, avec *trois modalités* bien distinctes :

- les unités de soins palliatifs (USP), structures d'environ 10 lits en court séjour, accueillant les patients les plus graves, avec une triple mission de soins, d'enseignement et de recherche. Le principe de dédier des unités spécifiques obéit à la mise en œuvre d'un savoir-faire particulier, mais présente l'inconvénient de concentrer les malades dans ces unités. En 2012, on en comptait 122, totalisant 1301 lits, avec de fortes disparités interrégionales et intrarégionales ;
- les équipes mobiles de soins palliatifs (EMSP), au nombre de 418 en 2011, apportent aide, soutien, écoute et conseils aux soignants des autres services. L'objectif est de favoriser la prise en charge globale du patient et de son entourage, la prise en charge de la douleur,

134. Le bilan du programme national de développement des soins palliatifs 2008/2012 traduit une évolution globale de l'ordre de + 25 % des séjours entre 2010 et 2012, ce qui est considérable, mais signale parallèlement une baisse du nombre de certains séjours. Ce paradoxe est un trompe-l'œil, lié uniquement à la modification récente de la cotation des séjours, permettant de proposer les soins palliatifs en diagnostic associé d'un diagnostic principal, lorsque cela est favorable aux recettes de l'établissement de santé.

l'accompagnement psychologique et psychosocial du patient et de sa famille ;

- les lits identifiés en soins palliatifs (LISP), correspondant à une *« prise en charge identifiée de malades en soins palliatifs hors USP »* au sein d'un service d'hospitalisation de court séjour ou de SSR, sont souvent insérés dans un réseau de santé (soins palliatifs, cancérologie) notamment pour des retours du domicile. On en comptait, en 2011, 5057 dans 837 établissements, dont 30 % en SSR. Le nombre de LISP par service est variable. S'il est réduit, il ne permet pas une activité structurée avec un référent capable de porter réellement cette activité.

La prestation de soins palliatifs nécessite des moyens renforcés et des compétences spécifiques. Dans le système de financement par la tarification à l'activité (T2A), il faut donc que le tarif assure le financement de ces charges. Identifié dans un groupe homogène de malades (GHM) de soins palliatifs (23Z02Z), en diagnostic principal ou en diagnostic associé d'un autre GHM, le financement est mieux assuré dans les USP, qui disposent d'un tarif de Groupe homogène de séjours (GHS) supérieur (GHS 7994), moindre pour les LISP (GHS 7993) et pour les lits standards (GHS 7992) ou de courte durée (GHS 7991). Mais la réalité de toutes les structures hospitalières publiques et privées est la baisse régulière des tarifs d'hospitalisation, chaque année. Pour les équipes mobiles, les moyens alloués ont été accrus et restent des dotations forfaitaires. Un des objectifs des pouvoirs publics est de favoriser un développement en direction des établissements d'hébergement pour personnes âgées dépendantes, même si ceux-ci disposent déjà, le plus souvent, de protocoles et de guides de bonnes pratiques.

Au domicile, les disparités sont encore plus fortes : les services d'hospitalisation à domicile assurent une prise en charge plus importante, les soins à domicile relevant d'abord de la responsabilité du médecin traitant et des auxiliaires médicaux, infirmiers et masseurs-kinésithérapeutes, libéraux ou d'un service de soins à domicile. La qualification en soins palliatifs est souvent le fruit de l'expérience et de leur propre documentation. C'est alors le réseau qui constitue la réponse privilégiée, mobilisant des compétences complémentaires. On en comptait 95 en 2011, non compris les réseaux douleur, cancérologie, et poly thématiques qui intègrent aussi des soins palliatifs.

Un des freins aux soins palliatifs en EHPAD et à domicile est la nécessité d'un environnement suffisamment médicalisé. Mais un autre, peut-être plus important, est le reste à charge pour les patients, parfois important et condamnant alors au recours à l'hôpital. Diverses modalités d'aides, appuyées par des prestations spécifiques, souvent mal connues et peu utilisées, qu'on ne détaillera pas ici, concernent les proches, en particulier l'allocation journalière d'accompagnement, qui n'a été perçue que par un peu plus d'un millier de personnes en année pleine.

Une démarche volontariste pas toujours concrétisée

Les soins palliatifs restent souvent marginaux, et cantonnés à certaines pathologies, malgré les efforts consentis. Un rapport de l'Inspection générale des affaires sociales le résume bien :

« Seulement 20 % des malades qui meurent à l'hôpital bénéficient de soins palliatifs financés, et il s'agit dans plus de 80 % des cas de cancéreux. Parmi eux, 3 % ont été accueillis dans des unités de soins palliatifs, qui constituent un réel progrès. Les autres prestations de soins palliatifs présentent un contenu inégal et ne sont pas forcément dispensées dans les établissements où l'on meurt le plus. Leur tarification manque de cohérence et survalorise les séjours courts. Il n'est pas certain que le financement corresponde à un véritable service ou que de véritables services bénéficient d'un financement[135] ».

La persistance de fortes disparités inter régionales (variations de 1 à 5 des ratios, rapportés à la population régionale) est en contradiction avec l'obligation de prévoir les soins palliatifs dans les schémas régionaux d'organisation sanitaire (SROS), depuis l'arrêté du 27 avril 2004 pris en application de l'article L.6121-1 du code de la santé publique et de la loi Leonetti. On peut supposer que des

135. Dr F. Lalande et O. Veber, *La mort à l'hôpital,* Rapport IGAS, novembre 2009, p. 4.

réticences médicales et une insuffisante appropriation expliquent en partie de ces disparités.

Des blocages liés à la conception de la médecine

Outre l'impact des conditions de vie, d'alimentation et d'hygiène, qui sont les premières causes de l'allongement de la vie, la conception traditionnelle des soins est essentiellement curative, hormis la démarche vaccinale, de nature préventive, et le dépistage, dont la finalité conduit à une action curative. En France, les actions de prévention et l'éducation sanitaire sont les parents pauvres. Une approche académique réductrice et une pratique médicale historiquement libérale et donc volontiers solitaire, une protection sociale axée surtout sur le remboursement des soins, sont autant de facteurs explicatifs d'un phénomène que le succès des évolutions médicales est venu conforter.

Dès lors, l'approche curative, donc réparatrice, induit une conception plus mécaniste qu'holistique, comme l'illustrent la médecine d'organe et l'explosion du nombre de disciplines, de spécialités médicales et d'approches thérapeutiques. Dans cette profusion, il s'agit systématiquement de guérir, en tout cas d'améliorer significativement l'état de santé, de réduire l'incapacité. Ainsi formatée, la pensée médicale est moins incitée à l'accompagnement de l'irréparable. Et le comportement médical individuel s'oriente plus volontiers vers la démarche de médecine réparatrice, qui ne supporte guère « l'échec ». Les soins palliatifs sont alors des supplétifs des autres pratiques médicales, complémentaires ou subsidiaires. S'il n'y a *« plus rien à faire »*, le médecin confiera volontiers la suite à un confrère, expert en soulagement de la douleur et en accompagnement, la mort signifiant l'échec ultime. Cela n'est pas une règle, et de nombreux médecins ont à cœur d'accompagner le patient *« jusqu'au bout »*. Il reste que la part la plus gratifiante de la médecine est celle qui guérit, à de nombreux égards, dont la réalisation de soi, l'estime et la réussite professionnelle, mais aussi l'intérêt, la carrière et la rémunération.

Des paradoxes de l'organisation des carrières dans les soins, l'enseignement et la recherche

Dès lors que les soins palliatifs restent compris comme *« ce qu'il faut faire quand il n'y a plus rien à faire »*, ils n'ont pas le même prestige, ni le même attrait que des champs plus gratifiants de la médecine, ce qui a de nombreuses conséquences, généralement peu soulignées.

- *La carrière* : dans le milieu hospitalo-universitaire, l'évolution de carrière jusqu'au grade de professeur des universités-praticien hospitalier est sélective. Les médecins de soins palliatifs resteront généralement, au mieux, praticiens hospitaliers, même si des postes de chefs de cliniques peuvent y être créés. Seuls six postes de professeurs associés existent depuis 2008 pour l'ensemble de la France, pour prochainement aller vers l'objectif d'un professeur des universités par inter région.
- *La rémunération* : elle est la même, pour les personnels médicaux, que dans les autres services hospitaliers. Mais si la participation aux gardes et astreintes est bien possible pour les praticiens, une activité libérale de soins palliatifs serait difficilement concevable. Des dépassements d'honoraires pour accompagner la fin de vie seraient considérés comme particulièrement choquants. Ce n'est donc pas la voie royale pour faire fortune…
- *L'enseignement* : la formation médicale initiale compte peu d'heures, réparties entre les trois cycles des études. Un Diplôme d'études spécialisées complémentaires (DESC) « Médecine de la douleur, médecine palliative » existe depuis 2008. Le deuxième programme national a permis de financer pour cela 70 postes d'assistants spécialistes. Mais même si certains le proposent, il n'est pas envisagé, par principe, de faire de la médecine palliative une spécialité, puisqu'elle a justement une vocation transversale à les irriguer toutes… Parallèlement, la réingénierie de la formation infirmière a conduit à organiser désormais des enseignements au sein de plusieurs semestres, dont au cinquième semestre, l'UE « Soins palliatifs et fin de vie », avec 30 heures de cours et de travaux dirigés et 20 heures de travaux personnels.

Un diplôme universitaire de soins palliatifs (DUSP) a été mis en place dans neuf universités. Il est ouvert aux étudiants de troisième cycle et aux personnels soignants, qui y sont majoritaires. Ce diplôme réalisé en un an, peut être complété par un diplôme interuniversitaire de soins palliatifs et d'accompagnement (DIUSP), selon un référentiel commun proposé par la société française de soins palliatifs et d'accompagnement (SFAP).

- *La recherche*, portant d'abord sur l'amélioration des prises en charges, concerne notamment les produits pharmaceutiques, les dispositifs médicaux, les matériels, les protocoles, mais sans l'éclat médiatique des prouesses techniques de la chirurgie ou de la radiologie interventionnelle. La recherche est un patient travail de terrain, plus que de développement en laboratoire ou de geste chirurgical. les promoteurs seront souvent extérieurs aux équipes, davantage impliquées dans les essais thérapeutiques d'une recherche effectuée en amont et appliquée ensuite à la clinique.

La formation continue, en application des directives ministérielles, renforce ce sujet dans les plans de formation pour les personnels non médicaux des établissements publics. Plus de 66000 personnes ont été formées en 2011, comme le rappelle l'Observatoire national de la fin de vie. La mise en place de l'obligation de développement professionnel continu (DPC), détaillée par la loi HPST n° 2009-879 du 21 juillet 2009 et ses décrets d'application de février 2012 devrait accroître l'effort, notamment en direction des personnels médicaux, le dispositif ayant débuté son déploiement en 2013.

Le paradoxe de la performance médicale et de ses limites

La médecine permet aujourd'hui la survie, là où, hier, le décès survenait. Les progrès en matière de réanimation sont tout particulièrement illustratifs. C'est bien le progrès technique qui provoque la survie, éventuellement dans des conditions physiques très diminuées ou dans le coma, de personnes qui seraient décédées. C'est aussi le cas en réanimation néonatale, où l'on parvient à « sauver » de très grands prématurés (moins de 26 semaines d'aménorrhées), la prouesse technique pouvant signifier des handicaps graves, ce qui est une contradiction majeure[136]. Ce débat est récurrent, mais les indicateurs ne sont pas faciles à établir, car le progrès réalisé peut aussi conduire, in fine, à augmenter les capacités de survie sans séquelles majeures. À l'inverse, le risque eugénique est aussi réel, lorsque l'écart est majeur entre l'enfant désiré et celui qui présente un handicap grave, ou dont le pronostic vital est engagé autrement qu'à court terme.

Il reste que c'est en raison des progrès importants réalisés dans les prises en charge, permettant la survie, que la question des soins palliatifs et de la fin de vie s'est trouvée davantage posée. Cette évidence mérite d'être soulignée : prolonger la vie vise d'abord celle que les personnes poursuivent en bonne santé, mais aboutit souvent à créer une longue période de survie, en grande dépendance, pouvant finir par une agonie éventuellement longue, avec le maintien des fonctions vitales par des soutiens artificiels, même en l'absence de perspective.

Dans la continuité des soins palliatifs, la question de la conduite à tenir dans cette situation ultime se pose de manière statistiquement croissante. La recherche d'une réponse qui serait à la fois normative et englobant la variété des situations est une quête complexe et sans doute vaine, d'autant que le sujet est formulé par les intervenants, essentiellement *pro domo* et sans effacer les diverses subjectivités.

Un plan « Développement des soins palliatifs et accompagnement en fin de vie » 2015-2018 ambitieux a été annoncé par la ministre de la santé le 3 décembre 2015. Il comprend notamment des financements (190 M€ en trois ans), pour réduire les inégalités territoriales (dont la création de 6 unités en 2016). Un autre objectif est de repérer les patients nécessitant des prises en charge et de mieux les informer, avec la création d'un centre national d'information (par fusion de structures existantes). Il est aussi prévu d'améliorer la formation

136. Autre paradoxe : les avortements tardifs dans certains pays européens se traduisent par des naissances de grands prématurés, vivants lors de leur extraction, puis détruits, sans considération du statut de personne humaine résultant du seul fait de la naissance, parallèlement aux efforts déployés pour sauver des prématurés de même âge et de même *via*bilité. Ce sujet, porté par des juristes au niveau des institutions européennes, reste à ce jour volontairement ignoré par les institutions.

initiale et continue des professionnels (dont une formation universitaire médicale), le développement de la prise en charge à domicile (avec 30 équipes mobiles supplémentaires) et le virage ambulatoire, avec une coordination structurée, avec des projets territoriaux, entre les services intervenants à domicile et les établissements. Il faudra apprécier si les mises en œuvre suivent effectivement les annonces.

Fin de vie : des approches antagonistes et contradictoires

Lorsque les soins palliatifs ne parviennent plus à maintenir une situation précaire, que la capacité de l'organisme s'épuise irrémédiablement, que la douleur cesse d'être soulagée, l'interrogation sur la poursuite ou l'arrêt des thérapeutiques actives (ATA) se trouve posée. Et avec elle, la question d'une intervention médicale, abrégeant directement ou indirectement la vie. Cette question n'est pas exceptionnelle, mais statistiquement d'une grande banalité.

Une pratique répandue en France

Selon une publication de l'institut national d'études démographiques[137], en effet, près de la moitié des décès sont survenus dans le cadre d'une révision des protocoles et l'arrêt de certains soins :

> *« En France, près de la moitié des décès (48 % en 2010) a été précédée d'une décision médicale ayant pu hâter la mort du patient[138]. Mais des médicaments ont été donnés*

137. A. Monnier, S. Pennec, S. Pontrone et al., « Les décisions médicales en fin de vie en France », *INED, Population et Sociétés,* n° 494, novembre 2012. *http://www.ined.fr/fr/ressources_documentation/publications/pop_soc/*

138. En réalité, si on ôte les décès soudains, pour lesquels le médecin n'a pas eu à se poser la question de la conduite à tenir, c'est même un pourcentage de 57,4 % des décès (2252 sur 3925) qu'il faut considérer.

pour mettre délibérément fin à la vie dans seulement moins de 1 % des cas. Les décisions prises s'appuient dans leur grande majorité sur les dispositions de la loi Leonetti qui permet sous certaines conditions de limiter ou d'arrêter un traitement, ou d'administrer des médicaments afin de soulager les souffrances du patient, qui peuvent avoir pour effet d'avancer la survenue de la mort. Toutefois, les prescriptions légales encadrant ces décisions ne sont pas encore totalement connues ou respectées : les décisions de fin de vie ne sont pas toujours discutées avec les patients et les équipes soignantes ; la rédaction par les patients de directives anticipées, proposée par la loi Leonetti pour que les soignants prennent en compte leurs souhaits, reste en pratique très rare. »

Cette étude s'est appuyée sur une enquête auprès d'un large échantillon de médecins[139] et dresse un tableau détaillé des pratiques médicales, résumé ainsi dans le document de l'Ined :

	Effectif	Pour 100 décès
Décision prise en sachant qu'elle pourrait hâter la mort du patient, dont :	2252	47,7
- abstention d'un traitement visant à prolonger la vie ;	688	14,6
- arrêt d'un traitement visant à prolonger la vie ;	199	4,2
- intensification de traitement de la douleur et des symptômes ;	1327	28,1

139. L'enquête a été réalisée sur un échantillon de 14999 décès, représentatif des 47872 décès de personnes de 18 ans et plus de décembre 2009, avec un questionnaire d'enquête d'une centaine de questions, diffusé au médecin ayant rempli le certificat de décès : décisions prises, recours ou non aux soins palliatifs, aux dispositions relatives à la personne de confiance, etc. Le traitement des réponses était anonymisé. Pour 14080 questionnaires envoyés, le retour a été de 5217, soit un taux de 40 %. Plusieurs centaines de rappels téléphoniques ont permis de vérifier une répartition analogue de situations, là où les retours étaient manquants. L'enquête a été financée par le ministère de la santé et l'Ined, et réalisée par celui-ci, avec la participation de l'Observatoire national de la fin de vie, du centre d'épidémiologie des causes de décès de l'Inserm et de l'Ordre des médecins.

- administration de médicaments pour mettre délibérément fin à la vie.	38	0,8
Décision prise sans considérer qu'elle pourrait hâter la mort du patient	1097	23,2
Décision de tout faire pour prolonger la vie	576	12,2
Décès soudain	798	16,9
Total	4723	100

Valeurs manquantes : 168. Source : Enquête *La fin de vie en France*, Ined, 2010.

La publication de l'Ined indique que l'accélération du décès par la médication appliquée concerne davantage la cancérologie et la gériatrie, que la cardiologie ou la réanimation. Deux-tiers des patients n'étaient pas en situation de participer à la décision. Pour le tiers restant, l'association du patient s'est faite dans 80 % des cas. Moins de 7 % des décisions de limitation ou d'arrêt des traitements sont prises à la demande explicite des patients, contre 19 % des décisions d'intensifier les traitements antalgiques. Seulement 2,5 % des patients avaient donné des directives anticipées. 38 % avaient désigné une personne de confiance, presque toujours la famille. Mais leur consultation (ou celle de la famille) n'a pas été systématique (deux-tiers des cas). Notons que les 0,8 % de décès « provoqués » correspondent à un nombre d'euthanasie de 4400, rapporté aux 550000 décès annuels en France.

On ne peut que conclure que la législation actuelle n'est pas parfaitement appliquée. Dès lors qu'elle n'est pas suffisamment connue, même par les professionnels, une approche empirique subsiste. *A contrario*, les pratiques médicales sont en parfait décalage avec la représentation qu'en a le public, souvent persuadé d'une volonté persistante d'acharnement thérapeutique. L'enquête de l'Ined a ce grand mérite de mettre en lumière ce qui constitue, à l'évidence, un autre profond paradoxe, que le projet de loi Leonetti-Claeys a l'ambition de traiter en modifiant le droit.

Une pratique répandue aussi en Europe

Cette réalité n'est pas seulement française, mais propre aux pays développés. Ainsi, l'institut national d'études démographiques avait préalablement publié la synthèse d'une enquête Eureld (European End-of-life Decisions)[140], menée simultanément dans six pays d'Europe : Belgique (Flandres), Danemark, Italie (quatre régions), Pays-Bas, Suède et Suisse (cantons germanophones), notant :

« Dans tous les pays, environ un tiers des décès sont survenus soudainement et de façon inattendue, ce qui exclut toute intervention médicale [...]. La mort a été précédée d'une ou plusieurs décisions de fin de vie, susceptibles d'avoir abrégé la vie du patient, dans un à deux tiers des cas restants. En considérant l'ensemble des décès, cela représente un quart à la moitié des cas selon les pays (23 % en Italie, 51 % en Suisse). Ces décisions médicales concernent d'abord la mise en œuvre de traitements de la douleur, dont un des effets peut être d'abréger la vie (19 % de l'ensemble des décès en Italie, 26 % au Danemark). Ce sont ensuite des décisions de ne pas mettre en œuvre, ou d'interrompre un traitement, rares en Italie (4 % des décès), mais plutôt fréquentes ailleurs : environ 14 % des décès en Suède, au Danemark et en Belgique, 20 % aux Pays-Bas, et 28 % en Suisse. Enfin, le décès assisté par le médecin, avec administration d'une substance dans l'intention explicite de hâter la mort, est beaucoup moins fréquent, même s'il existe dans tous les pays : d'après les déclarations des médecins, il représente de 0,1 % des décès en Italie à 1,8 % en Belgique et 3,4 % aux Pays-Bas, alors même que ces deux pays n'avaient pas légalisé l'euthanasie à l'époque de l'enquête. »

140. A. Monnier, S. Pennec, S. Pontrone et al., « Les décisions médicales en fin de vie en France », *INED, Population et Sociétés,* n° 494, novembre 2012.

Des contradictions profondes, pour un sujet dramatique et complexe

Les données précédentes peuvent-elles être influencées par le développement des soins palliatifs ? Celui-ci peut-il améliorer la dernière période du parcours du patient, suffisamment pour une « bonne » prise en charge, sans modification du protocole médical susceptible ou ayant l'objectif d'accélérer le décès ? Inversement, comment et pourquoi suggérerait-on que la prolongation de la vie de quelques semaines puisse être un objectif assigné ? L'objectif de vouloir simplement soulager au mieux les personnes en phase terminale se heurte-t-il au fait qu'il n'y a pas de claire échéance « naturelle », le niveau et la qualité de la prise en charge conditionnant, par définition, la durée de survie ?

Donner la mort, ou au moins l'accélérer, par un geste (ou une abstention, ce qui peut revenir au même) est évidemment un acte d'une extrême gravité, parfois qualifié d'assassinat, c'est-à-dire de meurtre prémédité, dans certaines procédures pénales. L'acte reste, c'est l'intention qui est d'une autre nature : non pas priver autrui de sa vie, mais le soulager en lui permettant de perdre cette vie devenue finalement impossible, du fait de la dégradation profonde et définitive de l'état de santé, d'une douleur devenue irrémédiable ou faute d'espoir de revenir à une existence décente.

Mais les questions éthiques sous-tendues surgissent aussitôt : comment définirait-on qu'une vie n'est pas décente ou « ne vaut plus la peine d'être vécue[141] » et à qui pourrait-il revenir de le décider ? Comment quantifier un niveau de souffrance physique ou psychologique qui correspondrait à un seuil inadmissible ? Que faire si la personne est inconsciente ou démente ? Même si le suicide ne relève plus du Code pénal, la décision de mettre fin à ses jours peut-elle devenir un droit reconnu par la Société ? Avec quelles conséquences individuelles et pour les tiers ? Dans le cas où il s'agit de donner suite à l'expression antérieure du patient, comment être sûr de

141. Dans la discussion du projet de loi Leonetti-Claeys, ce sujet a été longuement abordé : que signifie prolonger « inutilement » la vie ? À quel moment et selon quels critères des vies deviennent-elles inutiles, justifiant qu'on y mette fin ?

la persistance de son choix, s'il est devenu incapable de l'expliciter le moment venu ? Peut-on exclure tout risque d'erreur de diagnostic ou toute rémission inattendue ? Le choix est-il scientifique, éthique, médical, économique, ou marqué par les options philosophiques personnelles et l'inévitable subjectivité des intervenants ?

La constante difficulté à répondre catégoriquement à ces questions explique la prudence du législateur. Celle-ci est aussi le fruit de la culture et de l'histoire. Et à l'évidence, les pratiques euthanasiques des régimes totalitaires ont marqué, pour longtemps, les esprits. De plus, le nombre d'aspects à traiter empêche toute réponse univoque et implique de distinguer clairement entre de nombreuses situations.

Les réponses ne sont pas neutres pour les greffes d'organes. Le protocole de la conférence internationale de Maastricht (1995) distingue *quatre catégories* : les personnes décédées avant l'hôpital et non réanimées (un prélèvement suppose une intervention rapide) ; les personnes en arrêt cardiaque dont la réanimation n'a pas permis la récupération hémodynamique ; les personnes « dans l'attente d'un arrêt cardiaque », dont le pronostic a conduit à arrêter tout traitement et présentant un « problème neurologique majeur » ; les personnes en mort encéphaliques, en arrêt cardiaque. Dans la troisième catégorie, l'arrêt cardiaque est contrôlé, le patient devenant « donneur potentiel ». La France n'y a pas recours, au regard des questions éthiques et des risques de dérives. Mais l'attente de la mort cérébrale peut compromettre la qualité des greffons, donc les chances de survie des receveurs… Les évolutions législatives et règlementaires ont donc des conséquences jugées positives pour les uns, au risque de choix plus « expéditifs » pour d'autres.

La loi Leonetti : une réponse suffisante ?

La loi n° 2005-370 du 22 avril 2005 relative aux droits des malades et à la fin de vie, insérée dans le code de la santé publique précise le droit et les pratiques, selon des principes :

- tous les moyens thérapeutiques doivent être mis en œuvre pour soulager la douleur ;
- l'obstination déraisonnable est rejetée et le patient a le droit de refuser un traitement ;
- chacun peut exprimer à l'avance ses souhaits sur sa fin de vie grâce aux directives anticipées ;
- si le malade est inconscient, l'arrêt ou la limitation du traitement ne peuvent être décidés sans procédure collégiale et consultation des directives anticipées ou de la personne de confiance.

Reformulant certaines dispositions du titre 1er du Code de la santé publique, consacré aux droits des personnes malades et des usagers du système de santé, la loi développe ainsi les principales dispositions de la loi précitée du 4 mars 2002, qui traitait déjà du rôle de la personne de confiance et insistait sur les développements des soins palliatifs, l'accompagnement des mourants, le respect de la volonté des malades et le refus de l'acharnement thérapeutique, qui devient l'obstination déraisonnable. La loi Leonetti reste cependant largement méconnue du grand public. Le législateur a jugé que la loi restait insuffisante et le projet de loi en cours d'adoption marque des évolutions significatives, et parfois problématiques.

L'exploitation « d'affaires » pour argumenter les positions

Des situations particulières, souvent médiatisées, mais aussi déformées, sont à l'origine de fréquents débats, aboutissant ou non à des remises en question ou à des décisions, ayant parfois contribué à accélérer les initiatives législatives. Le calendrier de l'action publique peut ainsi suivre, avec un certain décalage, ce qui a agité la presse. Les groupes de pression s'en servent, afin de façonner l'opinion. Sans pouvoir les citer toutes, certaines affaires traduisent la complexité des enjeux.

Aux États-Unis, elles ont atteint une dimension inconnue ailleurs, allant jusqu'à impliquer directement le président, alors que des jugements étaient attendus. Citons seulement :

- l'affaire Karen Ann Quinlan : en 1975, elle tombe dans le coma au cours d'une fête. Après réanimation, des lésions irréversibles du cerveau sont confirmées et elle est placée sous respirateur. Ses parents autorisent qu'il soit débranché, mais n'ont pas la garde légale de leur fille majeure. Une longue procédure s'ensuit, médiatisée. La cour suprême du New Jersey confie la garde aux parents et confirme que la mort par l'arrêt du respirateur sera considérée comme naturelle. Les médecins ne s'y résolvent pas. Finalement débranchée, elle survit, dans une autre institution, sous-alimentation artificielle, et décède en 1985 ;
- l'affaire Terri Schiavo : en 1991, l'état de cette Américaine victime d'un arrêt cardiaque, après hypokaliémie, entraînant des lésions cérébrales graves, ne permet plus d'envisager d'amélioration. En 1998, son ex-mari a demandé l'arrêt de l'alimentation, ce que ses parents refusaient. La justice fédérale a néanmoins conclu à l'opportunité de la laisser mourir et l'alimentation artificielle a été interrompue, provoquant la mort.

Des affaires ont eu un retentissement international également en Italie :

- l'affaire Eluana Englaro, du nom de la patiente : en état végétatif irréversible après un accident de voiture en 1992. Son père a entrepris en 1999 des démarches pour l'arrêt de l'alimentation artificielle, renouvelées en 2004 après un premier refus de la justice. Des décisions contradictoires interviennent entre 2005 et 2009, conduisant à un décret-loi empêchant l'euthanasie, que le président de la République refuse de signer. Son alimentation est suspendue en 2009 et les procédures judiciaires après son décès n'aboutissent pas.
- l'affaire Piergiorgio Welby, peintre et poète, également cloué dans son lit par une maladie évolutive le privant peu à peu, même de l'usage de ses doigts, s'est également vu refuser le droit qu'il soit mis fin à ses jours, ce que sa famille, d'ailleurs, refusait. Un anesthésiste acceptera, en 2006, de débrancher les appareils, la mort survenant en peu de minutes. Dans le débat public intense, l'Église refusera les funérailles religieuses. Les poursuites contre le médecin

seront abandonnées. Cette affaire est illustrative de la place systématiquement laissée à un médecin, car en pratique, aucune compétence n'était requise pour arrêter les appareils.

En France, plusieurs dossiers ont eu un retentissement national :

- l'affaire Christine Malèvre : infirmière à Mantes-la-Jolie, elle a été condamnée, en 2003, à 10 ans de prison en première instance et à 12 ans en deuxième instance pour avoir, jusqu'en 1998, donné volontairement la mort à des patients âgés en long séjour, incurables mais aussi en voie de guérison. Elle a été libérée en 2007 après quatre ans de détention. Une extrême médiatisation a été donnée à l'affaire, y compris par un livre de l'intéressée. Parmi les aspects surprenants, le fait qu'elle ait pu tuer un grand nombre de personnes, sans que cela n'attire, en interne, l'attention. La saisine du comité consultatif national d'éthique en 1999 a eu lieu dans ce contexte (avis rendu en 2000) ;
- l'affaire Laurence Tramois : elle fut condamnée à un an de prison avec sursis, pour avoir prescrit, en 2003, une injection mortelle à une patiente de 65 ans atteinte d'un cancer en phase terminale. L'infirmière qui a pratiqué l'injection avait été acquittée ;
- l'affaire Chantal Sébire : atteinte d'un esthésioneuroblastome, tumeur très rare des sinus et de la cloison nasale, devenue incurable après un refus de soin, elle a réclamé le « droit de mourir dans la dignité », en appelant à la justice et au président de la République. La justice n'accédant pas à sa demande, elle a bénéficié de soins palliatifs, mais s'est suicidée finalement par barbituriques à son domicile. Le cas a été très médiatisé, relançant dans la presse, mais aussi parmi les responsables politiques, le débat sur l'euthanasie ;
- l'affaire Vincent Humbert : jeune pompier devenu tétraplégique, aveugle et muet, après un accident de la route, il a exprimé fortement son souhait d'être euthanasié, allant jusqu'à écrire au président de la République. Sa mère a indiqué publiquement son désir de l'aider. En 2003, la tentative de sa mère de l'aider à mourir échoue. C'est finalement le Dr Chaussoy, chef du service de réanimation qui arrête les soins et lui injecte une solution létale. Inculpé d'assassinat, il bénéficie d'un non-lieu en 2006. Cette affaire a sans doute accéléré la démarche législative aboutissant à la loi Leonetti ;

- l'affaire Morten Jensen : acquitté le 14 juin 2006, il avait mis fin aux jours de sa femme, atteinte d'un cancer en phase terminale, en lui injectant un calmant ;
- l'affaire Rémy Salvat : atteint d'une maladie dégénérative, ce jeune homme avait écrit au président de la République pour demander que la loi autorise l'euthanasie et s'est suicidé en août 2008.

Bien d'autres cas interpellent, comme le syndrome d'enfermement qu'a vécu Jean-Dominique Bauby, décrit dans *Le Scaphandre et le papillon*[142]. Mais on ne saurait comparer l'action isolée d'une soignante, perdant le sens du service et « achevant », seule et en silence, des personnes qui n'avaient rien demandé ou qui ne se seraient exprimées qu'à elle, à des personnes conscientes, demandant à en finir, soit parce qu'elles estiment que leur vie ne vaut pas ou plus d'être vécue (un jeune homme tétraplégique, sans sensibilité et donc sans souffrance physique, mais ne disposant que de l'ouïe et de la mobilité de son pouce, nourri par sonde, dont la souffrance psychologique ne peut être contestée), que la maladie est devenue intolérable ou que la fin est proche.

Indépendamment des réactions qu'elles suscitent, ces affaires ne suffisent pas à traduire la réalité, n'étant généralement que des exemples paroxystiques de situations bien plus diverses. Et les exemples contraires existent, empêchant de conclure, au nom de la compassion ou de l'affirmation des droits de la personne, qui ne sont d'ailleurs pas reconnus ainsi par l'institution judiciaire :

- l'arrêt Diane Pretty contre Royaume-Uni du 29 avril 2002 de la Cour européenne des droits de l'homme (CEDH) : il traite de l'euthanasie et a été fortement médiatisé. Madame Pretty, souffrant d'une sclérose latérale amyotrophique (SLA) avancée, maladie mortelle, et n'était plus en état de mettre elle-même fin à ses jours, demandait l'autorisation pour son mari d'agir à sa place en le protégeant celui-ci de poursuites pénales. Le refus du Royaume-Uni, où le suicide assisté est un meurtre, l'avait conduit à saisir cette juridiction européenne qui a rejeté sa demande. Elle est morte quelques jours après la publication de l'arrêt ;

142. J.-D. Bauby, *Le scaphandre et le papillon*, Robert Laffont, 1997.

- l'affaire Vincent Lambert : à la suite d'une requête en référé-liberté, le tribunal administratif de Châlons-en-Champagne, par une ordonnance du 11 mai 2013, a décidé le rétablissement de l'alimentation et de l'hydratation, supprimés dans un service du Centre hospitalier régional de Reims pour un malade en coma pauci-relationnel, placé en service de soins palliatifs. Dans cette affaire exemplaire, il faut souligner que la collégialité de la décision n'était pas démontrée, que la famille était divisée sur la décision, soulevant par ailleurs la question de la définition de l'alimentation entérale, soin thérapeutique ou seulement nutritionnel… Les nombreux développements qui ont suivi, et notamment les décisions de la justice administrative et de la justice européenne illustrent la grande difficulté à donner des réponses simples, tant sur la définition du soin (que sont ou non l'alimentation et l'hydratation) et de son caractère raisonnable et proportionné, que sur la place de la famille (ici divisée), l'expression de la volonté (non formalisée par des directives écrites) et le statut du patient (qui n'est nullement en fin de vie).

De fait, l'arrêt de l'alimentation et de l'hydratation est générateur d'une souffrance supplémentaire, mais son maintien, qui n'est jamais un traitement déraisonnable ou disproportionné, démontre que la fin de vie n'est pas nécessairement consécutive à l'arrêt des autres traitements. Cela soulève en conséquence la question de la conduite à tenir pour des patients en situation de coma prolongé durant des années. En l'espèce, laisser mourir d'inanition revient évidemment à tuer, comme l'a illustré l'affaire Terri Schiavo, Américaine dans le coma durant 15 ans et décédée en 2005 après interruption de son alimentation.

On peut donc, non seulement trouver des situations d'erreurs de diagnostic, qui ont failli conduire à une issue fatale non justifiée[143], des situations dans lesquelles la décision d'euthanasie s'est trouvée contestée par la famille, mais même des prélèvements d'organes sur le point d'être effectués sur un patient déclaré mort et dont l'état réel est bien vivant, comme dans l'affaire Colleen S. Burns : la presse internationale en a rendu compte, en juillet 2013,

143. Par exemple, pour Angèle Lieby, dans l'incapacité de bouger et de parler, mais pas du tout dans le coma et qui raconte son expérience dans son livre *Une larme m'a sauvée,* Les Arènes, mars 2012, p. 232.

date de la condamnation de l'hôpital Saint Joe de Syracuse, aux États-Unis. Hospitalisée pour une overdose médicamenteuse, puis déclarée morte, Madame Burns s'est réveillée plusieurs jours plus tard, sur la table d'opération, au moment du prélèvement de ses organes ! L'intéressée, visiblement mal prise en charge dans la durée, s'est suicidée 16 mois plus tard. Elle était mère de trois enfants.

On n'ose imaginer que certains patients se trouveraient dépecés, sans que la mort clinique ne soit bien certaine. C'est pour cela qu'en France, on n'opère de prélèvements que sur des patients dont la mort cérébrale est avérée et « à cœur arrêté » et non sur des patients de la catégorie 3 (en arrêt de soins, à cœur contrôlé) du protocole de Maastricht précité. Cela n'a pas empêché, dans un hôpital parisien, une situation équivalente à celle de l'hôpital de Syracuse, comme l'a rapporté *Le Monde* du 11 juin 2008.

Tous les cas recensés dans la presse ou dans les débats d'experts servent à conforter les opinions déjà émises, sans faire douter ni fléchir les tenants de chaque thèse, opposant schématiquement les défenseurs du droit individuel à décider de son sort et ceux du respect inconditionnel de la vie.

D'un extrême à l'autre, quelques discours en présence

Un panorama ne saurait être exhaustif, tant le sujet de la fin de vie et de l'euthanasie traverse les discours politiques, philosophiques, religieux, médicaux… On se bornera donc ici à quelques exemples.

L'association pour le droit de mourir dans la dignité (ADMD) a été créée en 1980 et affiche 50000 membres, ce qui est important. Son approche ne concerne pas spécifiquement les personnes malades en fin de vie, mais est très large. La page d'accueil de son site Internet s'intitule « Ne nous laissons pas voler notre Ultime Liberté » et précise aussitôt :

« Depuis trente-cinq ans, l'Association pour le Droit de Mourir dans la Dignité milite pour que chaque Française et chaque Français puissent choisir les conditions de leur propre fin de vie. Conformément à ses conceptions personnelles de dignité et de liberté.

Dans cette perspective, l'ADMD entend obtenir qu'une loi visant à légaliser l'euthanasie et le suicide assisté et à assurer un accès universel aux soins palliatifs soit votée par le Parlement, comme le réclament 94 % des Français interrogés par l'institut de sondage Ifop en août 2011. Avec le vote de cette loi, les Français bénéficieraient d'une loi d'Ultime Liberté, comme les Néerlandais, les Belges, les Luxembourgeois et les Suisses en disposent dans leur propre pays. »

L'intervention de l'ADMD dépasse donc largement le sujet, puisqu'elle veut promouvoir le libre droit de chacun à disposer de sa vie, mais elle l'englobe, puisque les premières personnes concernées sont bien celles menacées par les atteintes et les pathologies du grand âge, mais pas seulement[144]. Elle a aussi organisé un fichier national des directives anticipées, qui permet de s'assurer de la sauvegarde de la volonté ainsi exprimée. Un service d'écoute téléphonique complète les prestations.

Le Conseil national de l'ordre des médecins s'est déclaré favorable, à l'unanimité moins une voix, à la sédation terminale à des patients qui le demanderaient de manière réitérée. Dans son texte adopté le 8 février 2013 et publié le 14 février 2013 (Fin de vie, « Assistance à mourir »). C'est une inversion de position importante, même si la formulation du texte est particulièrement prudente, observant que « la loi peut n'offrir aucune solution pour des agonies prolongées ou pour des douleurs psychologiques et/ou physiques, qui malgré les moyens mis en œuvre, restent incontrôlables. »

144. Cependant, les exemples des pays voisins montrent les risques de dérives : développement du suicide assisté, euthanasie active de patients psychiatriques et de mineurs, irrespect des procédures imposées par la loi, risques de pressions incitant à la demande de sédation ou d'euthanasie. Les statistiques révèlent un développement important du nombre de morts volontaires et l'élargissement des indications, dans la loi et dans les faits.

« Sur des requêtes persistantes, lucides et réitérées de la personne, atteinte d'une affection pour laquelle les soins curatifs sont devenus inopérants et les soins palliatifs instaurés, une décision médicale légitime doit être prise devant des situations cliniques exceptionnelles, sous réserve qu'elles soient identifiées comme telles, non par un seul praticien, mais par une formation collégiale. Une sédation adaptée, profonde et terminale délivrée dans le respect de la dignité pourrait être envisagée, par devoir d'humanité, par un collège dont il conviendrait de fixer la composition et les modalités de saisine. Ce collège fonderait son avis sur l'évaluation de la situation médicale du patient, sur le caractère réitéré et autonome de sa demande, sur l'absence de toute entrave à sa liberté dans l'expression de sa demande. »

Le Conseil de l'Ordre entoure cette proposition de conditions, comme la nécessité absolue de la collégialité et le principe d'une clause de conscience pour le praticien. Il reste que le texte soulève de très nombreuses questions : s'agit-il bien d'une décision médicale ? En quoi le serait-elle puisqu'il ne s'agit plus de soigner, mais d'achever le patient ? En quoi est mobilisée la compétence médicale, si ce n'est dans la confirmation du pronostic et non dans l'acte de sédation terminale ? Comment définir la situation exceptionnelle ? Selon quels indicateurs ? Peut-on mettre sur le même plan l'agonie et la douleur psychologique, sans aller vers le suicide assisté ? Autant de questions qui témoignent de contradictions, soulevées à nouveau dans la discussion législative récente.

La Société française d'accompagnement et de soins palliatifs a une position claire. Dans une interview au journal *Le Monde*[145], son nouveau président, Vincent Morel l'exprime : « donner la mort ne relève pas de la médecine ». Soulignant que la demande de mort disparaît dans la plupart des cas lorsque les soins et l'accompagnement sont de qualité, il reconnaît aussi qu'il existe des demandes persistantes, plus de suicide assisté que d'euthanasie. La souffrance de ne pas être entendu ne relève pas des soins palliatifs et celle d'euthanasie ne relève pas de la médecine, c'est *« tout le paradoxe »* :

145. Le 4 octobre 2012.

> *« Toutes les propositions qui militent pour la dépénalisation de l'euthanasie, censées donner plus de liberté aux patients, renforcent en réalité le pouvoir médical : dans tous les dispositifs, c'est le médecin qui fait l'expertise, qui décide et c'est lui qui fait l'acte. »*

Or, pourquoi associer le médecin à un geste qui relève de l'autodétermination ? Est-ce qu'une personne peut demander à l'État d'organiser la fin de sa vie pour y mettre un terme plus rapidement ? C'est une question qui interroge la Société bien au-delà du champ médical. Et si le législateur considérait qu'il faille aller dans ce sens – ce que nous ne souhaitons pas –, il n'a pas besoin d'un médecin pour faire le geste euthanasique. Qu'il y ait des médecins en amont pour s'assurer de l'état du patient, de son consentement, d'accord. On pourrait s'orienter vers des dispositifs, comme celui de la Suisse ou de l'Etat américain de l'Oregon où le médecin fait l'expertise, prescrit le produit mais ce n'est pas lui qui fait l'acte. »

Le président de la SFAP ajoute, que même si ce sont bien les soins palliatifs qui pratiquent l'euthanasie dans les pays où elle est légalisée, comme les Pays-Bas et la Belgique…

> *« Cela pose un grand nombre de difficultés aux équipes. Les médecins qui pratiquent le geste euthanasique n'en sortent pas indemnes. Ils se plient à la loi, en essayant de le faire le moins mal possible mais s'inquiètent du fait que l'euthanasie, qui devait faire face à des cas d'exception, devient un droit et pourrait même devenir une norme ».*

La position de l'Église catholique a été formulée par le Pape Pie XII, dans un discours célèbre, prononcé le 24 février 1957, devant une assemblée internationale de 500 praticiens et cette position doctrinale a été approfondie et reprise par ses successeurs[146], notamment dans l'encyclique *Evangelium vitae* de Jean-Paul II du 25 mars 1995. Répondant à des interrogations de médecins, le Pape énonce :

146. Pie XII, Problèmes religieux et moraux de l'analgésie (discours du 24 février 1957). *Documentation Catholique 1957*, n° 1247, col. 337-340 (In P. Verspieren, *Biologie, Médecine, et Éthique*, Le Centurion, 1987, p. 347-364).

« Toute forme d'euthanasie directe, c'est-à-dire l'administration de narcotique afin de provoquer ou de hâter la mort, est illicite, parce qu'on prétend alors disposer directement de la vie. C'est un des principes fondamentaux de la morale naturelle et chrétienne que l'homme n'est pas maître et possesseur, mais seulement usufruitier de son corps et de son existence. On prétend à un droit de disposition directe, toutes les fois que l'on veut l'abrègement de la vie comme fin ou comme moyen. [...] La suppression de la douleur et de la conscience par le moyen des narcotiques (lorsqu'elle est réclamée par une indication médicale) est-elle permise par la religion et la morale au médecin et au patient (même à l'approche de la mort et si l'on prévoit que l'emploi des narcotiques abrégera la vie) ? Il faudra répondre : « S'il n'existe pas d'autres moyens et si, dans les circonstances données, cela n'empêche pas l'accomplissement d'autres devoirs religieux et moraux : oui. »

Dans un discours suivant de la même année, le Pape était allé encore plus loin et a récusé tout acharnement thérapeutique qui serait effectué au nom du respect de la vie, considérant qu'il est licite de permettre l'évolution de la maladie si les moyens thérapeutiques qui seraient nécessaires dépassent les moyens ordinaires auxquels on est obligé de recourir. On ne peut dès lors « soutenir qu'il soit obligatoire de les employer et, par conséquent, d'y autoriser le médecin »[147] :

« Par conséquent, s'il apparaît que la tentative de réanimation constitue en réalité pour la famille une telle charge qu'on ne puisse pas en conscience la lui imposer, elle peut licitement insister pour que le médecin interrompe ses tentatives, et le médecin peut licitement lui obtempérer. Il n'y a, en ce cas aucune disposition directe de la vie du patient, ni euthanasie, ce qui ne serait jamais licite ; même quand elle entraîne la cessation de la circulation sanguine, l'interruption des tentatives de réanimation n'est jamais qu'indirectement cause de la cessation de la vie, et il faut appliquer dans ce cas

147. Pie XII, « Problèmes religieux et moraux de la réanimation » (discours du 24 novembre 1957), *Documentation Catholique 1957,* n° 1267, col. 1607 (In P. Verspieren, *op. cit.* p. 335-378)

le principe du double effet et celui du voluntarium in causa. »

Cette position claire n'est pas nouvelle, on peut la trouver dans la pensée de Saint Thomas d'Aquin (notamment la notion de double effet d'un choix, positif et négatif, le bien devant l'emporter). Elle apporte un démenti à la dénonciation fréquente du dolorisme ou de la recherche janséniste de la rédemption par la souffrance, qui a été le fait de certaines figures de l'Église, mais que la doctrine n'impose en aucune façon aux patients comme un but, même si elle s'efforce de lui donner un sens. En revanche, pas question pour le magistère d'accepter que l'on mette délibérément fin à une vie, quelle que soit la situation, le principe général ne souffrant d'aucune exception.

De nombreuses associations ainsi que des partis politiques, militent pour une évolution radicale du droit, au nom de la liberté individuelle et du droit de disposer « librement » de sa vie. D'autres, d'inspiration religieuse ou non, plaident pour le respect absolu de la vie, au nom de sa valeur sacrée, de l'interdiction absolue de tuer, du sixième des dix commandements, ou simplement pour la prévention de dérives euthanasiques jugées inévitables en cas d'évolution permissive de la législation. D'autres encore suggèrent qu'en induisant l'idée qu'il relèverait d'abord de chacun de mesurer si sa propre vie serait inutile ou « de trop », ou indigne d'être vécue, on risque de ne laisser le choix qu'entre deux maux, plutôt que d'offrir, dans la limite du possible, des perspectives d'une fin d'existence plus apaisée.

Ajoutons, pour conclure ce cours passage en revue, qu'il est souvent fait état de sondages, qui refléteraient très majoritairement une opinion acquise à l'accélération de la fin de vie. Ce que les études révèlent d'abord, c'est la très profonde méconnaissance des pratiques et des procédures existantes. Il faut de nombreuses années pour la diffusion de l'information. Les réactions de sondés, face à des questions très réductrices et à l'emporte-pièce, sont ainsi avant tout des réponses émotionnelles. Plus préoccupant est le fait que le corps médical et les soignants restent aussi largement ignorants du droit. Dans un contexte complexe, la réflexion s'impose et la conclusion a été tirée de manière spécifique à chaque pays, avec une grande variété de situations.

Fin de vie : de l'accélération provoquée du décès à l'euthanasie

Les conditions de l'arrêt des traitements et de la sédation pouvant accompagner la fin de vie sont précisées, dans leur formalisme, par le Décret n° 2010-107 du 29 janvier 2010 relatif aux conditions de mise en œuvre des décisions de limitation ou d'arrêt de traitement : démarche collégiale, prise en compte des directives anticipées, consultation de la famille et de la personne de confiance. Si l'état cérébral du patient ne permet pas d'évaluer la douleur, le traitement doit néanmoins être effectué, l'article R. 4127-37 du code de la santé publique étant complété en ce sens.

Impossible, en pratique, de délimiter finement la frontière entre l'accélération du décès par arrêt des thérapeutiques actives et l'euthanasie, sauf geste létal évident. La transition est fonction de l'état du patient. Cela rend vaines les distinctions subtiles entre la sédation terminale qui serait distincte du geste euthanasique. Si l'on sait que l'accroissement des opioïdes suffira, quelle différence avec le chlorure de potassium ou le cocktail lytique DLP (Dolosal, Largactyl, Phénergan) ? C'est bien **l'intentionnalité** qui définit ici la nature de l'acte.

Pourtant, la qualification emporte largement les conséquences juridiques. C'est pourquoi il n'est pas indifférent de rapporter les réponses apportées par les pays ayant légalisé ou dépénalisé l'euthanasie.

La diversité des réponses nationales

Impossible de dresser un tableau complet des choix nationaux, rapidement évolutifs. Un courant de pensée plus « anglo-saxon » est plus sensible à la dimension individuelle, mais on la retrouve dans la Belgique catholique comme dans la Hollande protestante.

En général et très logiquement, les réponses distinguent clairement ce qui concerne l'accompagnement de la fin de vie des patients autour de définition et de conditions variables d'euthanasie (concernant la personne malade) et le droit au suicide assisté (pouvant concerner l'individu sain), soumis à des conditions plus ou moins exigeantes. Il faut également distinguer les cas où la personne dispose de son discernement de ceux où la personne est, soit inconsciente, soit incapable ou démente.

Les Pays-Bas ont été les premiers à dépénaliser l'euthanasie, par une loi du 10 avril 2001, après une évolution jurisprudentielle antérieure, soumettant le geste euthanasique à des « critères de minutie », pour s'assurer de la certitude de la libre volonté du patient, de la réalité d'une profonde souffrance, de l'impossibilité d'une évolution favorable et de l'absence d'une autre solution. Il s'y ajoute la pluralité de l'avis médical et une procédure déclarative auprès d'une commission et de l'autorité publique. Il y a eu en 2011, 3 695 euthanasies (2,7 % des 135 741 décès), la grande majorité se passant au domicile.

La Belgique a voté une loi dépénalisant l'euthanasie, le 28 mai 2002. Les conditions exigées sont proches de la législation hollandaise, notamment la souffrance physique ou psychique insupportable, ne pouvant être apaisée et résultant d'une affection grave et incurable. Une déclaration anticipée, devant témoins, l'intervention de personnes de confiance sont aussi prévues, ainsi que l'intervention d'une commission de contrôle *a posteriori* et une clause de liberté de conscience permettant le refus au médecin. L'Ordre des médecins belges s'est estimé incompétent dans le débat, dès lors que le législateur était intervenu[148]. Le Luxembourg s'est placé sous le cadre d'une législation analogue, ajoutant l'assistance au suicide (mentionnée aussi par les Pays-Bas), en 2008, après un vif débat public.

La Suisse connaît une autre législation. L'euthanasie n'y est pas autorisée, mais certains cantons admettent une assistance

148. Mais le pays connaît aussi des recours. Ainsi, Marcel De Ceuleneer a contesté l'euthanasie de sa mère, âgée de 88 ans, mais ne souffrant d'aucune maladie incurable mais avait trouvé un médecin acceptant sa décision. La commission de contrôle avait validé l'acte du médecin. La justice a décidé du non-lieu.

au suicide. L'incitation au suicide d'autrui n'est réprimée que si elle obéit à un motif « égoïste ». Les conditions sont le discernement, une demande sérieuse et répétée, une maladie incurable, une souffrance intolérable et un pronostic fatal ou une invalidité importante. Des associations fournissent le concours matériel pour passer à l'acte et certaines acceptent des volontaires étrangers. Elles prennent soin d'une traçabilité des actes de chacun, apportant le moyen de la drogue que la personne s'administre. Certaines exigent une rémunération importante. Entre le cinquième et le tiers des suicides sont le fait de personnes qui ne souffrent pas d'une maladie incurable.

Aux États-Unis, l'État de l'Oregon, le Montana et le district de Washington connaissent une législation spécifique.

En France, la Cour de cassation a rappelé (à propos de la gestation pour autrui) que le principe de l'indisponibilité du corps humain est d'ordre public (Cass. ass. plén., 31 mai 1991). Cela signifie aussi que chacun ne peut en disposer pour se tuer, même si toute sanction est, en l'espèce impossible.

Les risques de dérives seraient-ils évitables ?

Il suffit d'une attention portée à la presse quotidienne, pour voir les nombreuses expressions plaidant pour un élargissement régulier des pratiques, que les pays aient ou non légiféré sur le sujet. Cela a été le cas en Belgique, où des projets d'extension sont régulièrement proposés. Dans les pays dont le législateur s'est prononcé, le débat n'est ainsi pas clos.

- En juillet 2013, la presse nous apprend que le protocole de « fin de vie », connu sous le nom de « Liverpool Care Pathway » (LCP) reposant sur la sédation terminale ou palliative et appliqué largement au Royaume-Uni devrait être prochainement abandonné ou fortement revu, aux termes d'une enquête parlementaire, en raison de « trop » d'abus de procédure.

- Un candidat du « Voluntary Euthanasia Party » australien soutient dans son programme le droit au suicide des personnes âgées volontaires, au nom des économies pour la protection sociale. Ce qui peut paraître une anecdote de mauvais goût est une question fréquemment posée : l'économie du coût très important des derniers jours de la vie, mis en rapport avec la piètre qualité de la survie qu'il a permis. Que cela puisse conduire à des choix gestionnaires serait grave, mais sans aller à cette extrémité, le risque est présent dans nos sociétés : combien de personnes âgées expriment le fait de coûter à leur famille ou à la société, même s'il faut y lire la crainte dissimulée de l'abandon.
- La presse hollandaise, reprise par d'autres médias, s'est fait l'écho d'autres affaires : médiatisation télévisuelle d'une jeune hollandaise, souffrant d'une pathologie non immédiatement mortelle, faisant la fête avant d'organiser le lendemain matin son suicide ; ouverture d'une clinique spécialisée pour les patients dont les demandes sont refusées par les médecins traitants ; collecte sur l'Internet, par une femme de 60 ans, pour financer l'édition d'un livre autobiographique sur sa vie et son suicide annoncé… La ministre de la santé a dû répondre à l'interrogation d'un magistrat retraité, pour indiquer qu'il n'était pas question de « judiciariser » l'euthanasie en permettant l'enregistrement préalable de la décision individuelle par le juge ou le notaire, exonérant le médecin. Jusqu'aux interrogations sur les circonstances réelles du décès du prince Friso des Pays-Bas, après son coma prolongé. Il n'est pas étonnant que cette abondance médiatique concerne un pays pratiquant l'euthanasie.

Certaines affaires semblent s'éloigner du sujet. Elles révèlent pourtant deux aspects qui y sont liés : d'une part, l'affirmation répétée que, non seulement tout est permis à chacun et est possible, mais qu'il doit s'agir d'un droit ; d'autre part, la capacité des médias à traiter sur un même plan, sans recul sur les circonstances et les valeurs, tous les cas particuliers, et en premier lieu ceux qui sont exceptionnels ou extrêmes.

Dans les pays ayant légalisé l'euthanasie, des voix s'élèvent pour demander l'extension, non plus seulement aux personnes ayant exprimé leur volonté, mais aussi aux patients atteints de maladie d'Alzheimer, aux déments, aux mineurs jeunes. Une trentaine de propositions d'élargissement de la loi ont été formulées en Belgique et certaines ont été adoptées. Il s'ajoute à ces orientations une expression d'euthanasie « altruiste », certains patients ayant exprimé le vœu que leurs organes sains puissent être prélevés pour d'autres[149]...

Pendant ce temps, la saga des « affaires » se poursuit en France, avec le cas récent du Dr Bonnemaison : ce médecin accusé de huit cas d'empoisonnement de personnes âgées à l'hôpital de Bayonne en 2011, n'a pas nié les faits, déclarant qu'il avait agi en conscience. C'est aussi l'avis exprimé par... la ministre chargée des personnes âgées qui s'est dite « convaincue que les intentions du Dr Bonnemaison n'étaient pas celles d'un meurtrier ou d'un empoisonneur mais celles d'un médecin qui a pris des responsabilités qu'il conviendra de juger[150] ». Autre indice d'un débat annoncé sur la fin de vie ? Acquitté en première instance, il n'a été finalement condamné, après appel du parquet, qu'à une peine minime et pour un seul meurtre d'une personne âgée.

Des problématiques restant ambiguës pour des enjeux majeurs

On ne peut évidemment pas raisonner à partir de cas particuliers, en tirer d'indiscutables conclusions dans le domaine du droit des personnes ou de la prise en charge médicale et soignante. Les exemples contradictoires, sortant souvent de l'ordinaire, sont montés en épingle. Sans nier leur réalité, ils ne peuvent pas servir à définir une norme générale. Pas plus que l'on ne saurait doser ou quantifier la souffrance morale des personnes, qui ne relève pas tant d'une administration d'anxiolytiques que du maintien ou d'une absence de relation humaine, même si celle-ci ne peut pas tout. Faire

149. L'aventure médicale de la greffe de rein en France a débuté en prélevant les reins d'un condamné à mort, guillotiné le 12 mai 1951 à la prison de... la Santé, avant un second le 28 novembre 1951.

150. Le 24 octobre 2015, le verdict sera de deux ans d'emprisonnement avec sursis.

la part des choses est, par essence, impossible. Tout au plus peut-on s'approcher d'une vérité partielle.

Même si l'on tente de répondre à certaines questions qui précèdent, les réalités sont infiniment plus nuancées que l'approche dichotomique courante, et la frontière entre les gestes médicaux extrêmement ténue. Ainsi, la distinction entre euthanasie active (l'injection létale) et euthanasie passive (l'arrêt des machines ou des traitements) est simpliste et ne traduit pas toute la réalité. Sans prétendre à l'exhaustivité, il faut au moins **distinguer la dimension médicale et la dimension juridique.**

- *Sur le plan médical*, accéder à la demande du patient d'abréger sa vie peut revêtir des formes très différentes, selon une gradation allant de l'arrêt de certaines interventions (l'arrêt des traitements jugés déraisonnables, en débranchant les appareils d'assistance respiratoire ou autres, jusqu'à l'arrêt de l'alimentation et de l'hydratation) à leur intensification (l'augmentation des doses de médicaments sédatifs ou analgésiques ou encore l'administration d'une substance entraînant rapidement la mort), voire à l'aide au suicide (le suicide assisté, par exemple en Suisse).
- *La qualification juridique* découlera de l'attitude médicale, selon une gradation inverse, puisque l'aide au suicide et l'administration directe de substances létales sont totalement proscrites par le droit français. En revanche, l'absence d'action, comprise comme l'ATA (l'arrêt des thérapeutiques actives) est clairement permise.

Ces distinctions sont apparemment simples, mais en réalité, les situations rencontrées ne se laissent pas nécessairement catégoriser. Dans une même situation, les intervenants apporteront des réponses concrètes différentes et même contradictoires. Selon quel niveau de posologie jugera-t-on qu'une variation de dose relève de l'analgésie ou de la sédation ? Chaque situation est finalement unique. C'est pourquoi les données statistiques mentionnées supra ont elles-mêmes leurs limites. La population de l'étude de l'Ined était tout sauf homogène et rien n'établit même qu'elle n'était totalement constituée que de patients en fin de vie.

Le Comité consultatif national d'éthique explique très clairement dans son avis 121 pourquoi les distinctions subtiles ne sont pas liées à la dose mais à l'intention :

> « *Les doses utilisées sont titrées et adaptées à l'intention. Si la sédation est continue, la mort survient effectivement, mais dans une temporalité qui ne peut pas être prévue et dans un contexte de relatif apaisement qui peut favoriser l'accompagnement par les proches. Si le produit sédatif est utilisé pour mettre fin à la vie d'une personne à sa demande, il s'agit d'une euthanasie. Le médecin ne procède pas du tout de même, et le médicament sédatif est souvent employé à dose crescendo jusqu'au décès (p. 37)* ».

Le choix fait en première intention peut se révéler inadapté ou insuffisant. Ainsi, l'arrêt des machines peut ne pas entraîner rapidement la mort, ouvrant, cas fréquent, la perspective cruelle d'une absence d'alimentation ou d'hydratation, jusqu'à une lente et difficile agonie que l'on voulait prévenir. La tentation sera alors forte d'accélérer la fin préalablement programmée.

L'expression de la volonté du patient peut aussi être totalement impossible, imposant de solliciter l'entourage. Et le consensus familial peut ne pas être au rendez-vous ou le report de la responsabilité s'avérer insupportable à la famille accablée.

Conclusions

La première conclusion est qu'il est vain de vouloir traiter uniformément des situations très diverses : entre le patient exposé à une évolution fatale à très court terme et celui susceptible de rémission, entre le grand prématuré et le grand vieillard, entre la personne consciente et celle en coma prolongé, entre celle capable de mouvement et celle en état pauci-relationnel, aucune attitude uniforme n'a de sens.

Sur le strict plan du droit, est-il pertinent de revoir l'équilibre juridique actuel : le suicide assisté poserait de redoutables questions, l'influence des tiers pouvant être incitative, contrevenant au libre arbitre. Comment le concilier avec l'obligation de l'assistance à personne en danger ? Un peu comme si le pompier regardait une personne suicidaire se noyer sans intervenir. Faut-il prendre le risque d'une évolution forte de la législation pour traiter des situations qui restent très particulières, alors que la construction juridique actuelle n'est pas pleinement utilisée ? En pratique d'ailleurs, comment faire, au service d'accueil des urgences, lorsque le véhicule de secours arrive ? Réanimer ou non la personne selon l'éventuelle déclaration d'intention ou les directives anticipées qu'elle aurait laissées ?

Quant à l'euthanasie, pourquoi considérer que c'est un geste médical et en donner le monopole au médecin, si elle n'est pas de sa décision ? Et comment, à l'inverse, lui laisser cette décision ultime ? La collégialité vise-t-elle à assurer la correcte indication (mais il faudrait l'appliquer alors à bien d'autres gestes) ou à diluer la responsabilité en la rendant, dans l'apparence, collective ? Ces remarques reprennent ce que formulait, lors d'un colloque organisé le 1er février 2013, à l'Assemblée nationale, le professeur Puybasset, anesthésiste réanimateur, et chef de service de neuro-réanimation chirurgicale à la Pitié-Salpêtrière : « Ce n'est pas un traitement que d'arrêter le cœur de quelqu'un ».

Les pistes du Rapport Sicard

Le rapport demandé par le président de la République à la commission présidée par le Pr Sicard[151], ancien président du CCNE, avait, semble-t-il, pour objectif de donner une première suite concrète à l'engagement n° 21 du candidat à l'élection présidentielle. Remis en décembre 2012, le rapport souligne que la loi Leonetti reste in-

151. D. Sicard et al. « Penser solidairement la fin de vie ». Rapport au président de la République de la commission de réflexion sur la fin de vie en France, 18 décembre 2012.

suffisamment connue et donc mal appliquée, bien que répondant à la plupart des cas de figure. Il recommande de ne pas précipiter une éventuelle évolution législative. Mais il ajoute que si l'assistance au suicide devait être instituée néanmoins, par exception pour les « personnes atteintes d'une maladie évolutive et incurable au stade terminal » pour lesquelles pourrait être accordée une « assistance au suicide en cas de demande libre et éclairée », il faudrait un encadrement puissant.

Il récuse clairement la perspective de l'euthanasie qui ferait passer la médecine « du devoir universel d'humanité de soins d'accompagnement à une action si contestée d'un point de vue universel » :

> *« Il semble inconcevable qu'une loi puisse établir de façon générale les situations dans lesquelles l'euthanasie pourrait être réalisée, autrement dit qu'elle dicte une norme déterminant les cas où l'assistance au suicide serait possible. Tout déplacement d'un interdit crée nécessairement d'autres interdits. Répondre à des situations exceptionnelles dans un cadre législatif ne pourra jamais écarter le recours à la demande de nouvelles exceptions toujours imprévues initialement. »*

La pratique euthanasique développe en effet sa propre dynamique résistant à tout contrôle efficace, et tend nécessairement à s'élargir, avec un curseur qualitatif sans cesse mouvant qui ne revient jamais en arrière. Elle intériorise des représentations sociétales négatives d'un certain nombre de situations de vieillesse, de maladie et de handicap.

Elle peut susciter la crainte paradoxale d'une solution par défaut, d'une intervention médicale non souhaitée, en particulier pour des raisons économiques. Elle se heurte à une forte résistance du corps médical, sauf en cas de suicide assisté, qui les déleste de la plus grande part de leur responsabilité. En se centrant sur la volonté de la personne concernée, elle peut faire l'impasse sur l'importance de l'accompagnement. Car « tout déplacement d'un interdit crée d'autres situations limites, toujours imprévues initialement et susceptibles de demandes réitérées de nouvelles lois. À proprement parler cependant, comme développé supra, la frontière est si mince qu'elle cesserait dans certains cas d'exister (p. 85). »

Proposant une très vaste série de mesures concernant les moyens des structures de prise en charge palliative, l'information sur la législation actuelle, la formation effective des médecins en la matière, la commission n'exclut cependant pas la possibilité de hâter la mort « dans les phases ultimes de l'accompagnement en fin de vie » :

« Lorsque la personne en situation de fin de vie, ou en fonction de ses directives anticipées figurant dans le dossier médical, demande expressément à interrompre tout traitement susceptible de prolonger sa vie, voire toute alimentation et hydratation, il serait cruel de la « laisser mourir » ou de la « laisser vivre », sans lui apporter la possibilité d'un geste accompli par un médecin, accélérant la survenue de la mort. »

Cette grave décision prise par un médecin engagé en conscience, toujours éclairée par une discussion collégiale, et présente dans le dossier médical, peut correspondre, aux yeux de la commission, aux circonstances réelles d'une sédation profonde telle qu'elle est inscrite dans la loi Leonetti.

Pour la commission, les critères qu'une loi voudrait imposer dans ce type de décision, ne pourront jamais contenir toute la complexité et la diversité du réel. Mais il paraît évident à la commission, que dans l'esprit de la loi Leonetti, ce serait une sorte d'acharnement de « laisser mourir » ou de « laisser vivre » une personne, après arrêt de tout traitement et des soins de support.

Aux yeux de la commission, cette grave décision relève d'édictions de recommandations de bonnes pratiques d'une médecine responsable, plutôt que d'une nouvelle disposition législative (p. 93).

Les pistes du Comité national consultatif d'Ethique

De même, les réponses du CCNE sont sans équivoques, même si l'avis 121 n'a pas été adopté à l'unanimité. Le président de la République, dans sa saisine, posait *trois questions* : Comment mieux utiliser les directives anticipées, comment rendre plus dignes les derniers instants lorsque les traitements ont été interrompus, selon quelles modalités et conditions permettre une assistance à la volonté d'un malade d'abréger sa vie ?

La réponse du Comité consultatif national d'éthique à la troisième question est très claire :

> *« En ce qui concerne le droit d'une personne en fin de vie à avoir accès, à sa demande, à un acte médical visant à accélérer son décès, et/ou le droit à une assistance au suicide, le Comité n'a pas abouti à l'expression d'une réflexion et de propositions unanimement partagées.*
>
> *La majorité des membres du Comité expriment des réserves majeures et recommandent de ne pas modifier la loi actuelle, estimant qu'elle opère une distinction essentielle et utile entre « laisser mourir » et « faire mourir », même si cette distinction peut, dans certaines circonstances, apparaître floue. Ils considèrent que le maintien de l'interdiction faite aux médecins de « provoquer délibérément la mort » protège les personnes en fin de vie, et qu'il serait dangereux pour la société que des médecins puissent participer à « donner la mort. »*

En ce qui concerne plus spécifiquement l'assistance au suicide, ils estiment « que cette légalisation n'est pas souhaitable. », portant un jugement très réservé sur les indications de l'assistance au suicide et/ou de l'euthanasie dans les pays qui les ont dépénalisées ou autorisées et manifestant une inquiétude concernant l'élargissement de ces indications dans certains de ces pays. Enfin, ils considèrent que toute évolution vers une autorisation de l'aide active à mourir pourrait être vécue par des personnes vulnérables comme un risque de ne plus être accompagnées et traitées par la médecine si elles manifestaient le désir de poursuivre leur vie jusqu'à la fin ».

Les recommandations de l'avis sont néanmoins nombreuses :

1. une nouvelle étape pour la prise en compte de l'avis des patients, par une délibération collective associant plus largement la personne, la famille, l'ensemble des soignants pour ne plus en faire un collège d'experts, une plus grande prise en compte des directives

anticipées qui doivent être plus qu'indicatives[152], un droit à la sédation terminale, dans les derniers jours de vie ;

2. une forte amélioration de la prise en charge des personnes malades, handicapées ou âgées, en ce qui concerne le financement, l'accès équitable aux soins palliatifs en institution comme à domicile, la formation des acteurs, la vigilance sur les droits des personnes âgées… C'est indispensable pour éviter des situations « indignes » qui expliquent la volonté de mourir ;
3. la meilleure connaissance des « situations limites », pour une information plus équilibrée de l'opinion et une action des pouvoirs publics pour rapprocher les points de vue des médecins, des magistrats « afin de permettre une juste application de la loi pénale ». L'avis reste ici assez ambigu, ce qui est une reconnaissance implicite d'absence de solution normative ;
4. la question de l'assistance au suicide devrait être rendue « plus résiduelle » par ce qui précède. Le comité est très majoritairement contre toute évolution, même en fin de vie, au regard des risques évidents de dérives, que les exemples étrangers illustrent ;
5. certains membres « considèrent que le suicide assisté et l'euthanasie doivent – au moins dans certaines circonstances – être légalisés. Ils estiment que le respect de la liberté des individus doit aller jusqu'à ce point et permettre d'autoriser des tiers qui accepteraient de leur prêter assistance à le faire, sans risque majeur pour les liens de solidarité au sein de la société » ;
6. le comité plaide pour un débat public, tel qu'évoqué par le président de la République, nécessaire pour « associer la société civile à la décision publique » et conforme à l'article 46 de la loi du 7 juillet 2011 relative à la bioéthique qui le prévoit en cas d'évolution envisagée du droit, sous forme d'états généraux à l'initiative du CCNE.

152. Le parallèle avec la procédure du don d'organe ou du don du corps « à la science » n'est jamais formulé et cela est surprenant. Il serait pourtant relativement simple de prendre appui sur les dispositions en la matière, qui sont mieux connues parce que plus anciennes, pour proposer un document unique qui permettrait de recueillir l'expression globale de la volonté.

Les annexes de l'avis apportent des éclairages remarquables sur les expériences étrangères et montrent en particulier, comme le comité le souligne très majoritairement, l'extension inévitable du nombre des euthanasies ou des suicides assistés là où ils sont permis. Le nombre d'euthanasies en Belgique a ainsi été multiplié par trois depuis 2006.

Malgré ses affirmations catégoriques sur l'inutilité de faire évoluer la législation, les explications fournies et les arguments posés, il faut rappeler que l'intention présidentielle et gouvernementale d'organiser un débat public et de légiférer a précédé la saisine du CCNE et la prise en connaissance de son avis. Et le CCNE ne pouvait donc guère s'opposer frontalement à la démarche présidentielle. Le plus probable reste donc une telle évolution, sauf à considérer les dangers d'une nouvelle confrontation sociétale, après celle concernant la modification du droit du mariage. Prosaïquement, les équilibres électoraux dans les prochains scrutins seront des marqueurs évidents de l'acceptabilité par le corps social. À l'inverse, la méconnaissance des modalités actuelles de la fin de vie et la piètre prise en charge sont des facteurs à cette acceptabilité, comprise comme l'échappatoire non de la vie elle-même, mais de situations sordides ou, pour reprendre le mot du CCNE, « indignes ». Cette profonde ambiguïté est le meilleur atout d'une possible évolution radicale du droit, mais aussi la plus mauvaise raison de le faire.

Le renouvellement engagé de certains membres du comité, à l'échéance de leur mandat, est un enjeu qui a été peu évoqué. Sans vouloir jeter le moindre doute sur la sincérité, l'intégrité personnelle et la recherche d'objectivité des membres, il est clair que la désignation de personnalités connues pour leurs positions sur les sujets traités conditionnera les avis futurs ou les termes des états généraux.

Enfin, au-delà de l'affirmation d'un nouveau droit du citoyen ou du malade à disposer librement de sa vie, dont on peut admettre qu'elle soit philosophiquement séduisante, il reste évidemment plus simple pour l'État de permettre un accès à la sédation terminale, au suicide assisté ou à l'euthanasie, qu'à organiser une prise en charge plus respectueuse des personnes en fin de vie. Il ne fera sans doute pas réellement les deux. Et l'effort d'organisation, l'engagement financier, l'évolution des mentalités sont des chantiers autrement complexes que d'autoriser chacun à choisir sa mort.

La loi créant de nouveaux droits en faveur des malades et des personnes en fin de vie

Le cheminement de la proposition de loi Leonetti-Claeys a marqué un certain consensus, puisque les députés et les sénateurs auront voté le projet dans leur extrême majorité, mais pas dans la même version, avec des désaccords importants entre les deux chambres.

Ainsi, les sénateurs ont indiqué que la sédation profonde et continue ne doit être envisagée qu'en tout dernier recours, associée à l'arrêt de l'ensemble des traitements de maintien en vie, aux patients atteints d'une affection grave et incurable, dont le pronostic vital est engagé à court terme et qui présentent une souffrance réfractaire au traitement et non, comme le veut l'Assemblée nationale, aussi pour les patients atteints d'une affection grave et incurable voulant arrêter un traitement, engageant ainsi leur pronostic vital à court terme. Les sénateurs ont supprimé des termes comme *« prolonger inutilement la vie »*, considérant qu'on ne peut juger une vie inutile. Pour les sénateurs, *« l'hydratation artificielle constitue un soin qui peut être maintenu jusqu'au décès »* et non un traitement, comme l'estiment les députés.

Pour les directives anticipées contraignantes, les sénateurs demandent un rappel régulier de leur existence à leur auteur, pour vérifier qu'elles correspondent toujours à sa volonté. Par ailleurs, en cas de dérogation au respect de ces directives, ils souhaitent que la décision relève du seul médecin, après sollicitation d'un avis collégial.

Il est trop tôt, le texte étant en instance à la commission mixte paritaire chargée de la rédaction définitive, pour porter un pronostic sur la version finale, le dernier mot, en cas d'échec des travaux de la commission mixte paritaire, revenant à l'Assemblée nationale.

Celle-ci porte la volonté d'une plus large liberté laissée en droit au patient et au médecin et à une définition moins encadrée des limites de l'acte médical.

Des parlementaires de tous bords politiques avaient déjà tenté, par amendement, d'élargir le texte à l'euthanasie ou au suicide médicalement assisté, ce que le débat n'a pas retenu[153]. Cependant, la ministre de la santé a souligné que la loi constitue « une étape ». Répondant à des sénateurs que cette éventualité inquiétait, elle a indiqué que c'était une étape vers « ce que souhaiteront les parlementaires ». On ne peut qu'en déduire que le dossier, une fois ouvert, ne sera sans doute plus clos.

Malgré l'intensité des débats, sur ce sujet comme sur tant d'autres qui touchent à l'intime et à la conception de la vie, un consensus est hors de portée et même le compromis, déjà improbable sur les principes, est impossible sur leur application. Les paradoxes et les contradictions vont ainsi, sans doute, perdurer.

Pour conclure cette réflexion sur les paradoxes et les contradictions des soins palliatifs et de la fin de vie, on ne peut que proposer les dernières lignes du rapport Sicard, déjà cité : *« La commission entend à l'issue de son travail souligner qu'il serait illusoire de penser que l'avenir de l'humanité se résume à l'affirmation sans limite d'une liberté individuelle, en oubliant que la personne humaine ne vit et ne s'invente que reliée à autrui et dépendante d'autrui. Un véritable accompagnement de fin de vie ne prend son sens que dans le cadre d'une société solidaire qui ne se substitue pas à la personne mais lui témoigne écoute et respect au terme de son existence. »*

153. La position du corapporteur Michel Amiel résume clairement l'intention du texte : *« Cette proposition de loi est faite pour ceux qui vont mourir, non pour ceux qui veulent mourir. Ce constat balaie définitivement, me semble-t-il, les risques d'une dérive euthanasique. Au-delà des justes préoccupations éthiques et juridiques, le présent texte entend aller au plus proche de la vraie vie. Sa seule ambition est de permettre à nos concitoyens de vivre leurs derniers instants sans douleur et sans angoisse. »* (29 octobre 2015). Cela ne correspond pas aux attentes des tenants du droit au libre choix par chacun de sa mort, l'ADMD, déjà citée, estimant que la nouvelle loi de changera pas grand-chose.

Document : Le corpus juridique, et d'autres références relatives aux soins palliatifs

Une rapide chronologie montre la montée en charge progressive de la prise en charge palliative. Les éléments ci-dessous ne sont pas exhaustifs mais recensent des points marquants :

- Création du Comité consultatif d'éthique médicale en 1984.
- Rapport du groupe pluridisciplinaire d'experts « Aide aux mourants » n° 86/32 bis de 1986, présidé par Geneviève Laroque à la demande du ministre de la Santé Edmond Hervé.
- Circulaire DGS/275/3D du 26 août 1986 relative à l'organisation des soins et à l'accompagnement des malades en phase terminale, définissant des modalités de prise en charge.
- Création de la Société française d'accompagnement et de soins palliatifs (SFAP) en 1990, reconnue d'utilité publique.
- Article L.711-4 du Code de la santé publique (Livre VII) introduit par la loi 91-748 du 31 juillet 1991 portant réforme hospitalière, introduisant les soins palliatifs dans la continuité des soins.
- Rapport sur les soins palliatifs et l'accompagnement des malades en fin de vie du Dr Henri Delbecque pour le ministère de la santé, soulignant le sous-développement des soins palliatifs (janvier 1993).
- Décret 95-1000 du 6 septembre 1995 modifiant le code de déontologie médicale : articles 36, 37 et 38 sur le refus d'obstination déraisonnable et la proportionnalité des soins en fin de vie.
- Rapport du Sénat n° 207, 1998-1999 pour une politique de développement des soins palliatifs et de l'accompagnement, rédigé par Lucien Neuwirth.
- Recommandation 1418 de l'assemblée parlementaire du Conseil de l'Europe (21 mai 1999) sur la protection des droits de l'homme et de la dignité des malades incurables et des mourants.
- Avis du 24 février 1999 du Conseil économique et social sur l'accompagnement des personnes en fin de vie, préconise une loi d'orientation pour le développement des soins palliatifs.

- Loi n° 99-477 du 9 juin 1999 visant à garantir le droit à l'accès aux soins palliatifs, précisant le refus thérapeutique, les soins à domicile, le rôle des acteurs et le congé d'accompagnement.
- Plan de développement des soins palliatifs 1999-2001 (plan Kouchner) pour la mise en œuvre de la loi, avec des crédits pour la création d'unités de soins palliatifs, d'unités mobiles, la formation…
- Avis n° 63 du 27 janvier 2000 du comité consultatif national d'éthique (CCNE) « Fin de vie, arrêt de vie, euthanasie », précisant les problématiques réabordées périodiquement dans les débats.
- Programme national de développement des soins palliatifs 2002-2005, poursuivant la dynamique de développement des soins palliatifs en institution et à domicile et l'information du public.
- Circulaire DHOS/O2/DGS/SD5D/2002 n°2002/98 du 19 février 2002, précisant l'organisation des établissements et la nature des lits et des équipes mobiles, en insistant sur le domicile et le réseau.
- Loi n° 2002-303 du 4 mars 2002 relative aux droits des malades et à la qualité du système de santé (information et respect de la volonté du malade, réparation des accidents thérapeutiques…).
- Avis du Comité économique et social du 20 mars 2002 « les soins palliatifs - un exemple d'activité de volontariat en Europe » (2002/C 125/07).
- Rapport de Marie de Hennezel au ministre de la santé « Fin de vie et accompagnement », octobre 2003 (proposition d'organisation, d'amélioration des pratiques et de formation à l'éthique).
- Recommandation 2003-24 du Comité des ministres du Conseil de l'Europe sur l'organisation des soins palliatifs (adoptée le 12 novembre 2003).
- Recommandations de la conférence de consensus sur l'accompagnement des personnes en fin de vie et de leurs proches. ANAES - 14 et 15 janvier 2004 sur les bonnes pratiques et les limites.
- Circulaire DHOS/02 n° 035601 du 5 mai 2004 relative à la diffusion du guide de bonnes pratiques d'une démarche palliative en établissements.
- Circulaire DHOS/02/2004/290 du 25 juin 2004 relative à la diffusion du guide pour l'élaboration de demande de lits identifiés en soins palliatifs, visant à favoriser le développement et la coordination.

- Rapport de M. Jean Leonetti au nom de la mission d'information sur l'accompagnement de la fin de vie : réf. 1708, enregistrée à la Présidence de l'Assemblée nationale le 30 juin 2004.
- Loi n° 2005-370 du 22 avril 2005 relative aux droits des malades et à la fin de vie (loi Leonetti), adoptée à l'unanimité par 548 voix à l'Assemblée nationale (clarification des dispositions sur l'obstination déraisonnable et l'obligation de dispenser des soins palliatifs, le double effet, la procédure d'arrêt ou de limitation de traitement du malade en fin de vie, la collégialité de la décision de l'arrêt de traitement du malade inconscient, la procédure d'interruption ou de refus de traitement, le respect par le médecin de la volonté du malade en fin de vie, la personne de confiance. Les directives anticipées relatives à la fin de vie…).
- Décret n° 2006-119 relatif aux directives anticipées prévues par la loi n° 2005-370 du 22 avril 2005 relative aux droits des malades et à la fin de vie et modifiant le code de la santé publique.
- Décret n° 2006-120 relatif à la procédure collégiale prévue par la loi n° 2005-370 du 22 avril 2005 relative aux droits des malades et à la fin de vie et modifiant le code de la santé publique.
- Décret n° 2006-122 relatif au contenu du projet d'établissement ou de service social ou médico-social en matière de soins palliatifs.
- Arrêté du 9 février 2006 relatif à la création et à la composition du Comité national de suivi du développement des soins palliatifs et de l'accompagnement de la fin de vie.
- Création en 2006 du comité national de suivi du développement des soins palliatifs et de l'accompagnement de la fin de vie pour favoriser le développement de la pratique palliative.
- Décret n° 2007-573 du 18 avril 2007 relatif au congé de soutien familial et modifiant le code du travail et le code de la sécurité sociale, précisant les modalités d'obtention et de prise en charge.
- Rapport de Marie de Hennezel, « La France palliative », considérant que la culture des soins palliatifs n'est pas encore développée et que les moyens financiers sont insuffisants. octobre 2007
- Circulaire N°DHOS/O2/2008/99 du 25 mars 2008 relative à l'organisation des soins palliatifs (référentiels pour les dispositifs hospitaliers et rôle du bénévolat d'accompagnement).

- Circulaire DHOS/02/03/CNAMTS/2008/100 du 25 mars 2008 relative au référentiel national d'organisation des réseaux de santé en soins palliatifs.
- Troisième programme de développement des soins palliatifs 2008-2012 présenté par le Président de la République le 13 juin 2008 au Centre Hospitalier de Bourges (3 axes détaillant 18 mesures).
- Rapport d'information fait au nom de la mission d'évaluation de la loi n° 2005-370 du 22 avril 2005 relative aux droits des malades et à la fin de vie (novembre 2008).
- Création d'une allocation journalière d'accompagnement (AJAP) pour compenser la perte de revenus lors du congé de solidarité familiale, substitué au congé d'accompagnement.
- Rapport de l'inspection générale des affaires sociales « La mort à l'hôpital » Dr Françoise Lalande et Olivier Veber – novembre 2009.
- Décret n° 2010-107 du 29 janvier 2010 relatif aux conditions de mise en œuvre des décisions de limitation ou d'arrêt de traitement
- Décret n° 2010-158 du 19 février 2010 portant création de l'Observatoire national de la fin de vie, chargé d'améliorer la connaissance, préciser les besoins d'information et promouvoir la recherche.
- Loi du 2 mars 2010 créant l'allocation journalière d'accompagnement d'une personne en fin de vie.
- Rapport d'information fait au nom de la commission des affaires sociales par le groupe de travail sur la fin de vie, par M. Nicolas ABOUT, 23 juin 2010.
- Rapport de l'ONFV (juin 2011) du Pr Régis Aubry, coordonnateur du programme national de développement des soins palliatifs, relatif à l'état des lieux du développement des soins palliatifs.
- Rapport SICARD « Penser solidairement la fin de vie » Rapport au président de la République de la commission de réflexion sur la fin de vie en France – 18 décembre 2012.
- Texte adopté le 8 février 2013 et publié le 14 février 2013, par le conseil national de l'ordre des médecins : fin de vie, « assistance à mourir », favorable à une sédation terminale encadrée.
- Avis numéro 121 du Comité consultatif national d'éthique (CCNE), « Fin de vie, autonomie de la personne, volonté de mourir » publié le 1er juillet 2013.

- Comité consultatif national d'éthique pour les sciences de la vie et de la santé, avis n° 121, Fin de vie, autonomie de la personne, volonté de mourir, 1er juillet 2013.
- Comité consultatif national d'éthique pour les sciences de la vie et de la santé, conférence de citoyens sur la fin de vie, avis citoyen, 14 décembre 2013
- Rapport 2013 de l'observatoire national de la fin de vie, Fin de vie des personnes âgées : sept parcours ordinaires pour mieux comprendre les enjeux de la fin de vie en France, 2013.
- Rapport de présentation et texte de la proposition de loi de M. Alain Claeys et Jean Leonetti créant de nouveaux droits en faveur des malades et des personnes en fin de vie, décembre 2014

Ressources bibliographiques

About N. et al., *Rapport d'information n° 579, fait au nom de la commission des affaires sociales par le groupe de travail sur la fin de vie*, Sénat, 23 juin 2010.

Aubry R. (coord.), *Etat des lieux du développement des soins palliatifs en France en 2010,* Comité national de suivi du développement des soins palliatifs, 2011. Rapport. *www.sante.gouv.fr.* 04/2011

Aubry R. (coord.), *Bilan du programme national de développement des soins palliatifs 2008/2012,* Ministère de la santé, juin 2013.

Chaussoy F., *Je ne suis pas un assassin,* Oh ! Éditions, 2004.

Decisier D., *L'accompagnement des personnes en fin de vie*, Conseil économique et social, éditions des Journaux officiels, 1999. (Avis et rapports du Conseil économique et social ; 99-5). *www.sfap.org/index.php*

DHOS, *Guide de bonnes pratiques d'une démarche palliative en établissement de santé,* Ministère de la Santé et de la protection sociale, avril 2004.

Hennezel M. (de), *Fin de vie : le devoir d'accompagnement*. Rapport remis au Ministre de la Santé, de la famille et des personnes handicapées, La documentation française, 2003.

INPES, *Etude Exploratoire sur les connaissances, représentations et perceptions de la population générale et des professionnels de santé à l'égard des soins palliatifs et de l'accompagnement*, CREDOC, septembre 2003. *www.inpes.sante.fr*

INPES, Brochure à destination des personnes malades et de leur entourage, documents professionnels, rapport d'étude 2009, *www.inpes.sante.fr*

Labayle D., *Pitié pour les hommes, l'euthanasie : le droit ultime*, Stock, 2009.

La Marne P., *Vers une mort solidaire*, PUF, 2005.

Leonetti, Jean (dir.), *Respecter la vie, accepter la mort (2 tomes)*, Editions Assemblée nationale, 2004. *www.assemblee-nationale.fr* ; *Vivre ou laisser mourir. Respecter la vie, accepter la mort,* Michalon, 2005.

Monnier A., Pennec S., Pontrone S. et al., « Les décisions médicales en fin de vie en France », *INED, Population et Sociétés,* n° 494, novembre 2012.

Observatoire National de la Fin de Vie, *Fin de vie : un premier état des lieux*, 2011.

http://www.ined.fr/fr/ressources_documentation/publications/pop_soc/

Serryn D., Hoeben N., Pigeotte H., *Les soins palliatifs en France,* Centre national de ressources en soins palliatifs, 2012.

Sicard D. et al., *Penser solidairement la fin de vie,* Rapport au président de la République de la commission de réflexion sur la fin de vie en France, 18 décembre 2012.

Humanitude et bientraitance, la philosophie de soin Gineste - Marescotti

Rosette Marescotti, Yves Gineste

La Méthodologie de soin Gineste-Marescotti® et la Philosophie de soin de l'Humanitude® proposent une approche novatrice et professionnelle tendant à une meilleure prise en soin institutionnelle de personnes très âgées fragilisées. Centrés sur le maintien et le renforcement des relations et des liens, ces outils et techniques de soins visent à permettre à la personne, même démente, de maintenir une part de sa verticalité et de ses possibilités relationnelles, et de rester jusqu'à la fin intrinsèquement humaine et revêtue de dignité.

La Méthodologie de soin Gineste-Marescotti® et la Philosophie de soin de l'Humanitude® s'adressent à des soignants et non-soignants des établissements sanitaires et médico-sociaux d'accueil pour personnes âgées. Cette méthode française s'appuie sur trente ans d'expérience de terrain et de formations en France, en Suisse, au Québec, en Belgique, en Allemagne, au Portugal, au Japon. Elle vise *quatre objectifs*, qui consistent à améliorer ou maintenir l'autonomie fonctionnelle et accompagner les adultes âgés, debout jusqu'au bout ; à prévenir et à pacifier les états de crise et d'agitation survenant notamment lors des soins des personnes atteintes de syndromes démentiels ; à réduire les facteurs de risque des syndromes d'épuisement professionnel des soignants ; à accompagner la transformation des établissements en milieux de vie, substituts du domicile.

Cette présentation évoque premièrement le développement progressif du concept, de sa découverte à la mise en place de formations qualifiantes. Elle revient ensuite sur l'approche phénoménologique qui a guidé ses concepteurs dans l'élaboration d'une définition de l'intrinsèque humain. Elle développe enfin des aspects théoriques et pratiques de la bientraitance dans le toucher.

Une diffusion progressive de l'innovation thérapeutique

Nous sommes tous deux enseignants d'EPS (éducation physique et sportive). À partir de 1979, nous assurons des formations de manutention des malades.

Sur le terrain, dans plus de 400 services, nous accompagnons les soignants auprès de 18000 patients qui présentent les difficultés majeures de prise en soin pour leurs stagiaires. Face aux difficultés des soignants, nous évoluons d'une approche ergonomique de la manutention des malades vers une approche humaniste de réhabilitation.

Dès 1985, nous créons la Méthodologie de soin Gineste-Marescotti® que nous enseignons dans le cadre de notre organisme de formation spécialisé dans les domaines du soin : CEC - Communication et études corporelles.

Une approche pluridisciplinaire nous permet d'intégrer médecins, ostéopathes, kinésithérapeutes, ergothérapeutes, psychologues, cadres infirmiers, soignants de terrain dans nos formations.

En 1983, nous posons le concept « Vivre et Mourir Debout® » prouvant qu'une personne âgée bien accompagnée peut mourir non grabataire. Dans notre approche, nous développons la dimension non verbale de la manutention, nous proposons d'intégrer la réhabilitation du schéma corporel dans les toilettes. Nous nous appuyons sur nos recherches sur le toucher pour développer des techniques de mobilisation basées sur la douceur, la mémoire émotionnelle.

En 1994, nous étudions la possibilité de supprimer la toilette au lit, ce qui produit des effets bénéfiques sur la réduction des escarres et des infections nosocomiales.

Nous mettons en place les PAM, programmes d'activité minimum, qui transforment les gestes des soignants en actions de réhabilitation orientées.

Par le biais de toutes ces évolutions, nous préconisons de passer de la médecine « vétérinaire », qui manipule un corps semblant être dénué de conscience, à une rencontre des « humanitudes » dans le soin. La philosophie que nous développons prend le nom d'*Humanitude*, puisqu'elle est basée sur l'approche émotionnelle et le respect des droits de l'homme.

Un mémoire de DU, dans le cadre d'une formation de psychogérontologie, permet à Rosette Marescotti d'étudier la violence en institution. Au terme de cette enquête, nous comprenons que la maltraitance des soignants est le plus souvent liée à un manque de formation, de connaissance de la personne fragilisée, de la culture soignante. Cela nous amène à décider d'exclusivement faire des formations pour permettre la bientraitance dans les établissements de soin.

En avril 2000, la signature d'un partenariat avec l'ASSTSAS (Association paritaire pour la santé et la sécurité du travail du secteur affaires sociales) à Montréal permet de former à la méthode de manutention relationnelle les formateurs canadiens chargés des « principes de déplacements sécuritaires des bénéficiaires » (PDSB) pour le Québec.

Trois années plus tard, cette collaboration débouche sur les programmes de « soins relationnels » en formation de base et formation de formateurs, et la modification du PDSB. Le centre de consultation et de formation en psychogériatrie de Montréal (CCFP) nous retient comme conseillers-experts afin d'introduire au Canada notre savoir-faire dans la gestion des CAP (comportements d'agitation pathologiques des patients déments) et de conduire en commun avec le docteur Taillefer et le neuropsychologue Daniel Geneau un programme de formation et de recherche dans la gestion de ces CAP.

Depuis 2000, les formateurs canadiens de l'ASSTSAS de Montréal enseignent la méthode Gineste-Marescotti® de manutention relationnelle (dite la « Métho »).

Face aux demandes croissantes des institutions, nous créons un réseau d'organismes habilités à enseigner la méthodologie de soin Gineste-Marescotti, les **IGM** (Institut Gineste-Marescotti). Nous déposons et protégeons nos concepts principaux. Suite à cette consolidation, le réseau international des IGM compte actuellement 19 organismes de formation.

Les activités de formation : l'institut IPRIM et l'association ASSHUMEVIE

L'Institut pour la recherche et l'information sur la Méthodologie de soin Gineste-Marescotti®, IPRIM, sous statut d'association loi 1901, a pour mission de développer la recherche et l'information sur les concepts, les pratiques et les outils de la méthodologie de soin Gineste-Marescotti®. IPRIM s'inscrit dans une réflexion globale sur la bientraitance, le prendre-soin, l'accompagnement des personnes vulnérables, les soins en général et les soins gérontologiques en particulier.

L'impact des formations de la Méthodologie de soin Gineste-Maresciotti® a été mesuré par une étude scientifique menée en 2007. L'étude réalisée auprès de cent onze patientes vivant en institution et présentant une démence de type Alzheimer a montré que 83 % des soins habituellement difficiles sont améliorés de façon importante ou très importante lorsqu'ils sont effectués selon la méthodologie de soin Gineste-Marescotti®, objectivant des bénéfices tant pour les patients que pour les soignants de la formation donnée. Cette étude a été publiée dans le *supplément de la Revue de Gériatrie* de juin 2008.

En 2013, IPRIM a publié une grille *Humanitude* d'évaluation des soins difficiles, destinée à permettre la production d'études d'impact des approches non médicamenteuses. En 2014, de nouveaux protocoles de recherche sont lancés avec des équipes pluridisciplinaires et universitaires au Japon.

Une trentaine de directeurs, médecins, cadres, ayant choisi d'implanter la Méthodologie de soins Gineste-Marescotti dans leurs services, ont créé en 2011 l'association **ASSHUMEVIE**[154]. Cette structure leur permet de formaliser leur projet de faire reconnaître la qualité de leur prendre soin grâce à la méthode enseignée aux équipes soignantes. Elle sert également d'appui pour contrer les résistances culturelles aux changements de techniques, pratiques, que les équipes qui se lancent doivent affronter. Elle permet enfin de faire évoluer les formations initiales, afin qu'elles intègrent ces techniques, ce qui évitera aux établissements de revoir par la suite la formation de leur personnel. Cette association permet enfin d'avancer vers un label « Humanitude », édifié sur cinq principes et développé selon *trois cents critères*. Les principes en sont les suivants : « Zéro soins de force, sans abandon de soin ; Respect de la singularité et de l'intimité ; Vivre et mourir debout ; Ouverture de la structure sur l'extérieur ; Lieu de vie, lieu d'envie ».

La présidente d'ASSHUMEVIE, Évelyne Gaussens, directrice de l'hôpital gériatrique *les Magnolias* à Ballainvilliers (91), témoigne de l'intérêt des enseignements qui redonnent du sens au soin, qui rassurent les professionnels et apaisent près de huit soins difficiles sur dix. Elle témoigne aussi de la difficulté des équipes à partager cette vision positive d'un prendre soin tout en douceur sans plus jamais de « soins de force ». La « lourdeur » des malades accueillis, l'âgisme inconscient dans lequel nous baignons tous, les organisations collectives complexes, le sentiment d'impuissance… et les anciennes habitudes d'un soin plus mécanique reprennent vite le dessus. Néanmoins, à ce jour, quatre établissements sont labellisés *Humanitude*. Ce sont des établissements publics ou associatifs, relevant des mêmes contraintes réglementaires et budgétaires que tous les EHPAD. Une trentaine d'autres se dirigent vers la labellisation.

154. Association humanitude évaluation et milieu de vie. Voir : *http://www.net1901.org/association/ASSOCIATION-HUMANITUDE-EVALUATIONS-ET-MILIEUX-DE-VIE-ASSHUMEVIE, 874107.html*

Le concept d'*Humanitude*

Tout le monde admet un principe éthique fondamental, selon lequel aider ou prendre soin d'un être humain ne doit jamais aller à l'encontre des valeurs humaines admises par tous, ne doit jamais diminuer sa santé, son bien-être, sa qualité de vie. Ce principe indiscutable n'en est pas moins inapplicable, sans tenter de savoir quelles sont les valeurs qui nous permettent de nous reconnaître les uns les autres comme appartenant à la même espèce et à la même société. De cette réponse découlera la manière correspondante d'aider et de prendre soin, illustrant ces valeurs, les transmettant et nous en faisant les garants.

La société a considérablement changé en deux siècles. Familles, mœurs, manières de vivre son âge, s'éloignent de l'époque des vieillards malades et des hospices. Pour autant, quelle place, aujourd'hui, pour la vieillesse ? Qui garantit l'autonomie et l'indépendance des humains vieux ? Quelle aide, quel prendre-soin est disponible aux hommes vieux qui en ont besoin ? Des accompagnements professionnels peuvent-ils être les garants du maintien de l'appartenance de chaque citoyen à sa communauté, et ce, quel que soit son âge, sa maladie, son handicap ?

Les hommes vieux d'aujourd'hui, comme tous les autres hommes, cherchent à disposer de la meilleure qualité de vie possible et à accroître leur bien-être et leur autonomie. Le vieillissement, en rendant certains de ces êtres plus sensibles et plus vulnérables, rend leur qualité de vie plus dépendante de la manière dont l'environnement va les soutenir et les aider. Les handicaps ou les maladies qui peuvent atteindre ces gens donnent également au prendre soin une responsabilité essentielle : il dépend de lui que, malgré ces maladies, malgré ces handicaps, la qualité de vie, le bien-être et l'autonomie de ces personnes ne soient pas mis à mal.

Les hommes vieux ne peuvent être réduits à leurs maladies ou handicaps. Ce sont des personnes avec leur vécu, leur expérience, leur histoire, confrontés à des maladies et à des handicaps. Comment pourrions-nous les aider à vivre le mieux possible leur vieillesse, à améliorer ou à maintenir leurs capacités, si nous ne savons pas quels sont les éléments qui, dans le vieillissement, dans l'environnement, dans nos comportements d'aide ou de prendre soin, peuvent les menacer ?

Certaines maladies, en particulier les syndromes démentiels (maladie d'Alzheimer et apparentées), mettent à mal l'autonomie. Elles conduisent les humains vieux qui en sont atteints à vivre dans un monde parallèle au monde ordinaire : un monde où les altérations de leurs facultés cognitives les empêchent de percevoir et de comprendre la réalité de la manière commune.

Or, la connaissance de la perception de ces malades est actuellement infiniment supérieure à celle de jadis. La compréhension des facteurs aggravants, comme de ceux qui diminuent les troubles progresse également. Il est clairement établi, enfin, que ces maladies ne privent pas ceux qu'elles atteignent d'une faculté essentielle : celle **d'éprouver des émotions.**

Nous proposons une professionnalisation sur les manières de soutenir, d'aider et de prendre soin. Nos enseignements permettent de maintenir toutes les chances de ressentir du bien-être, jusqu'aux derniers jours de la vie des personnes aidées. Nous aimons nous appuyer sur l'adage de Rabelais, ce médecin qui estimait que science sans conscience n'est que ruine de l'âme…

Il n'est pas possible, en effet, de valablement prendre soin, sans s'appuyer sur un socle philosophique qui permette de ne jamais pratiquer un acte d'aide ou de soin qui aille contre les principes, les valeurs et les connaissances que nous revendiquons.

Ces valeurs et ces connaissances soutiennent une éthique de soins qui peut guider les aidants et les soignants. Elle est en mesure de nourrir leur réflexion et leur pratique, en leur fournissant non seulement des indications sur les actes de soins, mais également des repères sur ses modalités d'exécution et sur la relation entre la personne vulnérable et le soignant. À travers cette philosophie, se dessinent les principes et les règles de l'art des soignants en gérontologie, qui visent à aider les humains vieux à améliorer ou maintenir leur santé, ou à les accompagner sans jamais cesser d'être en lien d'*humanitude* avec eux.

Là où la conscience dépourvue de « science » condamnerait la réflexion à tourner sur elle-même, et mènerait à l'impuissance et à l'inaction, la connaissance fine de ceux que l'on soigne offre des outils pour un meilleur service professionnel. Quels sont alors ces outils et autres moyens concrets dont nous disposons pour que le *prendre soin* soit toujours au service de l'homme et de son *humanitude* ?

Comment aider en respectant l'autonomie ? Comment communiquer avec les hommes qui communiquent difficilement ou ne communiquent plus ? Comment faire face aux troubles du comportement des personnes atteintes de syndromes démentiels et pacifier certaines situations à risque ? À travers de nombreuses situations concrètes[155], nous proposons des outils facilement utilisables et transmissibles aux équipes de soin.

Des hommes – l'*humanitude*

Victor, l'enfant sauvage : la rencontre a lieu en lisière de forêt, près d'un village de l'Aveyron, à la fin de l'année 1799. Un groupe de chasseurs aperçoit une forme qui se déplace étrangement et qui cherche à les fuir. Ils s'en emparent au moment où elle s'apprête à grimper dans un arbre. Il s'agit d'un enfant… Mais peuvent-ils vraiment le considérer ainsi ? Car Victor, comme il sera nommé plus tard, ressemble davantage à un animal qu'à un être humain. Il est nu et sale, se déplace à quatre pattes, se nourrit de glands, de racines et d'herbes, n'exprime aucun sentiment sur son visage, ne parle pas, ne communique pas, et se défend de qui l'approche. Comme d'autres enfants « sauvages » ayant vécu dans la nature, ou enfermés, sans quasiment aucun contact avec d'autres êtres humains, Victor n'a pas développé certaines des caractéristiques de l'Humanitude® – entre autres la marche et le langage. Tout au plus possède-t-il les caracté-

155. L'aide à la verticalisation et à la marche, les toilettes, la gestion des troubles du comportement et des phénomènes d'agitation ou d'agressivité, etc.

ristiques physiologiques qui permirent à ceux qui le découvrirent de le classer dans l'espèce des hominidés, des « mammifères humains ».

L'affaire fit grand bruit parmi les philosophes de l'époque. Était-ce bien un être humain ? Pour certains, influencés par les théories de Jean-Jacques Rousseau, Victor aurait pu être cet homme naturel et bon que la société n'aurait pas dénaturé : mais sa « sauvagerie » les empêchèrent de voir en lui la confirmation de leurs théories. Pour d'autres, l'homme étant un « animal social doué de raison », Victor n'en était pas un : ni social, ni doué de raison, il semblait ne présenter que les attributs de l'animalité.

Victor et les autres enfants sauvages ne furent pas les seuls à être ainsi, au nom d'une définition restrictive de l'homme, rejetés par leurs semblables. Durant plusieurs siècles, des hommes d'autres mœurs, furent également, au titre de la raison, exclus du genre humain.

Plus près de nous, des personnes atteintes de troubles mentaux ou de syndromes démentiels, au nom d'une conception de la dignité humaine fondée sur la raison, sur le degré de maîtrise de soi et d'autonomie, furent jugées indignes d'être des hommes, parfois indignes de vivre. Rappelons que la dignité humaine est *double* : elle est requise et attachée à la personne humaine mais elle est effective c'est-à-dire sans cesse reconnue, confirmée, actualisée, à travers nos échanges avec les autres hommes.

La distinction est de taille : la dignité requise permet d'empêcher qu'un homme dépende, pour être homme et vivre parmi les hommes, du jugement d'autrui… La reconnaissance de la dignité intrinsèque permet à chacun d'éviter que d'autres décident soudain pour lui, comme c'est arrivé en Europe, sur critères de « race », qu'il soit retranché de la liste de ceux qui ont le droit de vivre. La dignité effective, en reconnaissant que ce sont les liens d'*humanitude* qui nous confortent dans notre identité humaine, expliquent pourquoi, dans une situation extrême, on puisse en douter. Le récit de Primo Levi, rescapé du camp d'extermination d'Auschwitz, *Si c'est un homme*[156], reste le plus pur témoignage de ce doute qu'un homme peut ressentir de son

156. P. Levi, *Si c'est un homme*, Pocket, 1999.

appartenance à l'humanité, quand il n'est plus regardé ni traité comme un être humain mais instrumentalisé ou réifié.

C'est, nous le pensons, en raison de la multitude des manières d'être homme et de vivre son *humanitude*, que nous refusons de trancher. L'homme est peut-être justement celui qu'on ne peut définir puisque, nous le verrons, l'une de ses caractéristiques fondamentales est son irréductible individualité, sa différence. Mais si définir ce qu'est un homme n'est sans doute, heureusement, pas possible, il est en revanche possible de réfléchir à quelques-uns des éléments essentiels qui le caractérisent. Certains sont communs avec des espèces animales, d'autres, qui font justement défaut aux enfants sauvages, non éduqués à l'humain, n'appartiennent qu'à lui.

Certains nouveau-nés, il n'y a pas si longtemps, vécurent dans des orphelinats où toute relation avec eux était interdite. On leur donnait la subsistance, on assurait les soins aux corps malades. Un grabat sur le sol, et le sol pour faire ses excréments. Ni habits ni jouets. Pas de toucher, pas de caresse, pas de regard, pas de parole. Beaucoup de ces enfants moururent rapidement, d'autres connurent un développement entravé, sans marcher ni parler, presque tous ont gardé de ces mois et années des séquelles physiologiques et psychologiques dramatiques. Boris Cyrulnick parle à leur sujet de *pseudo autisme*.

Ces enfants privés de liens sensoriels et affectifs ont souffert de n'être pas mis en *humanitude* comme les autres enfants, de n'avoir pas vécu, au moment opportun, leur seconde naissance.

L'homme, en effet, connaît une *double naissance* : une première en tant qu'hominidé, une seconde en tant qu'humain. La première naissance le fait entrer parmi les hommes, la seconde lui ouvre les portes de la société des hommes, dans laquelle il possède un nom. On parle de naissance biologique et de naissance au sens.

La première, dans notre espèce, est marquée par l'extrême vulnérabilité du nouveau-né. Incapable de percevoir correctement son environnement, de se protéger, de se déplacer, il meurt si on l'abandonne. La seconde est placée, comme l'écrit Boris Cyrulnik, sous le signe du lien. Dès qu'un adulte commence à prendre soin d'un nouveau-né, dès qu'une relation entre eux se met en place, le petit humain entre dans un réseau d'échanges et de stimulations qui vont le conduire à développer les caractéristiques de l'*Humanitude*.

La mise en *humanitude*

Le nouveau-né humain est ainsi plongé dans une sorte de bain émotionnel et sensoriel. Chaleur, odeurs, paroles, regards, caresses, à la fois l'enveloppent, le protègent et l'éveillent à son corps et au monde. Ces contacts et échanges possèdent une importance considérable pour son développement : ils stimulent l'élaboration de son identité corporelle, psychique et affective, de ses rythmes biologiques, de ses connexions neuronales… Lorsque nous observons ces relations entre le nouveau-né et l'adulte qui en prend soin, nous voyons apparaître, concernant le regard, le toucher et la parole, certaines caractéristiques bien particulières.

L'adulte s'approche de l'enfant (regard proche), se place à la hauteur de son visage (regard horizontal), face à lui (regard axial) et le regarde plusieurs secondes (regard long). Il lui parle sur un ton mélodieux et doux, presque chantant. Lorsqu'il le touche, ses gestes sont doux, lents, et portent sur une surface vaste du corps de l'enfant, rarement sur un point précis.

Une part très importante de la communication non verbale passe par le toucher. L'apprentissage d'un toucher professionnel, élément fondamental de la sécurité des mobilisations et de la douceur des manipulations, est indispensable. Toucher, comme communiquer, s'apprend. Faute de quoi, dès qu'un patient est « difficile », agressif, souffrant, lourd, on observe que les gestes des soignants sont inadaptés, violents, en contradiction avec la douceur nécessaire à l'amélioration ou au maintien de la santé et du bien-être de la personne.

Tout ceci est généralement inconscient, mais répond néanmoins à des lois de la physique. Derrière sa formulation quelque peu obscure, le principe « La force est égale à la moitié de la masse multipliée par le carré de la vitesse », signifie que pour augmenter notre force, la masse étant invariable, nous augmentons la vitesse. Or la vitesse est incompatible avec la douceur.

Nous avons réuni en 1998, sous l'appellation de « Toucher-tendresse », un certain nombre de techniques qui permettent à nos gestes de soins de ne pas provoquer de blessure, physique ou psychique. Cette douceur est d'autant plus indispensable que pour certaines personnes atteintes de syndromes démentiels, qui ne comprennent pas que nous sommes là pour prendre soin d'elles, qui ne comprennent pas les explications que nous leur donnons, **notre toucher est le principal mode de communication,** celui qui leur donnera le plus d'informations… d'apaisement ou d'agressivité.

Dans notre vie, nous recevons essentiellement trois types de touchers ; les premiers sont « utiles » ou « utilitaires », souvent désagréables, mais nécessaires (examen médical, soin dentaire, soin gynécologique, etc.). Ce sont précisément là les touchers que nos facultés de compréhension cognitives nous permettent de supporter ; une seconde catégorie concerne les touchers de reconnaissance, « validants », agréables à donner et à recevoir (accolades, poignées de main, bises, baisers, etc.). Ce sont ceux que la majorité d'entre nous donnent et reçoivent fréquemment ; il y a enfin les touchers agressifs, destinés à provoquer la douleur.

Les hommes vieux, appréciés des soignants et considérés comme agréables, souriants, reçoivent des touchers validants, mais il apparaît que les personnes grabataires, rétractées, incontinentes, défensives, agressives, risquent de ne plus vivre que dans un univers de touchers utiles (toujours pour être lavées, changées, habillées…).

Tout l'art du soignant est de posséder un toucher professionnel qui, tout en étant utile, soit également un toucher de reconnaissance, porteur de bienveillance et de douceur, facteur de bien-être. Dans ce toucher si particulier, la douceur tient le rôle principal. Il impose de supprimer les prises dites « en pince », si naturelles pour chacun d'entre nous, qui consistent à saisir dans sa main le poignet ou l'avant-bras d'une personne. Ces saisies, qui conduisent quasi systématiquement à exercer une pression avec le bout des doigts, font mal et provoquent des hématomes, voire parfois des plaies, sur les avant-bras des patients âgés.

Les peines ou douleurs liées à ce type de saisies sont profondément inscrites dans notre mémoire affective. La plupart des personnes atteintes de syndromes démentiels, affectivement hypersensibles, se sentent agressées lorsqu'elles sont ainsi touchées. La saisie en pince est un geste naturel. Pour combattre ce réflexe et passer à des saisies de soutien (le bras du patient, par exemple, ne sera pas tenu dans la main serrée, en pince, du soignant, et tiré par au-dessus, mais sera « posé » dans la main presque à plat du soignant et soulevé par en dessous), il faut un an au moins de corrections quotidiennes. Mais le jeu en vaut la peine, et les soignants qui y accèdent deviennent les plus doux.

Le toucher du soignant doit aussi solliciter l'autorisation corporelle du patient. Pour la plupart, le bon fonctionnement des sens et des capacités cognitives permettent d'être prévenus chaque fois que l'on nous touche. Les atteintes sensorielles, les atteintes cognitives, conduisent nombre des personnes dont nous prenons soin à ne pas percevoir, comprendre, anticiper le toucher. Pour éviter l'effet désagréable que provoque généralement la « surprise », nous préconisons de rentrer en contact avec le corps de l'autre par le bout des doigts, la paume se posant ensuite. Le geste inverse est pratiqué lorsque notre main quitte le corps de la personne. Ce toucher, porteur de douceur, favorise le lien et la confiance entre les partenaires du soin.

Comme les techniques de communication verbale, les gestes que nous venons d'évoquer, qui constituent un aperçu des techniques du toucher professionnel, nécessitent un réel apprentissage. En reconnaître la nécessité implique de rompre avec la croyance que les hommes soignants savent naturellement communiquer, regarder et toucher les hommes vieux dont ils prennent soin. Il est indispensable que l'on reconnaisse que le toucher du soignant constitue un véritable geste professionnel à part entière, comme l'est celui du sculpteur, du menuisier ou du peintre.

Jusqu'à présent, les soignants ont appris un certain nombre d'actes de soins, mais rares sont ceux qui ont reçu un entraînement spécifique à l'utilisation de leurs mains. Nos mains sont pourtant l'un de nos outils primordiaux dans la relation et le prendre soin. Pourquoi négligerait-on d'apprendre à nous en servir ?

Est-il possible de conclure ? La philosophie de l'Humanitude® souligne les vecteurs indispensables au prendre-soin que sont la confiance, la bienveillance, l'empathie, la présence à l'autre. Éprouver, ressentir, de la peine ou de la joie, du plaisir ou de la tristesse, communiquer par les regards, les gestes, les sourires, le corps, c'est partager par une simple présence, même silencieuse, un instant de présent. Accompagner, aider nous semble être, doublement, une valeur du présent : celle du moment présent, dans toute sa plénitude, et à cet instant, celle d'être entièrement présent à l'autre.

La démarche de l'Humanitude® est le fruit d'une expérience validée. Nous espérons que de nombreux professionnels continueront à nous rejoindre, pour rendre enfin à la personne âgée son droit irréfragable à vivre dignement et à mourir debout.

Ressources bibliographiques

Animation et éveil

Büher W., *Le corps instrument de l'âme*, Les trois arches, Chatou, 1991.

Coste Forcade, A. et al., *Oser la vie. Vittoz. 100 praticiens pour en témoigner*, Delachaux et Niestlé, 1991.

Crône P., *L'animation des personnes âgées en institution*, Elsevier Masson, 2003, 2e éd., 2010.

Louvard A., *Guide d'exercice physique du troisième âge*, Amphora, 1989.

Memin C., *Projet de vie avec les personnes âgées dépendantes en institution*, Centurion, 1989.

Ramain S., Fajardo G., *Perception de soi par l'attitude et le mouvement*, Epi, 1977.

Rubinstein H., *Psychosomatique du rire*, Robert Laffont, 1983, rééd., 2003.

Communication

Corraze J., *Les communications non verbales*, PUF, 1988, 5e éd., 1996.

Cudicio C. et P., *PNL et relation thérapeutique. Mieux communiquer pour mieux soigner*, Lamarre, 1992.

Demailly E., « Manger pour ne rien dire », *Gérontologie et Société,* n° 34,1985.

Dolto F., *Tout est langage*, Carrère, 1987, Gallimard, 2002.

Filliozat, I., Roubeix H., *Le corps messager*, La Méridienne, 1988, Desclée de Brower, 2003.

Hall E.-T., *La dimension cachée*, Seuil, 1971, Points, 2014.

Salomé J., *Apprivoiser la tendresse*, Jouvence, 1990, rééd., 2015.

Salomé J., *Parle-moi. J'ai des choses à te dire*, L'homme, 1982, Pocket, 2011.

Salomé J., *Jamais seuls ensemble*, L'homme, 1995, Pocket, 2009.

Salomé J., *Relation d'aide et formation à l'entretien*, PUF, 1993, PU du Septentrion, 2003.

Sulger F., *Les gestes vérité*, Sand, 1993.

Veldman F., *Haptonomie. Science de l'affectivité*, PUF, 1989, 9e éd., 2007.

Gériatrie et Gérontologie

Amyot J.-J., Billé M., (dir.), *Vieillesses interdites,* L'Harmattan, 2004.

ANAES, *Évaluation des pratiques professionnelles dans les établissements de santé : limiter les risques de la contention physique de la personne âgée,* ANAES, 2000.

Argoud D., Puijalon B., *La Parole des vieux : enjeux, analyses, pratiques*, Dunod, 1999.

Association des hôpitaux du Québec, *Cadre de référence pour l'utilisation exceptionnelle des mesures de contrôle : contention et isolement*, Édition révisée, AHQ, 2004.

Badey-Rodriguez C., *La vie en maison de retraite : comprendre les résidents, les proches et les soignants,* Albin Michel, 2003.

Badey-Rodriguez C., *Les personnes âgées en institution : vie ou survie,* Seli Arslan, 1997.

Barrère H., *La relation psychosociale avec les personnes âgées*, Privat, 1993.

Beauvoir S. (de), *La Vieillesse,* Gallimard, 1970.

Bourdelais P., *L'Âge de la vieillesse : histoire du vieillissement de la population,* Odile Jacob, 1997.

Brouillet D., Syssau A., *La Maladie d'Alzheimer : mémoire et vieillissement* PUF, 1997, 3e éd., 2005.

Cabirol C., *Vivre la fin des hospices*, Privat, 1983.

Cappeliez P., Landreville P., Vézina J. (dir.), *Psychologie clinique de la personne âgée*, Elsevier Masson, 2000.

Cuisenier B., *Accroître le soin relationnel : le travail du vieillir*, Chronique sociale, 2002, 2e éd., 2008.

Ennuyer B., *Les Malentendus de la dépendance,* Dunod, 2002, rééd., 2004.

Ferrey G., Le Goues G., *Psychopathologie du sujet âgé*, Elsevier Masson, 1993, rééd., 2008.

Gauvin A., Regnier R., *L'accompagnement au soir de la vie*, Le Jour, 1992, Édition de l'Homme, 2004.

Gommers A., Bosch de Aguilar van den P. (dir.), *Pour une vieillesse autonome,* Mardaga, 1992.

Grumbach R., (dir.), *Gériatrie pratique*, Doin, 1988.

Guillaumin J., Reboul H. (dir.), *Le Temps et la vie : les dynamismes du vieillissement,* Chronique sociale, 1982, rééd., 2016.

Guillet P., *L'Aventure de l'âge,* Hatier, 1989.

Hennezel M. (de), *L'amour ultime*, Hatier, 1991, LGF, 1997.

Hennezel, M. (de), *La mort intime*, Robert Laffont, 1995, Pocket, 2006.

Henrard J.-C., *Les Défis du vieillissement,* La Découverte, 2002.

Herfray C., *La vieillesse, une interprétation psychanalytique*, Desclée de Brouwer, 1988, rééd., 1997.

Hugonot R., *Violence contre les vieux*, Érès, 1990.

Jankelevitch V., *La mort*, Flammarion, 1992, rééd., 2008.

Jamain C., *Mourir dans la tendresse*, Centurion, 1989.

Fagherazzi-Pagel H., *Mourir en long séjour*, PUN, 1993.

Kubler-Ross E., *Vivre avec la mort et les mourants*, Rocher, 1990, LGF, 1999.

Kubler-Ross, E., *La mort est un nouveau soleil*, Rocher, 1988, Pocket, 1990.

Khoravi M., *Aider et accompagner le malade d'Alzheimer*, Marabout, 1993.

Laforest J., *Introduction à la gérontologie : croissance et déclin*, Hurtubise, 1990.

Laroque P., *Politique de la vieillesse,* (Rapport de la Commission d'étude des problèmes de la vieillesse), La Documentation française, 1962.

Léger J.-M., Clément J.-P. et al., *Psychiatrie du sujet âgé,* Flammarion, 1999.

Léger J.-M, Tessier F.-F, Mouty M.-D., *Psychopathologie du vieillissement*, Doin, 1989.

Lejeune Antoine, (dir.), *Vieillissement et résilience*, Solal, 2004.

Lauzon S., Lévesque L., Roux C., *Alzheimer, comprendre pour mieux aider*, Erpi, 1990, rééd., 1998.

Magnié M.-N., Thomas P., *Maladie d'Alzheimer,* Elsevier Masson, 1997.

Maisondieu J., *Le Crépuscule de la raison,* Bayard, 4e éd., 2001.

Mémin C., *Comprendre la personne âgée*. Bayard, 2001.

Mérette M., *Pour la liberté d'être : réflexions d'une infirmière en CHSLD*, Logiques, 2004.

Decourt É., Mias L., (dir.), *Pour un art de vivre en long séjour,* Bayard, 1993.

Ministère de la santé et des services sociaux, *Un milieu de vie de qualité pour les personnes hébergées en CHSLD* (orientations ministérielles, Octobre 2003.

Mishara B.-L., Riedel R.-G., *Le vieillissement*, PUF, 1985, rééd., 1994.

Monfort J.-C., *La Psychogériatrie,* PUF, 1998, 5e éd., 2014.

Montani C., *La maladie d'Alzheimer : « quand la psyché s'égare »,* L'Harmattan, 1994.

Pancrazi M.-P., Métais P. (dir.), *Éthique et démence*, Elsevier Masson, 2004.

Pellissier J., *La nuit, tous les vieux sont gris, la société contre la vieillesse ?* Bibliophane, 2003.

Perron M., *Communiquer avec des adultes âgés,* Chronique sociale, 1996, 6e éd., 2003.

Personne M., *Soigner les personnes âgées à l'hôpital*, Privat, 1991, Dunod, 1995.

Personne M., *Le corps du malade âgé*, Dunod, 1994.

Pitaud P. (dir.), *Solitude et isolement des personnes âgées,* Érès, 2004, rééd., 2010.

Ploton L., *La Personne âgée : son accompagnement médical et psychologique et la question de la démence,* Chronique sociale, 1990, 6e éd., 2010.

Ploton L., *Maladie d'Alzheimer : à l'écoute d'un langage,* Chronique sociale, 1996, 3e éd., 2004.

Richard J., Mateev-Dirkx E. (dir.), *Psychogérontologie,* Elsevier Masson, 2e éd., 2004.

Rigaux N., *Raison et déraison : discours médical et démence sénile,* De Boeck, 1992.

Vézina J., Cappeliez P., Landreville P., *Psychologie gérontologique,* Gaëtan Morin, 1994, Chronique sociale, 2013.

Zimmermann V., *Vivre avec les personnes atteintes de démence*, Bayard, 1989.

Neurologie, neuropsychologie, corps

Ackerman, D., *Le livre des sens*, Grasset, 1990.

Benazeraf, C., *Les chagrins de la peau*, Grasset, 1994, rééd., 2007.

Boulu P., *La dynamique du cerveau*, Payot, 1992.

Chauchard P., *Connaissance et pratique de la mémoire*, Marabout, 1970.

Damasio A.-R., *L'erreur de Descartes, la raison des émotions*, Odile Jacob, 1995, rééd., 2010.

Ehrenfried L., *De l'éducation du corps à celle de l'esprit*, Aubier, 1988.

Ferrey G., Le Goues G., *Psychopathologie du sujet âgé*, Elsevier Masson, 1993, 6e éd., 2010.

Laborit H., *La colombe assassinée*, Grasset, 1983, rééd., 1994.

Laborit H., *L'inhibition de l'action*, Elsevier Masson, 1985.

Laborit H., *L'esprit du grenier*, Grasset, 1990.

Lazorthes G., *L'ouvrage des sens*, Flammarion, 1986, rééd., 2010.

Leleu G., *Le traité des caresses*, Encre, 1988 ; *Le nouveau traité des caresses,* J'ai lu, 2014.

Lorven A., *La spiritualité du corps*, Dangles, 1993.

Marty P., *La psychosomatique de l'adulte*, PUF, 1992, 7e éd., 2011.

Maslowa A., *Vers une psychologie de l'être*, Fayard, 1989, rééd., 2001.

Montagu A., *La peau et le toucher*, Seuil, 1977, rééd., 2014.

Morris D., *La clé des gestes*, Grasset, 1977.

Olivenstein C., *Le non-dit des émotions,* Odile Jacob, 1990, rééd., 2000.

Prochiant A., *Les anatomies de la pensée, à quoi pensent les calamars*, Odile Jacob, 1997.

Poncin M., *Gym Cerveau*, Le livre de poche, 1987, rééd., 2001.

Sabourin R., *Les cinq sens de la vie relationnelle*, Érasme, 1995, Le Souffle d'or, 2010.

Serres, M., *Les cinq sens*, Grasset, 1990, Hachette, 2014.

Szasz T., *Douleur et plaisir*, Payot, 1986.

Mc Connel J., Trotter R., *Psychologie*, HRW, 1988.

Vasse D., *La chair envisagée*, Seuil, 1988, rééd., 2002.

Sociologie et psychologie

Couvreur C., *Sociologie et hôpital*, Centurion, 1979. (disponible seulement en ebook)

Deligny J.-L., *L'administration du futur*, Eyrolles, 1990.

Deligny J-L., *Le Fonctionnaire du futur*, Eyrolles, 1991.

De Rosnay J., *Les rendez-vous du futur*, Fayard, 1991.

Goffman E., *Asiles*, Minuit, 1968, rééd., 2003.

Soins infirmiers

Adam E., *Être infirmière*, HRW, 1983.

Besanceney J.-C., *L'éthique et les soignants*, Lamarre, 1996.

Berger L., Mailloux D., *Personnes âgées, une approche globale*, Maloine, 1989, rééd., 1993.

Bernard M., *Le corps*, Delarge, 1979, Seuil, 1997.

Bertherat T., *Le corps à ses raisons*, Seuil, 1976, rééd., 1998.

Cler C., *Cent jours à l'hôpital*, Plon, 1993.

Collière M.-F., *Promouvoir la vie : de la pratique des femmes soignantes aux soins infirmiers*, InterÉditions, 1982.

Collière M.-F., *Soigner… Le premier art de la vie*, Elsevier Masson, 2001.

Diamond J., *Le corps ne ment pas*, Souffle d'or, 1994.

Exchaquet N., Zublin Z., *Effectifs et organisation pour des soins infirmiers adéquats*, Centurion, 1980.

Giger J.-N., Newman J., Davidhizar R., *Soins infirmiers interculturels*, Lamarre, 1991, rééd., 1998.

Lazure H., *Vivre la relation d'aide*, Décarie, 1987.

Magnon R., *Le service infirmier ces trente dernières années*, Centurion, 1982.

Mordacq, C., *Pourquoi des infirmières, infirmières d'aujourd'hui*, Le Centurion, 1972.

Mias L., Decourte E., *Pour un art de vivre en Long séjour*, Bayard, 1993.

Poletti R., *Les soins infirmiers, théories et concepts*, Centurion, 1989.

Riopelle L., *Soins infirmiers, modèle centré sur les soins de la personne*, Hill, 1984.

Toucher et massage

Camille C., *Le massage sensitif*, Maloine, 1989.

Gaudin C., *Le guide du massage*, La Sirène, 1995.

Jaccard J.-F., *La santé par le toucher*, Des Sciences, 1989.

Jackson R., *Le massage total*, Rocher, 1990.

Piazza D., *Cours de massage*, De Vecchi, 1991, rééd., 2006.

Savotofski J., *Le massage douceur*, Dangles, 1988, rééd., 2009.

Violences et sévices

Beauchemin J.-P., « La violence envers les personnes âgées, cadre de référence et mode d'intervention », *La revue de gériatrie,* n° 1, janvier 1990, p. 11.

Belfer Richard, « Maltraitance, en parler, c'est déjà prévenir », *L'infirmière magazine,* n° 89, décembre 1994, p. 89.

Briche G., « Nos vieux à l'abandon », *50 millions de consommateurs,* n° 230, juillet 1990.

Chapuy P., « Le droit des malades âgés en institution », *Gérontologie,* n° 66, avril 1988.

Collectif, « La violence à l'hôpital », *Revue Soins,* n° 624, avril 1998.

Dejours C., *Souffrance en France : la banalisation de l'injustice sociale*, Seuil, 1998, Points, 2014.

Dell Accio E., « La violence envers les personnes âgées », *Les cahiers FNADEPA,* n° 44, septembre 1996.

De Saussure C., Vuilleumier J., « De la reconnaissance et de l'existence des abus en milieu institutionnel gériatrique », *Des actualités psychiatrique,* n° 2, 1988.

Fondation Julie Renson, *Je choisis ma liberté et en accepte certains risques*, Bruxelles, 1994.

Hugonot R., Hylde I., « Vieillissement, vieillesse, liberté et violence », in C. de Saussure (dir.), *L'Homme très âgé* : *quelles libertés,* Médecine et hygiène, 1992.

Hylde I., « Les atteintes aux libertés, les sévices et les négligences envers les personnes âgées », *Gérontologie et société,* n° 54, octobre 1990.

Labayle D., *La vie devant nous*, Seuil, 1995, rééd., 1998.

Colonna P.-L., Le Doussal R., *La sécurité à l'hôpital*, vol.1, ESF, 1992.

Martin, J.-R., « La violence en service de long séjour, obstacle à un projet de vie », *Objectif soins,* n° 9, janvier 1993.

Vignat J.-P., « La politique institutionnelle face à la violence », *Soins,* n° 4, avril 1998.

Vollaire Ch., « Y a-t-il une vie pendant les soins ? », *La gazette médicale,* tome 103, n° 16, 1996.

Webographie

www.igm-formation.net, site des organismes de formation à la Méthodologie de soin Gineste-Marescotti® dite Humanitude® :

www.agevillage.com et *www.agevillagepro.com*, les portails pour le grand public pour les professionnels de la gérontologie. Ils sont édités par une société dirigée par Annie de Vivie, qui déploie en France et à l'international les formations Humanitude®. L'annuaire d'Agevillage. com met en avant les établissements et services labélisés ou en route vers le Label Humanitude®.

On trouvera les principes du label[157], des communications d'Yves Gineste et de Rosette Marescotti, notamment sur les thèmes suivants : le programme d'Activité Minimum (PAM), nouvel outil pratique de la démarche de soin ; la violence et les sévices en institution,

ainsi que le film *Mourir debout*, production CEC, 1989, sous le lien ***http://www.cec-formation.net/***

157. *Zéro soin de force, sans abandon de soin ; respect de la singularité et de l'intimité ; Vivre et mourir debout ; Ouverture de la structure vers l'extérieur ; Lieux de vie, lieux d'envie*.

La transition vers l'Humanitude® au Séquoia, EHPAD près de Mulhouse

Vincent Beltzung, Sophie Brobecker, Véronique Bleny, Dominique Rosenblatt

L'article s'intéresse au concept d'Humanitude® et à sa mise en œuvre à l'EHPAD Le Séquoia, sis à Illzach, dans le Haut-Rhin. Il expose les évolutions relationnelles et communicationnelles qui renforcent le sens de l'acte soignant, favorisent le respect de l'intégrité du sujet âgé, et améliorent la compétence interculturelle générale.

Décrire le passage aux méthodes de l'Humanitude® permet d'observer une modification de la communication à tous les niveaux d'une structure d'accueil des personnes âgées. On rencontre cette approche relationnelle chez des praticiens qui s'efforcent de décrypter les réactions apparemment aberrantes des vieillards atteints des pathologies de la démence sénile. L'article est consacré à la transition vers l'Humanitude®, méthode de soin dont l'établissement Illzachois a obtenu le label, dont le leitmotiv est de permettre à l'être humain de **rester debout jusqu'à la fin.**

L'enjeu de l'accompagnement de patients très âgés et/ou très évolués, dans ce contexte, n'est donc pas moins dans la quantité de soins que dans la qualité de la relation, qui s'appuie sur l'expérience, que jusqu'à la fin, il est possible de garder une forme de contact interpersonnel. À l'inverse, certains pensent que les manifestations, rassemblées sous le terme générique de démences séniles, peuvent aussi se comprendre à travers le prisme d'une tentative d'explicitation d'un déficit relationnel qui n'a pas été satisfait au cours de la vie[158].

> *« La vieillesse venue, on se justifie de ce que l'on a fait dans sa vie. [...] Mais, si l'on ne peut accepter qui l'on est, que l'on ne croit pas encore pouvoir être aimé(e) quand la vue se voile, que les cheveux se font rares et que la mémoire des faits récents s'affaiblit, on sombre dans le désespoir. Sans une profonde acceptation de soi pour se libérer du poids de nos pertes, on devient aigri(e) et désespéré(e). C'est alors que le désespoir ignoré gronde à l'intérieur et se transforme en dépression. La dépression est une énorme colère jugulée. La rage, la révolte, la honte, le sentiment de culpabilité, l'amour, toutes ces émotions mises sous le boisseau avec succès durant la vie, couvent en nous. On avance vers le grand âge, chargé(e) d'un insupportable fardeau. »*

L'hypothèse d'un enjeu de l'art de communiquer avec les personnes atteintes de troubles de la sénilité communicationnelle peut donc être posée. Elle se situe à un niveau interpersonnel des questions de soin, et nous voulons l'aborder par le biais des modifications relationnelles que la labellisation implique ou stimule. Le concept d'Humanitude® et sa mise en place engendrent des effets positifs : stimulation de la conscience de soi du soignant, retour au respect de l'intégrité du sujet âgé, amélioration de la compétence interculturelle de tous.

Le label Humanitude®, une revendication de valeurs

Il y a quatre établissements labellisés en France, à Albi, Montauban de Bretagne, Médréac, et Illzach. La directrice, en 2014, de ce dernier, Madame Bleny, rappelle ainsi la genèse de la démarche :

« Le Séquoia a ouvert ses portes le 1er avril 1994, après 20 ans de fonctionnement dans des bâtiments anciens inadaptés à la dépendance des personnes accueillies. L'humanisation du « prendre soin », pour ce qui nous concerne, a donc commencé il y a plus de 20

158. Voir à ce sujet : Naomi Feil et la Validation® - *vfvalidation.fr*

ans. Les pouvoirs publics ont pris en compte progressivement le bien-être et le respect de la personne vieillissante, notamment par la loi du 2 janvier 2002, rénovant l'action sociale et médico-sociale. Ainsi, l'ANESM, Agence nationale de l'évaluation et de la qualité des établissements et services sociaux et médico-sociaux a été installée en mai 2007, succédant au Conseil national de l'évaluation sociale et médico-sociale. Elle est née de la volonté des pouvoirs publics d'accompagner les établissements et services sociaux et médico-sociaux (ESSMS) dans la mise en œuvre de l'évaluation interne et externe, instituée par la loi du 2 janvier 2002. Les différentes recommandations des bonnes pratiques et les référentiels d'évaluation ont conduit chaque établissement à structurer sa réflexion sur la qualité de vie en EHPAD. Des formations sur la bientraitance ou sa carence ont été proposées par divers organismes, mais aucun d'eux ne proposait une approche holistique de la prise en charge et du respect des droits.

Le 4 juin 2007, l'équipe de direction, accompagnée de plusieurs agents de l'établissement ainsi que du médecin coordonnateur, ont participé à une journée d'étude intitulée « La Philosophie de l'Humanitude® », journée relayée par les services du Conseil général du Haut-Rhin. La présentation du concept a été réalisée par ses fondateurs Yves Gineste et Rosette Marescotti. Ce concept du « Prendre soin » répondait parfaitement aux objectifs que l'équipe de direction avait définis en matière de qualité de vie des résidents de l'établissement. Cette philosophie de soins s'imposait avec évidence : vision globale de la personne vieillissante, approche pluridisciplinaire, discours commun, individualisation de la prise en charge, respect et dignité de la personne âgée durant tout son parcours dans l'établissement et en particulier la dimension de lieu de vie.

Un groupe ressources a été constitué début 2008, avec une réunion de sensibilisation à destination de l'ensemble du personnel, en mars 2008, au cours de laquelle le personnel a été sensibilisé au concept de l'Humanitude® et au plan d'action qui allait suivre. Le concept a également été expliqué en réunion, aux familles et aux autres instances de l'établissement : Conseil d'administration, de la vie sociale, comité technique d'établissement, intervenants extérieurs (médecins traitants, kinésithérapeutes…) »

La labellisation séduit donc par son caractère global, novateur, et susceptible de conférer une forme de notoriété à l'établissement, en mettant en valeur sa politique en direction des résidents, ainsi que les efforts du personnel, enclenchés dès 2008, de s'orienter vers la bientraitance et la personnalisation des soins. Mina E., Aide-soignante depuis 1994, témoigne ainsi des principaux changements qu'elle observe :

« L'établissement compte soixante agents (équivalent temps plein) pour quatre-vingt-seize résidents. Un grand nombre de résidents se déplacent en déambulateur, car ils sont quotidiennement stimulés à marcher, il y a moins de fauteuils roulants, moins de résidents qui ont des escarres. Tous les résidents sont verticalisés et tous les soins sont centrés sur la personne. La notion de performance a disparu. Il y a moins de résidents qui présentent des comportements d'agitations car nous canalisons mieux leurs angoisses, en faisant diversion, par exemple. Il n'y a plus de résident alité sur plusieurs jours, comme, malheureusement, quelques années en arrière. Lors de la fin de vie, les résidents ne restent pas des mois au lit, le décès survient dans de meilleures conditions d'accompagnement.

La formation Humanitude® est une valeur ajoutée dans notre établissement, car tout le personnel a été formé, et nous œuvrons tous dans la même direction, avec les mêmes principes et objectifs. »

La clef de la réussite de cette formation c'est de pratiquer quotidiennement ses principes. Le SEQUOIA a obtenu le label Humanitude® en 2013, et nous en avons obtenu le renouvellement en 2014. Cela permet de mettre en avant notre travail au quotidien. Nous sommes soignantes auprès de la personne vieillissante, et nous sommes fières du *prendre soin* que nous leur témoignons.

La démarche de labellisation Humanitude® est une démarche volontaire réglementée qui permet de garantir l'engagement d'un établissement sur certaines caractéristiques de bientraitance. Le label est ainsi un gage de transparence, de qualité et de régularité des prestations, qui répond aux attentes des accueillis et des familles.

Depuis la loi de 2002, on promeut les notions de bientraitance, de dépendance, de qualité, de projet de vie personnalisé, d'éthique et d'évaluation. L'Humanitude® répond à toutes ces recommandations, en conférant un cadre de conduite aux professionnels, un repère aux familles, aux personnes âgées et une garantie aux tutelles.

Une association se charge de coordonner l'action des directeurs d'établissements ou services, médecins, cadres, professionnels, familles, utilisateurs de la Méthodologie de soin Gineste-Marescotti®, méthode dite « Humanitude® ». Sur son carton de présentation, on trouve le témoignage de l'ancien directeur de la structure illzachoise[159] :

> *« Les établissements qui entrent dans la démarche de labellisation s'investissent énormément : sur le plan financier pour la formation, les aménagements, les moyens humains, sur un plan personnel et professionnel, il faut savoir se remettre en question changer la routine, bousculer les habitudes, mettre à mal les certitudes, mais les gains pour l'usager/client sont réels, et pour les personnels ont redonné du sens à leurs pratiques. »*

Cet investissement professionnel, vraiment exigeant, oblige à une remise en question et une vigilance envers tous les partenaires, dont les autorités de tarification. Le choix d'une telle orientation correspond à l'espoir de voir une structure reconnue comme lieu de bientraitance, qui améliore la qualité de vie autant pour le résident que pour les professionnels.

Voici, par exemple, les observations de Sophie B., à l'époque étudiante à l'IFSI, qui découvre avec bonheur les protocoles Humanitude® :

« Pendant ma formation d'infirmière, j'ai effectué un stage de 10 semaines dans l'EHPAD le Séquoia. Dès mon arrivée, j'ai constaté avec surprise que tous les résidents étaient levés, qu'aucune toilette complète ne se faisait au lit et que tous les soins étaient centrés sur le résident. J'avais déjà effectué des stages dans d'autres établissements pour personnes âgées, mais la notion de performance

159. Tract ASSHUMEVIE – Association humanitude, évaluation et milieux de vie, 32 rue de l'Echiquier, Paris.

y était davantage au cœur des préoccupations que le maintien de l'autonomie.

Je me suis donc intéressée à la méthodologie employée pour réaliser les soins. C'est ainsi que j'ai découvert la philosophie de l'Humanitude®. Durant ce stage, je me suis efforcée d'acquérir ce concept. Je suis, bien entendu, soucieuse du confort, du respect des patients et j'ai constaté un vrai bénéfice en appliquant la méthode. Cela m'a permis de compléter ma formation initiale. En outre, j'ai réalisé mon travail de fin d'études sur le maintien de l'autonomie de la personne âgée, à travers la pratique de soins Humanitude®. Cette approche théorique a enrichi mon information et mes réflexions sur le Prendre Soin. Après ma formation, j'ai de suite intégré cet EHPAD en tant qu'infirmière. J'ai rapidement pu bénéficier de la formation initiale *« Méthodologie de soins Gineste-Marescotti »* de 4 jours ainsi que de la formation de référente de 10 jours. Cela m'a permis d'acquérir de nouvelles compétences, de nouvelles techniques de manutention et de renforcer mon choix du Prendre Soin, attitude professionnelle que je souhaite développer auprès de la personne vieillissante. »

La satisfaction professionnelle de cette étudiante correspond à sa découverte de la mise en œuvre d'une qualité de soin qui correspond à ses attentes éthiques, et qui lui semble un vrai progrès par rapport à son expérience antérieure. On trouve un éclairage sur les motivations dans la *Revue francophone de gériatrie et gérontologie*[160] :

> *« La création d'un label Humanitude® va permettre aux établissements et professionnels formés de faire connaître et affirmer la qualité de leur travail et de leur engagement pour la bientraitance ; faire vivre une dynamique d'amélioration de la qualité de vie des personnes et de faire des structures de réels « lieux de vie, lieux d'envie », dans le respect de la réglementation en vigueur et des recommandations de bonnes pratiques ; donner un repère aux personnes âgées,*

160. « Approches non médicamenteuses de la maladie d'Alzheimer, Prendre soin et milieux de vie », *Actes du cinquième colloque international, du 8 et 9 novembre 2012*, Tome XIX, octobre 2012.

aux familles, ainsi qu'aux tutelles ; guider les établissements voulant s'engager dans la demande de formation en fixant les étapes pour la mise en œuvre de la philosophie et la Méthodologie de soin Gineste Marescotti et atteindre leurs objectifs[161]. »

Les valeurs avancées par les promoteurs de la méthodologie et les décideurs dans les établissements sont centrées autour de la considération du projet personnel de la personne vieillissante, du respect de son intégrité, de la place accordée à ses besoins émotionnels.

Mina E. revient sur les implications du changement, sur le plan des valeurs et en termes de philosophie :

« *L'Humanitude® est une philosophie au service des personnes âgées. L'intérêt de cette philosophie est que le résident se sente considéré, respecté pour ses choix en tant qu'être humain. Le but est de réhabiliter les résidents dans leur dignité et d'améliorer les relations entre résident et soignant. Cette méthode de soin repose sur un changement global du comportement et de l'organisation des soignants. Elle est fondée sur le respect du résident et de ses habitudes de vie. En effet chaque personne possède sa propre identité, ses propres besoins, qui font qu'il est unique. Il est essentiel de tenir compte de ces éléments pour respecter la personne afin de ne pas l'uniformiser mais de l'humaniser. Cette philosophie est aussi axée sur le critère plaisir. L'un des moteurs de nos actions est de redonner le plaisir à nos résidents, de se lever le matin, de manger de se mouvoir et de communiquer avec les autres.*

Un autre critère très important est de créer avec le résident un climat de confiance en étant attentif et bienveillant tout en tenant compte de ses peurs et de ses désirs. Cette considération implique une tolérance mutuelle entre les personnes, ainsi que des transactions interpersonnelles respectueuses, au-delà de la fonction. »

161. K. Gardella, *Asshumevie : en route vers la labellisation Humanitude des EHPAD*, *ibid.*, p. 341.

Le témoignage insiste particulièrement sur l'évolution consciente d'une manière d'être, d'un comportement qui échappe à la logique statutaire, et qui introduit de la considération entre les personnes. Il impacte donc directement sur le travail des soignants.

Le label « Humanitude® », évolution du travail soignant

Le centrage méthodologique sur les besoins communicationnels de la personne âgée induit une modification de la représentation que les agents se font de leur travail[162]. Cette modification de représentation est soutenue à son tour par la formation ou la sensibilisation de l'intégralité du personnel : soignants, personnel de service, encadrement, médecins, décideur financier, etc…

Mais cela ne va pas de soi[163] : changer de façon de travailler brouille les rapports de place dans l'institution et amène des résistances liées à la crainte de perdre les avantages (en termes de pouvoir) d'un statut professionnel (l'assurance dans le rôle ne relève pas seulement de la valeur du diplôme, qui valide un savoir-faire).

162. Voici l'historique de la démarche : elle débute en mai 2008, par la formation initiale des agents soignants, de l'hôtellerie, de la restauration, soit 42 agents durant quatre jours. 2009 voit le suivi des actions mises en place, et 2010 la formation du médecin coordonnateur (3 jours), puis de l'animatrice en Humanitude®, de trois jours elle aussi, et la formation initiale de douze nouveaux agents. 2011 correspond à l'installation des « Référents en Humanitude® et Manutention relationnelle » : deux agents suivent une formation de dix jours, et dix autres un rappel des acquis. L'année 2012 permet également ce retour aux acquis fondamentaux, ainsi que le centrage sur la philosophie de l'Humanitude® et le repas, formation de quatre jours qui concerne huit agents. En 2013, un agent suit une formation de cinq jours et devient conseiller en restauration. De nouveaux agents reçoivent la formation initiale de quatre jours, et douze autres le rappel des acquis. 2013 est également l'année de l'obtention du label Humanitude®. Cette politique de formation initiale et d'entretien des connaissances est maintenue en 2014 et 2015, concerne vingt-quatre agents, tandis qu'une autre personne devient à son tour référente, puis deux autres en 2015.

163. Salomé, J., Méthode ESPÈRE - Thèmes d'application – Relation à Soi-Même. Voir à ce sujet : www.j-salome.com

Voici le témoignage de la responsable de la direction, madame Bleny :

« Depuis 2012, les référentes en Humanitude® et manutention relationnelle organisent plusieurs fois par an des formations en intra à destination des agents de l'établissement. Elles ont également un rôle prépondérant pour répondre au questionnement éthique spécifique à un résident. En outre, les infirmières de l'établissement bénéficient lors de la formation initiale de la familiarisation avec le concept de « toilette évaluative » qui leur permet de prescrire la toilette des résidents afin de tendre vers la pratique continue et cohérente d'accompagnement de la personne par l'ensemble de l'équipe soignante.

Dès la première session de formation, des changements notables surviennent, qui concernent la fin de périodes parfois longues d'alitement, et d'autres évolutions positives des émotions. Les douches, y compris avec le chariot, deviennent hebdomadaires, avec changement de draps, ce qui fait nettement chuter le nombre de toilettes au lit. Cette réforme, corrélée avec la mise en place des petits-déjeuners dans les étages, induit un gain de temps au profit des toilettes. Certains résidents retrouvent une activité plus importante. Les repas se font plus conviviaux, le personnel se mettant à la hauteur, en face des résidents dans le cadre de l'aide au repas, les fourchettes remplaçant les cuillères à soupe pour un grand nombre de résidents. Les résidents en fauteuil roulant, s'ils le souhaitent, sont installés sur une chaise pour le temps du repas.

Le Sequoia a été rapidement un établissement, dit pilote du concept Humanitude®, suite à son investissement quotidien dans cette démarche de qualité des soins. Elle n'a en soi rien de révolutionnaire, découle de constats simples, et constitue une démarche de bon sens, redonnant du sens aux métiers de la gériatrie, valorisant ainsi le travail des personnels et rendant toute leur dignité et leur place aux résidents. On sort des clichés de la vieillesse et des maisons de retraite qui n'ont pas toujours bonne presse.

L'ensemble du personnel de l'établissement, sensibilisé au concept de l'Humanitude®, conquiert une place dans le prendre soin. L'engagement de tous se manifeste par des évolutions comportementales. Que ce soit la lingère qui distribue le linge dans les chambres, le personnel technique qui effectue de petites réparations, le personnel administratif qui se trouve au contact quotidien des résidents, l'équipe de direction qui se rend accessible à tout moment, en ouvrant les portes de bureau, le personnel de cuisine qui se rend attentif à la préparation des repas individualisés, le personnel de restauration qui est attentif au bien-être du résident au moment des repas, le personnel hôtelier qui prend soin du lieu de vie individuel et collectif…[164]

Chaque agent signe la « Charte de l'Humanitude® » et s'engage donc ainsi par écrit à en respecter les principes fondamentaux. En effet, la mise en place de la Philosophie de l'Humanitude® ne s'est pas passée de façon paisible. Elle a conduit à une remise en question profonde pour chacun d'entre nous et certains agents ont préféré quitter l'établissement. D'autres ont montré des réticences et se sont adaptés plus lentement.

Ce qu'il est important de comprendre, c'est que ce concept est un outil, une ligne de conduite et permet en grande partie de répondre aux diverses recommandations en matière de bonnes pratiques en qualité de vie, élaborées par les organismes de contrôle et de conseil des établissements sociaux et médico-sociaux. Il apporte également des solutions à la médicalisation excessive des pathologies liées à la vieillesse. On peut notamment citer la prise en charge non médicamenteuse de la maladie d'Alzheimer qui fait l'objet d'un colloque annuel par Agevillage. com et les auteurs de l'Humanitude®.

Un autre vecteur de réussite de mise en œuvre de cette méthodologie de soins est l'ouverture de la structure vers l'extérieur, notamment le dialogue avec les familles qui ont toute leur place dans notre établissement. Des entrevues ponctuelles avec les familles, au

164. « Il est primordial pour la pérennisation, voire l'optimisation de la qualité de prestations que chacun en soit acteur. Pour ce faire, chaque agent doit être considéré et son travail reconnu. Cette qualité est et doit être une préoccupation de tous les maillons qui constituent une équipe. L'impulsion, l'élan et le suivi du projet doivent bien sûr être portés par l'équipe de direction. Dans cette optimisation, il convient également de fédérer les nouveaux personnels et les entretiens de recrutements sont ainsi menés de façon à percevoir les motivations des candidats à l'ouverture vers une acceptation de modification de leurs pratiques. »

cours desquels notre prise en charge est expliquée et motivée, permettent souvent de dédramatiser l'entrée en institution d'un parent et de les accompagner dans l'acceptation. La souffrance des aidants et des proches doit être entendue, reconnue et accompagnée.

En conclusion, pour avoir vécu l'avant et l'après Humanitude® au Séquoia, j'ai noté une réelle prise de conscience de la place de la personne âgée au sein d'un établissement qui a été pensé pour eux et le personnel qui les prend en soin. La qualité de vie des résidents passe par cette prise de conscience et également par la qualité de vie au travail des personnels.

Cette recherche de qualité et son maintien à un niveau élevé impliquent également des contraintes. La qualité ne tolère aucun relâchement au niveau de la vigilance. Des remises en question régulières sont nécessaires également, puisque la santé des résidents, leurs besoins, leurs envies ainsi que leur état de dépendance ne sont pas des paramètres linéaires. Le prendre soin doit donc être adapté et personnalisé.

On ne travaille pas auprès des personnes vieillissantes par défaut. C'est un métier dans lequel on entre peut-être par les hasards de la vie, parfois par choix mais on y reste par inclination. L'obtention du label Humanitude® en 2013 et 2014 reconnaît l'implication et la qualité du travail des personnels et apporte à l'établissement une dimension supplémentaire. »

Ainsi, la clarification des motivations enrichit aussi le savoir-être à l'égard des résidents. La pratique professionnelle y gagne en assurance. Ainsi, elle a favorisé l'évolution professionnelle rapide de l'étudiante citée, plus haut, devenue à l'âge de vingt-cinq ans la coordinatrice des soins. Son témoignage souligne son engagement déterminé à diffuser dans son équipe une vigilance aux attentes des résidents, qui se transforme en implication et créativité des membres de son équipe, et ce, auprès des intervenants qui ont connu les débuts de l'aventure, comme des salariés les plus récents. Voici son récit. Sophie B. revient sur l'évolution fulgurante de son implication dans la démarche, source d'investissement professionnel et de sentiment de réalisation personnelle :

« Deux ans et demi après mon diplôme, je suis devenue responsable des soins. J'ai affaire aux mêmes résidents et aux mêmes agents, selon la même dotation que dans les autres établissements. Nous organisons, nous mutualisons et nous évoluons au rythme des demandes, des souhaits et des besoins des résidents.

La mission d'un responsable est de motiver et de dynamiser ses équipes. Je ne cherche pas à avoir des agents techniciens de soins, je cherche à donner une culture créative aux agents. La prise en soin des résidents nécessite en continu la mise en place de stratégies et de techniques, afin de personnaliser la prise en soins de chacun.

C'est un réel plaisir que de motiver une équipe qui a une habitude de réflexion et d'évolution des pratiques.

Suite à un agrandissement de l'établissement, du personnel sans formation Humanitude® préalable a été recruté. Ces arrivées ont bien sûr entraîné une déstabilisation des équipes. Quelques mois après, tous les agents ont reçu la formation de 4 jours : elle a favorisé une convergence des pratiques. Aujourd'hui la dynamique est telle que tous les agents s'impliquent dans une réflexion de maintien de l'autonomie.

Pour cela les questions éthiques doivent permettre des débats collégiaux afin d'adapter des stratégies de prises en charge individuelles. On demande aux agents de réfléchir sur leurs pratiques et de s'engager dans la démarche de qualité, et non de performance. Pour cela il faut quotidiennement guider, donner des pistes et motiver les équipes. On ne remet pas en question les formations initiales, on adapte les compétences en les faisant évoluer vers une prise en charge plus centrée sur la personne vieillissante pouvant avoir des comportements d'agitation induits par des pathologies démentielles.

Le rôle d'un *leader*, est de donner l'impulsion : plus les agents seront impliqués et écoutés, plus la motivation et le dynamisme du *care* (qui correspondant aux différentes interventions visant à assurer le confort du résident) sera réalisé.

Le soutien et l'engagement de la Direction sont donc des points essentiels. La mise en pratique des soins Humanitude® nécessite un travail de suivi quotidien. Sans ce travail de suivi et d'évaluation, la routine peut rapidement resurgir en entraînant une baisse de motivation et de dynamisme des agents. C'est un travail au quotidien qui nous permet de nous différencier des autres EHPAD, par notre engagement et notre respect de pratique de soins dit Humanitude®.

Ce renouvellement des pratiques se manifeste par l'évolution des mentalités et par les modifications de l'environnement et des procédures professionnelles. Nous donnons *deux exemples*. Le premier d'entre eux témoigne de la manière dont l'alimentation, dans le respect des règlementations, peut évoluer vers une restauration-plaisir, en collectivité[165].

Un repas personnalisé prescrit oblige à évaluer, coordonner le travail entre les postes actifs dans l'espace/temps de restauration : cuisine, hôtellerie, soins, entretien, animation, administration. Ce travail de création de liens transversaux entre les équipes nécessite une implication totale de l'établissement et débouchera sur des propositions originales, adaptées, à chaque personne et mises en place à chaque poste : des techniques innovantes comme le manger-mains pour les personnes présentant des troubles praxiques ou souffrant d'agnosie, des repas mixés appétissants, et « ressemblants », grâce à des savoir-faire récents, aux aliments originaux.

Dans le second cas, elle souligne la façon dont la représentation de la sexualité de la personne très âgée, si elle est légitime, n'interroge pas moins les générations précédentes.

L'âge coincé dans des contradictions institutionnelles ne fait que renforcer les idées reçues. La lecture relationnelle de la sexualité est oubliée, pour ne plus voir que comportements et symptômes renvoyant à la vieille personne une image d'anormalité. Freud au début du XXe siècle a fait sortir l'enfance de l'innocence. Le XXIe siècle fera-t-il sortir le vieillard de l'abstinence ?[166]

165. S. Soubielle, « Gastronomie holistique et diète-éthique », document pédagogique du 7°colloque de formation professionnelle. *Prendre soin et milieux de vie, nutrition et restauration,* 13 et 14 novembre 2014, p. 48.

166. G. Ribes, « Sexualité au grand âge : idées reçues », in *Revue Francophone de Gériatrie,* n° 198, p. 358.

C'est donc un des bénéfices de la méthode Humanitude® que d'aborder ces sujets délicats, mais en leur apportant une réponse pragmatique et respectueuse des personnes.

La prise en soin de la personne vieillissante s'écarte ainsi du modèle hospitalier et refait du lieu, dit « de soin » un « lieu de vie », sans que ces aspects complémentaires ne puissent être opposés. Elle est centrée sur la personne.

Humanitude®, une meilleure place pour la personne âgée en institution

L'enjeu de l'ensemble de la démarche porte sur le respect de l'intégrité de la personne âgée en institution. Cette modification de la communication à travers l'activité professionnelle entraîne une évolution de la compétence relationnelle chez les intervenants auprès de la personne âgée,

Une personne est un être unique dont l'unicité repose en particulier sur des modes, des manières propres à elle, d'être un « animal social unique vivant », de vivre sa vie, son humanité, sa sociabilité[167].

En effet, la vieillesse ne va pas sans transitions : elle est corrélée à, une époque, à une économie, à des contraintes matérielles, des pratiques, qui doivent elles-mêmes être investies pour en dégager une signification culturelle et des conduites adaptées[168].

Tous les êtres en transition doivent faire l'expérience d'une fin.

Un Vieux n'est plus, comme dans les siècles antérieurs, une personne dont baisse le rendement, ni un membre d'une

167. Y. Gineste, R. Marescotti, J. Pellissier, « L'Humanitude dans les soins », *Recherche en soins infirmiers,* n° 94, septembre 2008, p. 48.

168. W. Bridges, *Transitions de vie, comment s'adapter aux tournants de notre existence,* Interéditions, 2014.

société rurale contraint à l'inactivité, mais résidant dans sa famille ou son univers familier. Ce n'est pas non plus simplement un retraité, ni une personne relevant du « troisième âge »... C'est un être spécifique dans son histoire et ses potentiels relationnels, à la dignité intrinsèque d'être humain, à la communication interpersonnelle légitime et aussi individualisée que sa manière propre d'aborder et de gérer le tournant du grand âge ou l'approche de la mort.

Sophie Brobecker[169] réalisant son travail de fin d'études (TFE) dans l'établissement résume ainsi la dimension statistique de la vieillesse.

« Les hommes « vieux » d'aujourd'hui sont les premiers de l'Histoire à être aussi nombreux et à vivre aussi âgés. Pour la première fois, la majorité d'entre nous, la quasi-totalité de nos familles et l'ensemble des pays riches, se trouvent confrontés à la question de la vieillesse. Au XVIIIe siècle, l'espérance de vie était d'environ 50 ou 55 ans maximum. Un homme dépassant l'âge de 60 ans était considéré comme une exception et était en général la seule personne en vie de sa génération. À cette époque, la quasi-totalité de nos ancêtres mourait avant d'être vieux. Être vieux n'est désormais, ni exceptionnel, ni dramatique. »

Le faisceau de compétences transversales permettant d'entourer ces personnes de manière adaptée privilégie la bientraitance, pour reprendre le néologisme apparu dans les années 1990, autour du soin aux enfants en pouponnière.

« La bientraitance est elle-même une notion complexe, pluridimensionnelle, elle n'est pas un simple contraire de la maltraitance, et encore moins une sorte de cerise sur le gâteau. [...] Elle fonctionne comme une manière d'être avec l'autre, qui change envers lui nos manières de faire et de dire, dans le respect de sa per-

169. S. Brobecker, *Mise en pratique de l'Humanitude en maison de retraite. Impact sur l'autonomie de la personne âgée*. Épreuve du Diplôme d'état infirmier, Institut de formation en soins infirmiers, 2 rue du Dr Léon Mangeney, 68070 Mulhouse Cedex, dossier, juillet 2012, 46 pages, p. 19.

sonne, de son histoire, de son épanouissement, dans le respect de nous-mêmes[170] ».

La personne âgée elle-même doit être approchée dans le respect de son histoire, de son projet de vie, dans le respect de son intégrité. Reprenons le témoignage de Mina E., qui commente les caractéristiques renouvelées de son travail :

« Nous pratiquons l'*Humanitude* d'après quatre piliers, qui sont la parole – qui annonce et explique chaque geste, le regard – qui s'échange face à face, les yeux dans les yeux, à hauteur du visage, le toucher, qui passe de « toucher utile » en « toucher tendresse », la verticalité, qui évite les toilettes effectuées au lit, et l'alitement permanent.

Aujourd'hui, grâce à la formation *Humanitude®*, je sais qu'il faut impérativement toquer trois fois à la porte de la chambre du résident, pour s'annoncer et demander le droit d'entrer, pour ne pas surprendre par mon arrivée, mais établir un contact visuel avant d'entrer en contact physique, que la personne soit dans son lit ou dans son fauteuil roulant.

Ne pas effectuer un soin de force, cela évite des comportements d'agitation verbale ou physique (cris, hurlements, insultes, coups, morsures et griffures etc.). Lors de la toilette, s'abstenir de commencer à laver le visage d'une personne atteinte de la maladie d'Alzheimer ou de démence, respecter la dimension très intime du visage et éviter le sentiment d'agression.

Des contentions justifiées évitent toute atteinte à l'intégrité et à la liberté de la personne. Elles ne doivent être posées que sous prescription médicale, être réévaluées fréquemment, en tenant compte des besoins des personnes aimant déambuler. Respecter prioritairement aux autres soins le sommeil des résidents…

Suite à la formation je connais les bienfaits de la verticalité au quotidien, qui limitent les maladies respiratoires, qui diminuent les risques de constipation…

170. D. Rapoport, « La bien-traitance : de l'aube de la vie au soir de l'existence », in *Revue Francophone de Gériatrie,* n° 198, p. 327.

Nous avons mis en place une dynamique dans les PAP[171], sur la base d'une connaissance fine des objectifs, autonomie, habitudes de vie, animation, toilette, projet de vie. Cela permet de connaître les résidents, et surtout de pouvoir adapter une prise en charge personnalisée en fonction de leurs souhaits de leurs habitudes tout en respectant l'organisation institutionnelle.

De plus nous avons au sein de notre équipe deux référentes *Humanitude® manutention-relationnelle*, cela nous permet de faire appel à elles en cas de besoin pour adapter des techniques auprès des résidents. Les formations qu'elles nous proposent permettent également un moment de parole et de débats collégiaux. Les techniques de manutention sont régulièrement enseignées par les référentes et confortent notre savoir-faire.

La référente *Humanitude manutention* et une infirmière réalisent des toilettes évaluatives lors de l'arrivée d'un résident, ou lors d'un changement d'état de santé pour évaluer ses besoins, ainsi que les objectifs à atteindre. Cela est un plus qui nous permet d'œuvrer dans le même sens et de réaliser un *Prendre soin* holistique.

La pratique quotidienne de la méthode et la présence de référents qualifiés, personnes ressources, constituent la mise en œuvre d'une pédagogie pour les personnels comme pour les résidents et contribuent à la sérénité et au bien-être. »

La mise en œuvre de ces valeurs concerne également les accompagnateurs bénévoles, dont la contribution citoyenne consiste à s'engager en connaissance de cause auprès des plus vulnérables. En EHPAD comme en soins palliatifs, cet accompagnement est encadré par la loi n° 99-477 du 9 juin 1999[172], qui les considère comme faisant entièrement partie de l'accompagnement des personnes en fin de vie, et leur reconnaît des compétences relationnelles.

171. Projet d'accompagnement personnalisé.

172. V. Verscherer, « Le bénévole d'accompagnement en soins palliatifs : promoteur d'une culture du prendre soin citoyen », in *Revue Francophone de Gériatrie,* n° 188, p. 343.

« Les bénévoles incarnent et affirment une conception du soin citoyen[173] »

Il s'opère ainsi un cercle vertueux dont le périmètre englobe à la fois intégrité, considération, accomplissement, et qui augmente la satisfaction relationnelle des résidents comme des professionnels de santé. La considération de la personne âgée permet des récupérations parfois spectaculaires, qui reposent sur la mise en œuvre de ressources biographiques, dans le cadre de connaissances neurologiques récentes. Ainsi, la réactivation des reliquats du « soi autobiographique » permet à la personne âgée de percevoir les propositions et stimulations de l'autre à son chevet…

« Sans aucun doute, à un niveau très bas de conscience, d'efficience, mais enfin suffisamment pour que l'évidence de l'humanité de ces malades, jusqu'alors en état virtuellement végétatif, nous bouleverse. Enfin, une relation typiquement humaine, rationnelle, parce que réciproque, peut s'établir. Entrent alors sans doute en jeu d'autres systèmes neurologiques, comme les neurones miroirs, très peu touchés dans la maladie d'Alzheimer, qui permettent d'interagir, c'est-à-dire de réellement modifier l'état neuronal de l'autre[174]. »

Ces évolutions favorisées par les attitudes issues de l'*Humanitude* rendent donc perceptible un réinvestissement du rôle social de la personne très âgée[175], lui restituent une dignité ainsi qu'une utilité sociale.

À un autre niveau, la survenue des maladies dégénératives de la vieillesse brouille les équilibres au sein de la famille, et oblige aussi à reprendre les positionnements interpersonnels. Quelles

173. E. Hirsch, *La révolution hospitalière : une démocratie du soin,* Bayard, 2002.

174. Y. Gineste, R. Marescotti, « Humanitude : Le toucher, un lien universel ? Les nouvelles compréhensions », in *Document pédagogique*, *op. cit.*, p. 55.

175. M.-H. Bacqué, C. Biewener, *L'Empowerment, une pratique émancipatrice,* La Découverte, 2013. « Pouvoir d'agir, capacité d'agir, voire autonomisation ». Voici les dimensions de la personne en pleine capacité d'agir. La compréhension critique de sa réalité auto-éducative (pouvoir cognitif) - L'estime de soi (dimension psychologique) - La mobilisation vers des objectifs égalitaires (dimension politique) - La capacité de se procurer des revenus (dimension économique). En France, l'*Empowerment*, dans le vocabulaire de la santé, s'incarne dans l'offre de formation visant à réviser les rapports entre les travailleurs et les usagers.

sont ces maladies ? L'avancée en âge signifie d'une part une perte progressive d'autonomie pour les actes essentiels de la vie quotidienne, et d'autre part, surtout après le seuil de quatre-vingt ans, l'augmentation de la dépendance psychique. Il en résulte diverses incapacités, qui peuvent se combiner entre elles et résulter d'une ou de plusieurs déficiences, dont la plus redoutée est la « démence », qui concerne les troubles mentaux, qui impacte sur l'autonomie de la personne bien plus radicalement que des troubles de l'attention, des baisses de l'efficacité ou un ralentissement de la mobilité.

Consécutives à des lésions cérébrales, ces maladies (Parkinson et de type Alzheimer, les plus fréquentes), détériorent progressivement le fonctionnement mnésique, et affectent des dimensions comme le jugement et les compétences sociales. Leur diagnostic relève de l'interrogation du patient et de son entourage et d'examens neuro-psychomoteurs.

« Il y a tout d'abord perte des fonctions cognitives puis aphasie, labilité émotionnelle, troubles de la marche de type parkinsonien et crise convulsive, troubles progressifs de la déglutition. [...] Les personnes très âgées voyagent dans le passé pour résoudre des conflits relationnels non réglés. Elles expriment leurs sentiments devenus incontrôlables par des mouvements et des arrangements de mots originaux. »[176]

Les attentes des familles à l'égard de l'institution sont forcément ambiguës. La visite en structure d'accueil véhicule son lot d'expériences et de clichés, qui correspondent aussi à des expériences communes... Malaise devant la dimension hospitalière ou collective, l'odeur caractéristique des couloirs, les personnes âgées échouant là dans une immobilité résignée... Souffrance de voir l'état auquel est réduit l'être cher, confusion devant la difficulté de la communication, le mutisme, culpabilité diffuse, absence de sens de l'épreuve, difficulté à se faire aider par un personnel fugitif... Sentiment général de relégation et d'abandon de la personne âgée, impression de naufrage de

176. N. Feil, *Validation, La méthode de Naomi Feil, Pour une vieillesse pleine de sagesse*, Lamarre, 2011, p. 27, 33, 34. L'ouvrage présente des techniques de communication basées sur une attitude empathique, respectueuse et authentique envers le vieillard désorienté.

l'élégance, de l'ameublement, de la prise en charge… Sentiment d'incompétence et de médiocrité, colère refoulée, absence de perspective : rendre visite à une personne très âgée en institution, reste pour beaucoup une épreuve, mitigée de sentiments mêlés, dont on s'acquitte parfois à la sauvette, mais désireux de trouver un bouc-émissaire auprès duquel exercer au moins une récrimination qui puisse donner le sentiment du devoir accompli.

Une « lettre ouverte » s'efforce de soutenir la motivation des familles à prendre soin des aïeux.[177]

Le label Humanitude®, enrichissement culturel

Ces évolutions peuvent s'observer et s'enseigner, il s'agit d'un changement organisationnel, mais aussi d'un développement interculturel. Le « Prendre soin » de la méthode modifie les priorités, et intervient dans la tension entre *cure* ou *care*[178], entre « traiter » et « prendre soin ».

La question douloureuse, tension, d'une part, entre un sentiment d'abandon en direction de l'institution, et conscience imparfaite, d'autre part, de la vigilance relationnelle des personnels, est illustrée de manière poétique par un long plaidoyer de Salomé, qui appelle ces attitudes de soin relationnel *« vitamines du cœur, fortifiants de l'âme, antidotes du désespoir et de la détresse »*.

Cette essentielle question du Care constitue un concept-clé de la philosophie de l'Humanitude®. Le TFE de S. Brobecker éclaire à nouveau le propos.

---

177. Jacques Salomé, *Et surtout, revenez… Couleurs et impressions - http://www.j-salome.com* - Éditique : Dr Lucien Mias – 1995

178. P. Paperman et S. Laugier interrogent l'éthique du *Care*, la sollicitude à l'égard du tiers vulnérable, en tant qu'approche renouvelée du développement moral, centré sur l'attention aux responsabilités et aux rapports humains singuliers. Elles démontrent la nécessité de rendre sa place à l'émotion, à la relation, en complément de la rationalité, de sortir de l'habitude de la dissociation, ainsi que le souligne Damasio dans *L'erreur de Descartes*, Odile Jacob, 2010.

« Les soins sont des actes ou des activités qui sont dispensés aux individus en fonction de leurs besoins. Virginia Henderson, infirmière du début du XXeme siècle, voulant changer la vision du patient dans sa prise en charge en l'observant dans sa globalité d'individu, isole les quatorze besoins fondamentaux *qui définissent l'autonomie des individus sur les plans physiques, psychologiques et sociaux.*

[...] un « besoin ne peut être atteint que si les besoins précédents sont déjà satisfaits. »[179] *Les soignants hiérarchisent donc les besoins des patients et dispensent les soins adaptés à chacun.*

« Un soignant est un professionnel qui prend soin d'une personne ayant des préoccupations ou des problèmes de santé, pour l'aider à l'améliorer, à la maintenir, ou pour accompagner cette personne jusqu'à la mort. Le professionnel ne doit, en aucun cas, détruire la santé de cette personne. »[180]

Tout soin peut être ressenti comme une agression, d'autant plus si la personne soignée n'a plus toutes ses capacités cognitives. Le soignant a le devoir de réaliser tous les actes dans les meilleures conditions possibles.

Le prendre soin a pour objectif de rassurer et d'entrer en relation avec la personne soignée, afin de créer un cadre relationnel de confiance, afin de prodiguer des soins de la manière la plus apaisante possible.

Les philosophies des soins ont déterminé deux champs d'action pour les soignants. Dans la culture anglo-saxonne, le mot « soigner » revêt deux sens : le cure *qui correspond au soin curatif ayant pour but la guérison et le* care, *qui correspond aux différentes interventions visant à assurer le confort du malade.*

« Dans le contexte du vieillissement et du très grand âge, le care est destiné à optimiser la réponse à des besoins ou à une demande de soins et vise à améliorer la qualité de vie. Il s'agit d'une

179. Voir à ce sujet : *http://www.infirmiers.com/etudiants-en-ifsi/cours/cours-soins-infirmiers-virginia-henderson.html* mars 2012

180. Y. Gineste et J. Pellissier, *Humanitude : Comprendre la vieillesse, prendre soin des Hommes vieux*, Armand Colin, 2007, p. 205.

démarche de soins globale, centrée sur la personne, sujet, et non objet de soin. »[181] *Le prendre-soin existe grâce au partenariat entre les personnes susceptibles d'aider le patient à améliorer ou maintenir sa santé, donc son bien-être et sa qualité de vie : soignants, familles, professionnels de proximité. Nous possédons actuellement des connaissances et des méthodes qui permettent à ces personnes aidant les patients de les soutenir, de prolonger leur autonomie et de les accompagner jusqu'à la mort. Le prendre soin est donc un artisanat riche basé sur le respect de l'autre. C'est un acte de soin à part entière qui permet à l'individu de restituer la confiance en soi et la maîtrise de sa vie. La personnalité d'un homme ne peut être respectée que si sa vie et sa santé sont préservées et peuvent être améliorées ou maintenues grâce au prendre-soin. Il permet aux hommes dont nous prenons soin, de ne jamais cesser de se voir* Hommes *dans les yeux de ceux qui les regardent. La démarche de soins prodiguée par le soignant doit respecter les besoins propres de la personne soignée. Pour effectuer un prendre soin personnalisé, il faut associer le bien-être et la qualité de vie du résident.*[182] »

La vieillesse, c'est la perte de statut social, l'augmentation de la fragilité, la désadaptation menant à une forme de marginalisation. Mais ce n'est pas seulement une affaire d'âge : c'est foncièrement une affaire de statut relationnel.

On sera autorisé à parler de résilience dans le grand âge, s'il advient une forme de nouvel élan psychologique et social orienté vers la créativité, quelles qu'en soient les formes, après un traumatisme tel qu'un deuil ou la maladie d'un proche ou de soi-même. Avec un débat sur le fait que le vieillissement puisse constituer un traumatisme en soi.[183]

L'implication professionnelle des agents, témoignée au fil de ces pages, tient à la relativisation de la validité des usages antérieurs. Une infirmière, Magali N., témoigne :

181. L. Luquel, « La méthodologie du soin Gineste Marescotti dite "Humanitude" », *Gérontologie et société,* n° 126, septembre 2008, p. 166.

182. S. Brobecker, *ibid,* p. 27.

183. L. Ploton, « Résilience et grand âge », in *Approches non médicamenteuses de la maladie d'Alzheimer, op. cit.*, p. 15.

« Après avoir expérimenté plusieurs domaines de soin, je suis revenue travailler à l'EHPAD « Le Séquoia » en 2011, structure que j'avais quittée quelques années auparavant, suite à un congé parental. À mon retour, j'ai constaté qu'une grande partie du personnel était formé à l'*Humanitude*®. Les prises en charges des résidents étaient beaucoup plus centrées sur la personne, et les soignantes beaucoup plus impliquées, dans une dynamique de qualité, plutôt que de performance. J'ai donc choisi de me documenter, de lire le livre, de poser des questions aux référents *Humanitude*® de l'établissement. Cette approche me semblait d'emblées très intéressante. J'ai été formée l'année suivante, j'avais donc déjà quelques idées sur le concept. J'ai apprécié la formation, mais pour moi, les bases de l'*Humanitude*®, sont des gestes et attitudes que tout soignant doit appliquer et avoir, sans forcément être formé, car cela doit faire partie du respect de la personne soignée et d'une prise en charge globale du patient. Ce sont des gestes automatiques et naturels à avoir avec quiconque, même dans notre quotidien personnel. Bien sûr, on nous apporte des pistes et des aides pour les prises en soins difficiles et les soins de fin de vie, des aides qui me sont très utiles encore actuellement dans mon service de psycho-gératrie aiguë, dans lequel je travaille, en Suisse. Un service dans lequel le personnel est plus formé à la validation qu'à l'*Humanitude*®, mais certains points se regroupent. Voilà, rapidement ce que je peux dire sur ma formation. »

Après avoir présenté le concept Humanitude® et sa mise en œuvre à l'EHPAD le Séquoia de Illzach, nous avons analysé les effets positifs de cette labellisation, qui permet de renforcer le sens de l'acte soignant, de favoriser le respect de l'intégrité du sujet âgé, et d'améliorer la compétence interculturelle générale.

Ces changements permettent d'induire le changement essentiel, celui qui permet à la personne vieillissante de tirer un parti positif des évolutions inévitables. Ce vieillissement résilient bénéficie à certains sujets, qui envisagent un développement créatif de leur situation. L'acceptation des limites du soin, du soin des limites, produisent un « modèle poétique du relationnel[184] »...

184. Selon J.-F. Gomez, « Le périmètre des actes justes s'établit dans la tension entre déontologie et méthodologie, entre valeurs et savoirs. Le prêt à penser institutionnel évite d'y réfléchir, alors que les institutions ont besoin d'inventeurs d'une langue métaphorique et parlante, qui facilite l'expérience d'être. »

C'est de cette manière que les résidents des EHPAD disposent jusqu'au bout de « l'abri d'une maison qui ne soit pas qu'un logement, mais leur coin du monde, entre le ciel dont ils viennent peut-être et la terre où bientôt sans doute il leur faudra bien aller[185]… »

Ressources bibliographiques

Bridges W., *Transitions de vie, comment s'adapter aux tournants de notre existence*, Interéditions, 2014.

Brobecker S., *Mise en pratique de l'Humanitude en maison de retraite. Impact sur l'autonomie de la personne âgée*. Épreuve du Diplôme d'État infirmier, Institut de formation en soins infirmiers, 2 rue du Dr Léon Mangeney 68070 Mulhouse, dossier, juillet 2012.

Damasio A., *L'autre moi-même – les nouvelles cartes du cerveau, de la conscience et des émotions,* Odile Jacob, 2010.

Gineste Y., Marescotti R. et Pellissier J., « L'Humanitude dans les soins », *Recherche en soins infirmiers,* n° 94, septembre 2008, p. 42 à 55.

Gineste Y. et Pellissier J., *Humanitude : Comprendre la vieillesse, prendre soin des Hommes vieux,* Armand Colin, 2007.

Gomez J.-F., *Le labyrinthe éducatif, considérations inactuelles sur le travail éducatif dans les institutions spécialisées*, PUG, 2014.

Hirsch E., *La révolution hospitalière : une démocratie du soin,* Bayard, 2002.

Luquel, L., « La méthodologie du soin Gineste Marescotti dite "Humanitude" », *Gérontologie et société,* n° 126, septembre 2008, p. 178 à 184.

Paperman P., Laugier S., *Le souci des autres, éthique et politique du Care*, Éditions de l'École des hautes études en sciences sociales, 2011.

Ploton L., *Maladie d'Alzheimer, à l'écoute d'un langage,* Chronique sociale, 2009.

Ploton L., Cyrulnik B., *Résilience et personnes âgées,* Odile Jacob, 2014.

Rapoport D., *Du management insolite à la bien-traitance institutionnelle, des défis à relever,* in C. Bergeret-Amselek (dir.), *L'avancée en âge, un art de vivre,* Érès, 2013, p. 263-300.

Ribes G., *Sexualité et vieillissement,* Chronique sociale, 2009, rééd., 2014.

Rizzolatti G., Sinigaglia C., *Les neurones miroirs,* Odile Jacob, 2008, rééd., 2011.

Salomé J., *Et surtout, revenez… Couleurs et impressions*. Éditique : Dr Lucien Mias, 1995. Voir http://www.j-salome.com

185. E. Fiat, « La maison, entre le ciel dont je viens peut-être, et la terre où je vais sûrement, » in *Revue Francophone de Gériatrie,* n° 198, p. 363.

Synthèse : Le geste relationnel en situation de limite de soin

Des constats

- sentiment d'impuissance majeur ;
- paradoxe de la performance médicale et de ses limites ;
- blocages liés à la conception de la médecine ;
- approches antagonistes et contradictoires.

Des convictions

- dignité inaliénable du sujet malade ;
- désir à préserver, envie de vivre à susciter en permanence.
- les besoins d'autrui sont au cœur de l'humain ;
- l'épreuve invite à ne pas rester seul face à elle ;
- le prendre soin fonde la vie sociale.

Une démarche d'accompagnement

- partir de la singularité de chaque patient ;
- s'inscrire dans une approche globale du patient (approche multidimensionnelle) ;
- adaptation constante à l'état fluctuant du patient ;
- susciter une envie, jusqu'au bout ;
- connaître le degré d'acceptation du patient, processus long à respecter ;
- le toucher, mode de communication, solliciter l'autorisation corporelle du patient ;
- permettre à l'être d'humain de rester debout jusqu'à la fin ;
- reconnaître l'autre dans ses ressentis, dans son altérité ;
- permettre à la personne de verbaliser son ressenti ;
- maintenir la communication ;
- permettre à la parole de se libérer ;
- trouver une distance appropriée ;
- tisser des liens avec l'entourage.

Une posture professionnelle

- distinguer la dimension médicale et la dimension juridique ;
- accompagnement collégial, penser l'interdisciplinarité ;
- s'adapter à une situation qui évolue sans cesse ;
- prendre du recul pour analyser la situation au-delà des émotions, pour nourrir sa propre réflexion ;
- faire circuler la parole, libérer les émotions, évoquer les difficultés ;
- composer avec ce que l'on sait ;
- permettre au patient de se projeter, à la fois dans l'avenir, mais également dans la vie ;
- proposer des soutiens cohérents avec la situation donnée ;
- savoir proposer des alternatives ;
- nécessité de communiquer sous toutes les formes, être conscient de la responsabilité de transmettre l'information ;
- mettre en œuvre les actions concertées, consécutives à la prise de décision en équipe ;
- vivre une démarche dynamique, participative et anticipatrice en permanence.

Les Auteurs

Vincent Beltzung infirmier DE, formateur en Métholodogie de soin Gineste-Marescotti® dite *Humanitude*.

Véronique Bleny, Directrice par intérim de l'EHPAD le Sequoia.

Sophie Brobecker infirmière DE, coordinatrice des soins à Illzach.

Albert Bezançon président et cofondateur de l'association APLV[186] ainsi qu'une équipe de bénévoles : Annie, cofondatrice, Florence, Marie-Laure, Marie-Claude. Marie-Laure Pommier, écrivant.

Docteur Pascal Gauthier Praticien hospitalier au Centre hospitalier régional d'Orléans (CHRO),

Yves Gineste formateur, conférencier international. Enseigne depuis plus de 35 ans en situation réelle de soins la Méthodologie de soin Gineste-Marescotti® conçue avec Rosette Marescotti. Il est co-auteur avec Rosette Marescotti de *la Philosophie de l'Humanitude®*, de *la capture sensorielle®*, *méthode de pacification des CAP*, de *la manu-*

186. Association « Aide pour la vie », Accompagnants bénévoles de malades hospitalisés en fin de vie ou en soins palliatifs, Loi 1901, 61 A Rue de Gombault, 41200 Romorantin Lanthenay. 06 77 51 87 67. Courriel : aplvasso@gmail.com

tention relationnelle®, spécialiste des communications non-verbales. À l'international, en 2014, il est nommé professeur de l'Université de Shizuoka au Japon.

Docteur Philippe Guille des Buttes, praticien hospitalier au Centre hospitalier régional d'Orléans (CHRO), médecin de l'équipe mobile de soins palliatifs et d'accompagnement, médecin algologue consultant, docteur en Médecine (Paris 5), titulaire d'une Capacité de médecine d'urgence (CHU Bobigny, France), titulaire d'une Capacité de prise en charge de la douleur (CHU Poitiers, France), titulaire d'un Diplôme Universitaire de soins palliatifs (CHU Poitiers, France), psychothérapeute TCC diplômé auprès de l'Association française des thérapies cognitives et comportementales (AFTCC).

Agnès Lebrun, infirmière DE, titulaire d'un DIU de psycho-oncologie clinique (2007) et d'un DIU de soins palliatifs (2013). Infirmière au sein de l'équipe mobile de soins palliatifs et d'accompagnement, Centre hospitalier régional d'Orléans (CHRO).

Docteur Laurent de Loynes de Fumichon, responsable de l'équipe mobile douleurs-soins palliatifs et accompagnement du Centre hospitalier régional d'Orléans (CHRO).

Rosette Marescotti formatrice, psychogérontologue, auteur d'un mémoire universitaire sur la maltraitance en institution, « *Le silence des soignants* ». Elle enseigne depuis plus de 35 ans en situation réelle de soins la « Méthodologie de soin Gineste-Marescotti® dite Humanitude », conçue avec Yves Gineste. Elle est co-auteur de *la manutention relationnelle®*, de *la capture sensorielle®*, *méthode de pacification des CAP*, spécialiste des communications non-verbales.

Claude Martis psychologue clinicien, membre de l'unité mobile de soins palliatifs Centre hospitalier régional d'Orléans (CHRO).

Farah Myriam Matoussi, étudiante en école de commerce, ancienne étudiante en DUT « techniques de commercialisation » de Colmar, après une année en tant qu'étudiante en médecine.

Dominique Rosenblatt, professeur agrégé de lettres modernes, enseigne la communication à l'IUT de Colmar, université de Haute Alsace. Son approche transversale des questions de communication dans l'amélioration de la capacité d'agir s'appuie notamment sur un engagement bénévole de plusieurs décennies dans l'univers du handicap.

Michel Rosenblatt, directeur d'hôpital, a exercé diverses responsabilités professionnelles en CHU, dont la direction de plusieurs établissements gériatriques. Secrétaire général d'un syndicat de directeurs, cadres, médecins et pharmaciens, il est un interlocuteur du ministère de la santé dans diverses instances et intervient auprès des pouvoirs publics sur les thèmes de politiques publiques sanitaires et sociales.

Abstracts

Dr Pascal Gauthier. Based on a clinical case, the author looks at the problems related to informing patients about their disease prognosis, in a philosophic manner, and centred on the importance of the information to be given. He distances himself from the ethical and legal context, concentrating on what he considers good to say. Therefore, with this interpersonal information, he links the question of care with that of relationship.

Dr Philippe Guille des Buttes. By means of the different stages of the professional life of a doctor working in a hospital and the experience of his own vulnerability, the author addresses the issues related to the value of multi-professional teamwork, the benefits of interdisciplinary work, the necessity of learning how to support patients, families and caregivers (companionship and proxemics, observation and communication).

Claude Martis. To those always asking the old question of what is truth, mathematics can directly lead to psychoanalysis. And psychoanalysis, provided it is applied to the therapy, leads to be both the guarantor of the desire of the patient with his ill body (desire as defined by Jacques LACAN) and also the attending physician to be its advocate.

Agnès Lebrun. The support of the patient by the Hospital's mobile palliative care team (*équipe mobile de soins palliatifs - EMSPA*) is realised by taking into account the uniqueness of each patient, caregiver, team and situation. Getting things already existing in this field at EMSPA, following her ideal of accompanying means, is a real challenge for caregivers. As a nurse working in a mobile palliative care team, I would like to give evidence of the complexity and the richness of being part of such a team.

Dr Laurent de Loynes de Fumichon. The idea of being a humanist meant for me the absorption of certain know-how and of certain knowledge of being. For, why are we obliged to repeat the course of our parents ? Making the same errors and suffering the same failures ? Why should we learn again the same things ? Couldn't we be filled with the knowledge and the wisdom of others and make it our knowledge and our wisdom ? Otherwise, we follow the same schemes with different modalities, with feelings of anger and frustration.

Albert Bezançon. The president of the association « Aide pour la Vie » *(help for life)* presents a voluntary supporting action for hospitalised patients at the end of life or in case they need palliative care.

Marie-Claude Pommier offers a testimony aimed at sharing the trials she had in her life : illness, death and grief. She found that the local hospital made inadmissible failures concerning human relationship and the supporting of her life companion at the end of his life and of herself. Because of incompetence or laziness ? Because of fear or lack of training ?

Farah Myriam Matoussi reflects, based on the implicit testimony of the personal situation experienced by a student of IUT Colmar, on the experience of the acceptance of an illness by the patient and on the benefit of this acceptance process with regard to later evolution.

Dominique Rosenblatt notes that the novel production makes senility a literary motif. His article combines some fiction approaches, philosophical resources and patient centred care in order to find communication elements about the care for elderly people.

Michel Rosenblatt. The development of palliative care and of supporting patients at the end-of-life show the increasing respect for the patient and his rights. But this care is only given to a limited number of patients and end-of-life care is insufficient, and death sometimes provoked. Painful and complex situations cannot be laid down in protocols. Does the wish to die come from suffering, desperation or lucidity ? Is the medical, social, legal answer free for the patient, the family, the caregivers or is it depending on environment and law ? The solutions are as different as the expressed views. Care practices and the attitude towards death need an ethical reflection in view of the risks of drifting.

Rosette Marescotti and Yves Gineste. The Méthodologie de soin Gineste-Marescotti® *(Methodology of care)* and the Philosophie de soin de l'Humanitude® *(Philosophy of care of "humanitude")* offer an innovative and professional approach aimed at a better care of very old and vulnerable persons in institutions. Centred on maintaining and reinforcing relationships and bonds, these care tools and techniques are aimed at allowing elderly people, even dement, to maintain a certain part of verticality and relationship, and to remain intrinsically human until the very end and to retain their dignity.

Vincent Beltzung, Sophie Brobecker, Véronique Bleny, Dominique Rosenblatt. This article looks at the concept of Humanitude ® and its realisation at EHPAD Le Séquoia, situated in Illzach (Haut-Rhin). It shows the developments in relationship and communication reinforcing the meaning of care action, fosters respect for the integrity of elderly people and improves general intercultural competence.

transverse

Anthropologie et philosophie

Directeur de publication

Marylin Molinet

Rédacteur en chef

Pierre-André Dupuis

Correspondance à adresser à :
Revue *transverse* - as²emi transverse édition
7 rue Paul Gauguin 45000 Orléans
mzicola@free.fr/09 50 52 83 45

ÉDITIONS

transverse-édition publiera des textes faisant écho à la ligne éditoriale de la revue, sous diverses approches : *paroles et rencontres, questions et débats, milieux et identités régionales*…

Vente par adhésion et en librairie

ADHÉSION A L'ASSOCIATION

1 an 30 € donnant droit à 2 dossiers publiés (publication semestrielle). Port inclus pour la France métropolitaine.

Tarif « étudiants » : 1 an 15 € (joindre un justificatif)

Abonnement pour l'étranger : port en sus.

Union européenne : joindre 3 € par exemplaire ; autres pays : 4 €

PRIX AU NUMÉRO
1 exemplaire : 15 € Tarif « étudiants » : 9 €

Abonnement de soutien : à partir de 40 €

Personnes morales, envoi en nombre : *nous consulter*

*Règlement par chèque à l'ordre de l'*AS²EMI

AS²EMI – 23 rue Émile de Bary 68 500 Guebwiller
ed.rosenblatt@orange.fr